Michael Hennemann

Die schönsten Kanutouren in Nordrhein-Westfalen

20 Kanuwandertouren zwischen Eifel und Weserbergland

Impressum:

Postfach 10 03 15
D-47003 Duisburg
Tel.: +49 (203) 99759-0
Fax: +49 (203) 99759-61
info@dkvgmbh.de
www.kanu-verlag.de

1. Auflage 2016

Karten: © Jübermann Verlag
Fotos: Michael Hennemann
Gestaltung: www.publicdesign.de
Druck: Werbedruck Schreckhase, Spangenberg
Lektorat: Antje Weber

Aktuelle Infos:
Der Deutsche-Kanu-Verband aber auch die Kanuzeitschriften bieten aktuelle Informationen über ihre jeweilige Homepage. Anregungen zu diesem Buch werden in der nächsten Auflage berücksichtigt. Der Autor ist für alle Hinweise dankbar und erreichbar unter:
epost@michael-hennemann.de

Sonstige Adressen und diverse Infos:
Deutscher Kanu-Verband e.V.
Bertaallee 8, 47055 Duisburg
Tel. 0203/99759-0, Fax -60
Internet: *www.kanu.de*

ISBN: 978-3-937743-47-9

TOP KANU TOUREN

Michael Hennemann

Die schönsten Kanutouren in Nordrhein-Westfalen

20 Kanuwandertouren zwischen Eifel und Weserbergland

Deutscher Kanu-Verband

DKV Wirtschafts- und Verlags-GmbH
Postfach 100315 - 47003 Duisburg

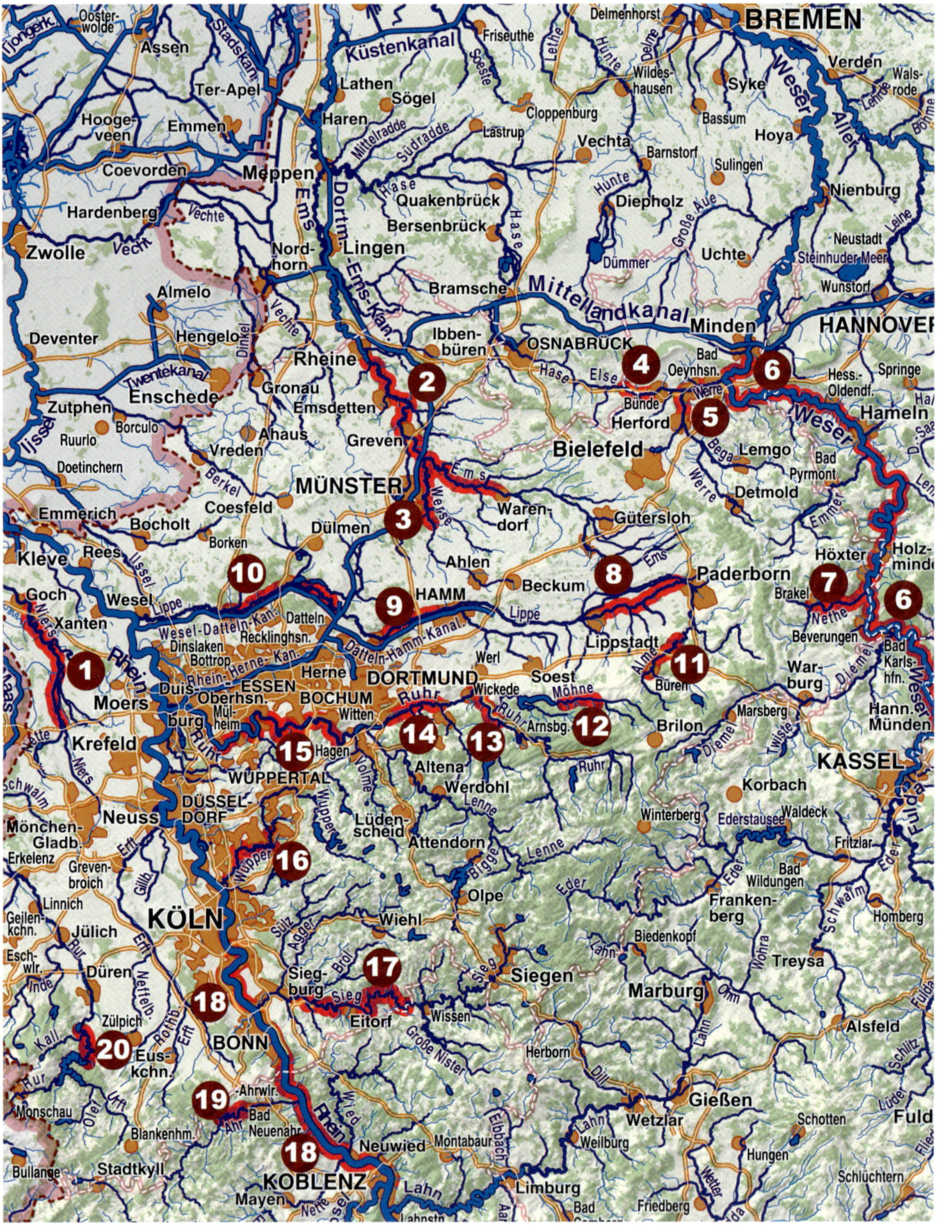

BREMEN
Delmenhorst
Verden
Syke
Wildeshausen
Bassum
Hoya
Barnstorf
Sulingen
Nienburg
Cloppenburg
Vechta
Friseuthe
Küstenkanal
Lathen
Sögel
Haren
Lastrup
Assen
Ter-Apel
Emmen
Hoogeveen
Coevorden
Meppen
Hardenberg
Quakenbrück
Bersenbrück
Diepholz
Dümmer
Uchte
Neustadt
Steinhuder Meer
Wunstorf
Zwolle
Nordhorn
Lingen
Bramsche
Mittellandkanal
Minden
HANNOVER
Almelo
Deventer
Hengelo
Ibbenbüren
OSNABRÜCK
Rheine
Twentekanal
Enschede
Gronau
Emsdetten
Bad Oeynhsn.
Bünde
Herford
Springe
Hess.-Oldendf.
Hameln
Zutphen
Borculo
Ruurlo
Doetinchem
Ahaus
Vreden
Greven
Bielefeld
Lemgo
Bad Pyrmont
Detmold
MÜNSTER
Coesfeld
Emmerich
Bocholt
Dülmen
Warendorf
Gütersloh
Borken
Kleve
Rees
Ahlen
Beckum
Paderborn
Höxter
Holzminden
Brakel
Beverungen
Goch
Wesel
Xanten
HAMM
Datteln
Recklinghsn.
Wesel-Datteln-Kan.
Datteln-Hamm-Kanal
Lippe
Lippstadt
Dinslaken
Bottrop
Rhein-Herne-Kan.
Herne
DORTMUND
Werl
Soest
Büren
Warburg
Bad Karlshfn.
ESSEN
BOCHUM
Duisburg
Oberhsn.
Mülheim
Witten
Wickede
Möhne
Arnsbg.
Brilon
Marsberg
Hann. Münden
Moers
Krefeld
Hagen
Altena
Werdohl
KASSEL
WUPPERTAL
Korbach
Neuss
DÜSSELDORF
Lüdenscheid
Attendorn
Winterberg
Ederstausee
Waldeck
Fritzlar
Mönchen-Gladb.
Erkelenz
Grevenbroich
Olpe
Bad Wildungen
Frankenberg
Linnich
KÖLN
Wiehl
Homberg
Jülich
Biedenkopf
Düren
Siegburg
Siegen
Treysa
Marburg
Eitorf
Wissen
Zülpich
BONN
Euskchn.
Alsfeld
Herborn
Ahrwlr.
Bad Neuenahr
Monschau
Blankenhm.
Wetzlar
Gießen
Schotten
Weilburg
Neuwied
Montabaur
Fulda
Hungen
Stadtkyll
Bullange
KOBLENZ
Mayen
Limburg
Friedberg
Schlüchtern
Rhein
Weser
Ruhr
Ems
1
2
3
4
5
6
7
8
9
10
11
12
13
14
15
16
17
18
19
20

Tourenvorschläge

Revier-Info

Paddeln in NRW

Kanuwandern macht Spaß und ist gesund. Durch die Bewegung an der frischen Luft fernab vom Massentourismus können Sie die Hektik des Alltages hinter sich lassen und bekommen die einmalige Gelegenheit, Natur, Menschen und Landschaft aus einer völlig neuen Perspektive intensiv zu erleben. Sie brauchen dazu keinen schweren Rucksack wie beim Wandern zu schultern und müssen sich im Gegensatz zu Radfahrern nicht vor dem Autoverkehr fürchten. Und das Beste: Paddeln ist nicht schwer. Jeder, der schwimmen kann, ist nach einer kurzen Einweisung in der Lage, ein Boot auf einem gemütlich dahinfließenden Fluss sicher und gefahrlos zu manövrieren.

Nordrhein-Westfalen – oft auch liebevoll als „NRW“ abgekürzt – ist nicht nur das westlichste Bundesland, sondern auch das mit den meisten Einwohnern. Rund 18 Millionen Menschen wohnen hier, und es gibt 30 Großstädte mit mehr als 100.00 Einwohnern. Auf den ersten Blick also nicht unbedingt ein Traumrevier für Kanuten. Bei genauerem Hinsehen stellt sich aber heraus, dass trotz der zahlreichen Städte und den vielen Industrieanlagen genug Platz bleibt für Berge, Wald und Wasser, und

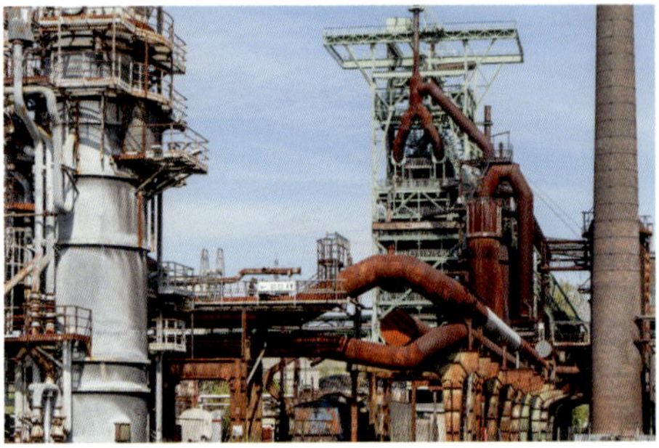

Der letzte Hochofen in der Hattinger Henrichtshütte wurde 1987 ausgeblasen.

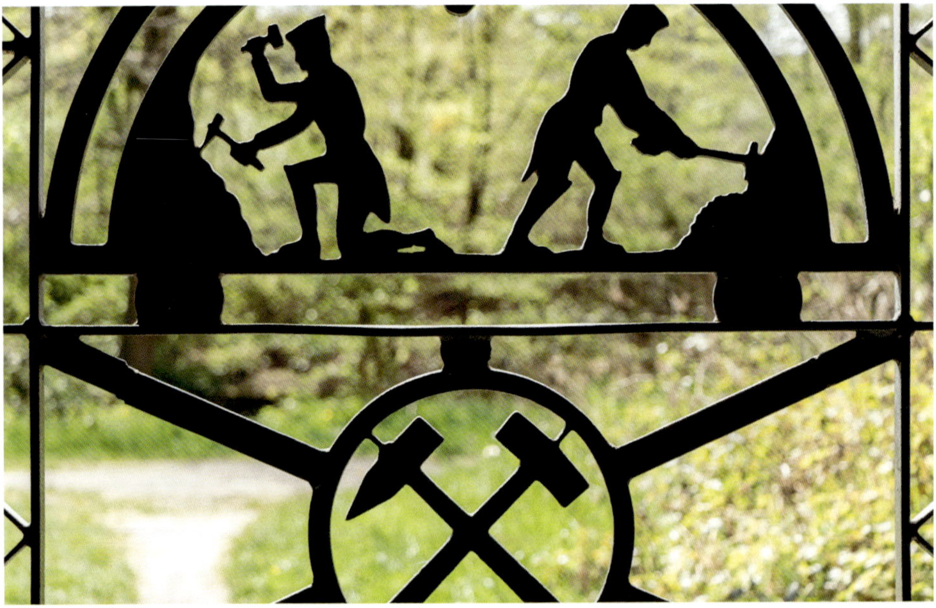

Die Zeche Nachtigall in Witten gilt als Wiege des Bergbaus an der Ruhr.

man braucht nicht lange zu suchen, bis man einsame Landstriche und idyllische Flüsse mit erstaunlich wenig Menschen und viel Natur entdeckt. Selbst die Namenspatronin des Ruhrgebiets, wohl alles andere als ein Synonym für intakte Natur, entpuppt sich auf einer Paddeltour als romantische, grüne Ader.

Anders als in den historisch gewachsenen Landstrichen Deutschlands wie Bayern oder Sachsen ist man in NRW nicht Nordrhein-Westfale sondern Rheinländer oder Westfale. Gerne differenzieren die Menschen ihre Herkunft sogar noch kleinräumiger. Sie verstehen sich als Münsterländer kommen „aus dem Pütt" oder vom Niederrhein. Natürlich haben sich die regionalen Unterschiede im Laufe der Zeit angeglichen, alte Traditionen gingen verloren, andere wurden übernommen. So hat sich beispielsweise der Karneval vom Rhein bis nach Münster ausgedehnt. Aber es ist gerade die Vielfalt aus rauchenden Industrieschloten, idyllischen Wasserschlössern, Burgen, Feldern, Wiesen, Wäldern und scheinbar unberührter Natur, die NRW so faszinierend machen.

Ganz im Norden NRWs dehnt sich rund um die Universitätsstadt Münster eine weite, sanfte Parklandschaft aus. Das Münsterland ist schon länger als Paradies für Radfahrer bekannt, hält aber mit Ems und Werse auch zwei herrliche Ziele für Paddler bereit. Im äußersten Westen Deutschlands, an der Grenze zu den Niederlanden, liegt die flache, weite Landschaft des Niederrheins. Eine Paddeltour auf der Niers, gesaumt von schnurgeraden Pappelreihen, knorrigen Weiden, weiten Felder, Wiesen und kleinen Städten oder Dörfer mit hohen Kirchtürmen, bringt Ihnen diese einmalige Landschaft auf unvergessliche Weise näher. Das Herz von NRW schlägt im Ruhrgebiet, und wer denkt dabei nicht an Kohlekumpel, Currywurst und Industrie? Aber auch paddeln kann man im Pott. Eine Kanuwanderung auf der Ruhr bringt Ihnen in den spannenden Gegensatz des „neuen" Ruhrgebiets näher. Wo früher Stahl gekocht und Kohle gefördert wurde, kann man heute restaurierte Industriekultur erleben und findet ein vielfältiges Entertainment-, Shopping- und Freizeitangebot.

Die abwechslungsreiche, von Wäldern und Seen geprägte Mittelgebirgslandschaft des Sauerlands ist bei Wintersportfreunden als größtes Wintersportgebiet nördlich des Mains bekannt, und Paddler finden hier herrliche Kleinflüsse, die wie z.B. die Alme im Frühjahr ein rasantes, spritziges Paddelvergnügen bieten.

Am südlichen Rand NRWs erstreckt sich von der Mosel bis zum Naturpark „Hohes Venn" der Höhenzug der Eifel. Hier findet sich mit dem Rursee nicht nur der größte Stausee Deutschlands, sondern mit der Rur auch einer der landschaftlich schönsten Wanderflusse der Republik. Östlich der Eifel schließen sich der Rhein-Sieg-Kreis mit einer einmaligen Kombination von Natur und Kultur rund um die ehemalige Bundeshauptstadt Bonn und das malerisches Siegtal sowie das Bergische Land an. Diese Region verdankt ihrem Namen dem Grafengeschlecht von Berg, und der Besucher findet gemächlich ansteigende Hügel, die sattgrün mit Wald bedeckt sind, und dazwischen Täler voller Weiden, Wiesen und glitzernder Flüsse, die wie Wupper unvergessliche Paddelerlebnisse bescheren.

An vielen der größeren Flüsse in NRW ist die Infrastruktur für Wasserwanderer gut ausgebaut und man ist auf die Bedürfnisse von Paddlern eingestellt. Bootsrutschen ersparen so manche lästige Portage, und an vielen Wehren sind Umtrageeinrichtungen vorhanden. Kanuten finden eine Vielzahl von guten, ufernahen Übernachtungsmöglichkeiten: von der Zeltwie-

se bei einem der zahlreichen Kanuvereine bis zum Luxus-Hotel ist alles möglich.
Natürlich ist es nicht einfach, aus einem so großen und vielfältigen Wassersportrevier die schönsten Touren auszuwählen. Die Auswahl der Touren soll eine möglichst breite Gruppe von Paddlern ansprechen, den Kanuneuling, der seine erste Tour plant, ebenso wie den passionierten Wasserwanderer mit prallgefülltem Fahrtenbuch, den sportlichen Paddler genauso wie die Familie, die nach einer leichten, auch für Kinder geeigneten Genusstour sucht. Die Tourenzusammenstellung deckt sowohl große wie auch kleine Wasserwege ab, und von der kurzen Tagestour bis zur ausgedehnten mehrtägigen Gepäckwanderung ist für jeden Geschmack etwas dabei. Anfänger kommen genauso auf ihre Kosten wie alte „Paddelhasen".
Die Routen sind so gewählt, dass Start- und Zielpunkt gut mit öffentlichen Verkehrsmitteln erreicht werden können und Sie das Auto ohne unnötigen Verkehr nachholen können.

Auch wenn Sie noch kein Boot ihr Eigen nennen, ist die Mitte Deutschlands die ideale Destination für ihr erstes Kanuabenteuer. An praktisch allen kanusportlich reizvollen Gewässern finden Sie eine Vielzahl von Kanuverleihern, die Ihnen den Einstieg in das Abenteuer Kanu erleichtern. Neben Boot und grundlegender Ausrüstung gibt es hier auch fundiertes Know-How zu den örtlichen Gewässern und eine Einführung in die richtige Paddeltechnik. Aufgrund der steigenden Beliebtheit empfiehlt es sich, vor allem in den Sommermonaten rechtzeitig zu buchen.

Beste Zeit

Die Frage nach der besten Paddelzeit in NRW lässt sich nicht pauschal beantworten. Die Angaben zu den einzelnen Flüssen finden Sie daher in der jeweiligen Tourenbeschreibung. Grundsätzlich lässt sich sagen, dass viele der beschriebenen kleineren Flüsse nur im Winter oder Frühjahr genügend Wasser für eine problemlose Paddeltour führen und den für eine aus ökologischen Gesichtspunkten notwendigen Mindestpegel aufweisen.

Die größeren Flüsse dagegen können das ganze Jahr über gepaddelt werden, und die beste Zeit ist nur abhängig vom persönlichen Geschmack. Im Hochsommer sind die (Wasser-) Temperaturen natürlich am angenehmsten, allerdings ist gerade zur Ferienzeit der Andrang auf den Flüssen am größten. Eine der besten Paddelzeiten ist ohne Zweifel die Nachsaison im Herbst. Dann kann man die eindrucksvolle Natur entlang der Ufer ungestört genießen, und die bunte Herbstfärbung der Bäume schafft ein unvergessliches Ambiente.

Bootstransport und Rückkehr zur Einsatzstelle

Während ein PE-Kajak unbeschadet über einen Stein im Fluss schrammt, kann der falsche Transport leicht (bleibende) Schäden verursachen. PE-Boote sind zwar robust, aber nicht unkaputtbar. Wenn Sie Ihr Kajak auf die ungepolsterten Dachgepäckträger legen, es getreu dem Motto »Viel hilft viel!« ordentlich festzurren und es anschließend an einem sonnigen Tag auf dem Dachgepäckträger umherfahren, haben Sie hinterher unweigerlich Beulen im Unterschiff.
Um das zu vermeiden, sollten Sie die Dachgepäckträger so weit wie möglich voneinander entfernt anbringen, die Träger mit Schaumstoff polstern und das Boot auf dem Kopf, also mit dem Kiel nach oben, transportieren. Noch besser geeignet sind spezielle für den Kanutransport angebotene Bügel, die auf die Dachgepäckträger montiert werden. Ovalbügel oder senkrechten Stützen sind für den Transport von

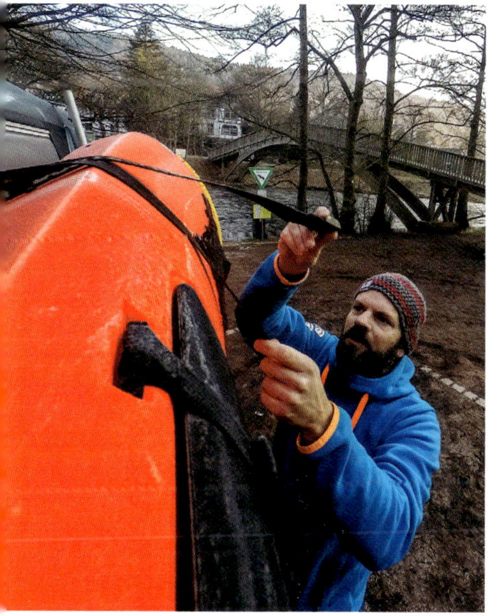

Jedes Boot auf dem Dach sollte mit mindestens zwei Gurten sicher befestigt werden.

Einerkajaks, flache, konkave Träger für den von Zweierkajaks oder Canadiern gedacht. Mit diesen Trägern sind die Boote schnell und sicher auf dem Dach verstaut. Um Benzin zu sparen sollten Sie nicht vergessen, die Sitzluke mit einem Lukendeckel zu verschließen.

Das sichere Verladen der Boote auf dem Dachgepäckträger ist aber nur die halbe Miete. Alle in diesem Buch vorgestellten Kanutouren verlaufen auf Flüssen, und naturgemäß ist der Endpunkt nicht mit dem Startpunkt identisch. Jeder Paddler kennt daher die quälende Frage: Wie komme ich zurück zur Einsatzstelle und meinem Auto?

Fein raus sind Sie bei geführten Touren oder wenn Sie ihre Boote bei einem örtlichen Verleiher ausgeliehen haben, denn fast immer wird ein komfortabler Shuttleservice angeboten und Sie müssen sich um nichts weiter kümmern. Bei Paddlergruppen sehr beliebt ist das Umsetzen mit mindestens zwei Autos. Dabei werden die Boote an der Einsatzstelle abgeladen und anschließend fahren zwei Autos zum Endpunkt. Dort wird eines der Autos geparkt und man fährt gemeinsam im zweiten Auto zum Einstieg zurück. Diese Variante ist zwar relativ komfortabel, allerdings gibt es einige ökologisch sinnvollere Alternativen. Allen voran bieten sich natürlich öffentliche Verkehrsmittel für das Nachholen des Autos an. Besonders gut und problemlos funktioniert das, wenn sowohl am Start- als auch am Endpunkt ein Bahnhof in der Nähe ist. Schwieriger wird es in abgelegeneren Regionen, in denen man auf die meist nur selten verkehrenden Busse angewiesen ist. Um lange Wartezeiten zu vermeiden, ist vorab eine gute Planung erforderlich. Hinweise zu den Fahrplanauskünften finden Sie in den Tourenbeschreibungen. Bei kurzen Tagestouren lässt sich die Rückkehr zum Startpunkt auch gut mit dem Fahrrad oder Inlineskates realisieren, wenn ein Radweg oder eine Straße den Flusslauf begleitet.

Verhalten und Sicherheit auf dem Wasser

Kanuwandern ist kein gefährlicher Extremsport. Kritischer Punkt bei einer Kanuwanderung auf deutschen Flüssen sind die verschiedenen was-

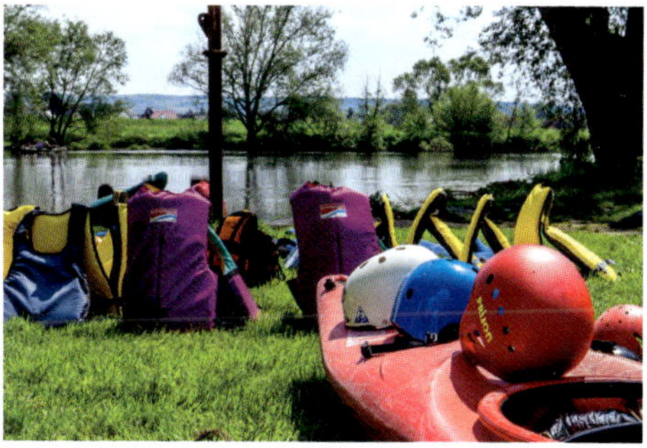

Nie ohne Schwimmweste! Bei Kleinflussfahrten empfiehlt sich zusätzlich ein Helm als Kopfschutz.

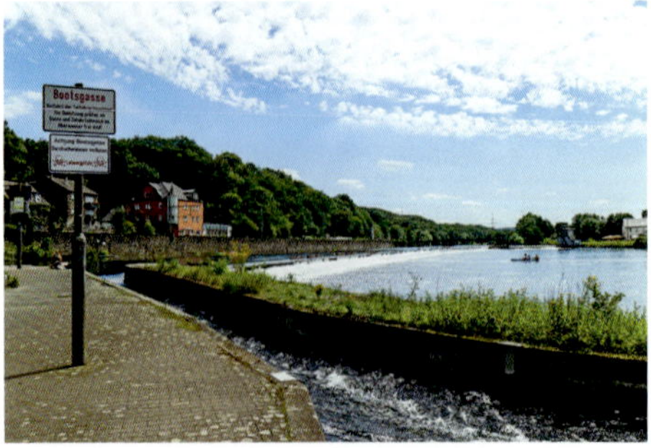

Mitunter ermöglichen Bootsgasse eine gefahrlose Umgehung von Wehren.

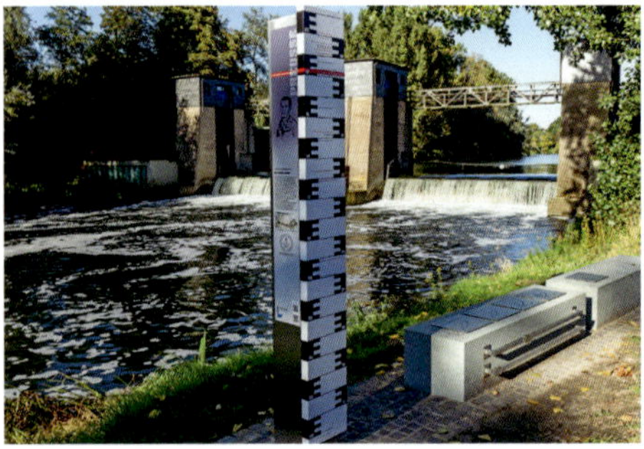

Im Zweifel sollten Wehre aber immer umtragen werden.

serbaulichen Hindernisse, in erster Linie Wehre, die in verschiedenen Bauformen anzutreffen sind. Als natürliche Hindernisse müssen Sie vor allem auf wenig befahrenen Kleinflüssen mit umgestürzten Bäumen rechnen. In jedem Fall gilt: das Hindernis genau anschauen und im Zweifelsfall lieber auf dem Landweg umgehen.

Ein Teil der vorgestellten Kanutouren verläuft auf Wasserstraßen, immer deutlich an den Kilometertafeln entlang der Ufer zu erkennen, auf denen auch Motorboote, auf dem Rhein sogar große Frachtschiffe, verkehren. Als Grundregel gilt: Rechts und vor allem vorausschauend paddeln und im Zweifelsfall lieber „nachgeben“. Wenn Sie beim Paddeln einige grundlegende Regeln beachten und den gesunden Menschenverstand walten lassen, werden Sie unterwegs viel Spaß haben, aber nie in eine brenzlige oder gar gefährliche Situation kommen:

- Tragen Sie immer eine auf das Körpergwicht abgestimmte Schwimmweste und achten Sie darauf, dass auch ihre Mitpaddler dies tun.
- Machen Sie einen weiten Bogen um ins Wasser ragende Bäume, um nicht zwischen Boot und Baum eingeklemmt zu werden.
- Weichen Sie Motorbooten aus und behalten Sie im Hinterkopf, dass oft Freizeitskipper unterwegs sind, die ihr Boot nicht immer souverän zu steuern vermögen.
- Paddeln Sie nur alleine, wenn Sie Ihr Kanu gut beherrschen. Auf der anderen Seite sollten Sie darauf achten, dass Ihre Paddelgruppe nicht zu groß wird.
- Wehre müssen vor der Befahrung besichtigt werden, umzutragen ist keine Schande.
- Bei Gewitter gilt: runter vom Wasser.
- Beim Start einer Tour nutzen Sie bitte nur offizielle Einstiegstellen. Rutschen Sie nie mit dem Boot vom Ufer ins Wasser. So schonen Sie seltene Pflanzen und Nest- und Brutplätze.
- Halten Sie, besonders in der Brut- und Aufzuchtzeit (April bis Juli) ausreichend Abstand zu Vögeln.
- Achten Sie auf Angler, Jäger und andere Natursportler. Verhalten Sie sich ruhig und zerstören Sie keine Angelleinen.

Natur und Naturschutz

Um die Flussufer nicht zu beschädigen, sollten Sie am Start- und Endpunkt der Tour sowie beim Rasten nur an befestigten Ufern anlegen. Selbstverständlich sollte es sein, dass Sie Ihren

Müll (so er sich denn nicht gänzlich vermeiden lässt) wieder mitnehmen und nicht lärmend durch den Wald paddeln.

Es versteht sich von selbst, dass die Störung von Tieren zu unterlassen ist. Daher sollten Sie auch immer einen ausreichenden Abstand zu Flachwasserzonen und Schilfröhrichten wahren, da diese ein wichtiger Lebensraum und Brutgebiete von Vögeln bzw. Laichgebiete von Fischen sind.

Als letzter wichtiger Punkt gilt dem Wasserstand ein besonders aufmerksames Augenmerk. Sie müssen vor dem Start prüfen, ob der Wasserstand für eine Befahrung ausreicht (siehe Pegeldienst). Als Faustregel gilt: Sie benötigen eine Mindestwassertiefe von 30 cm unter dem Kiel. Ist der Wasserstand zu niedrig, so bedroht jede Grundberührung Wasserpflanzen und den Fischnachwuchs, denn durch den da-

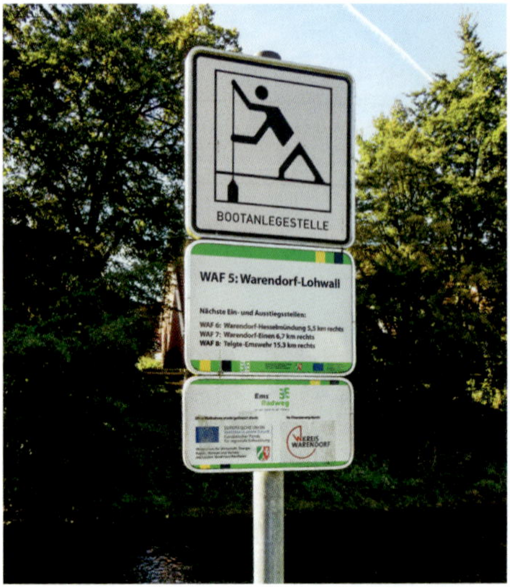

Um die Einschränkungen an besonders beliebten Kanugewässern nicht weiter zu verschärfen, sollten die geltenden Regelungen unbedingt beachtet werden.

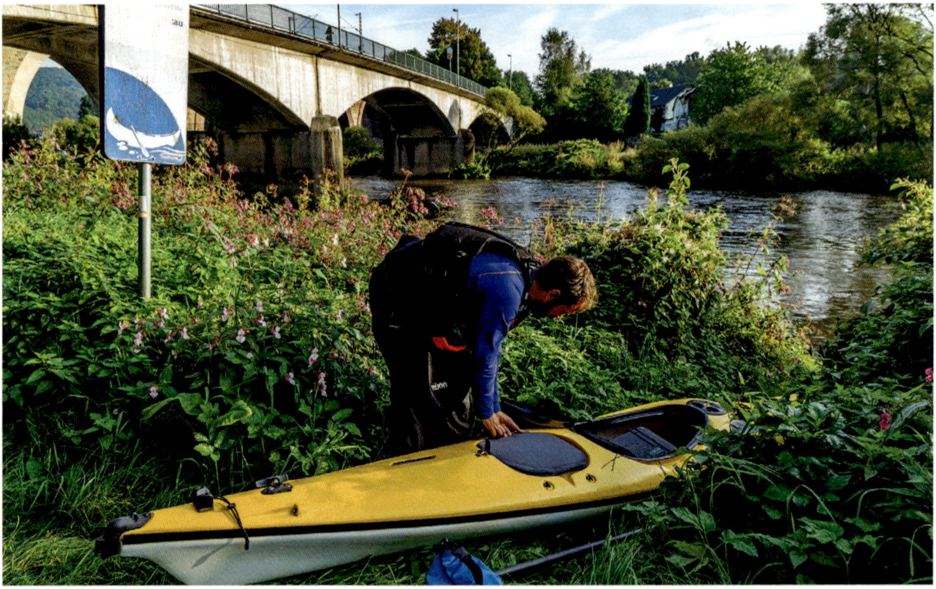

Um das Ufer zu schützen, sollte nach Möglichkeit nur an den gekennzeichneten Einsatzstellen gestartet werden.

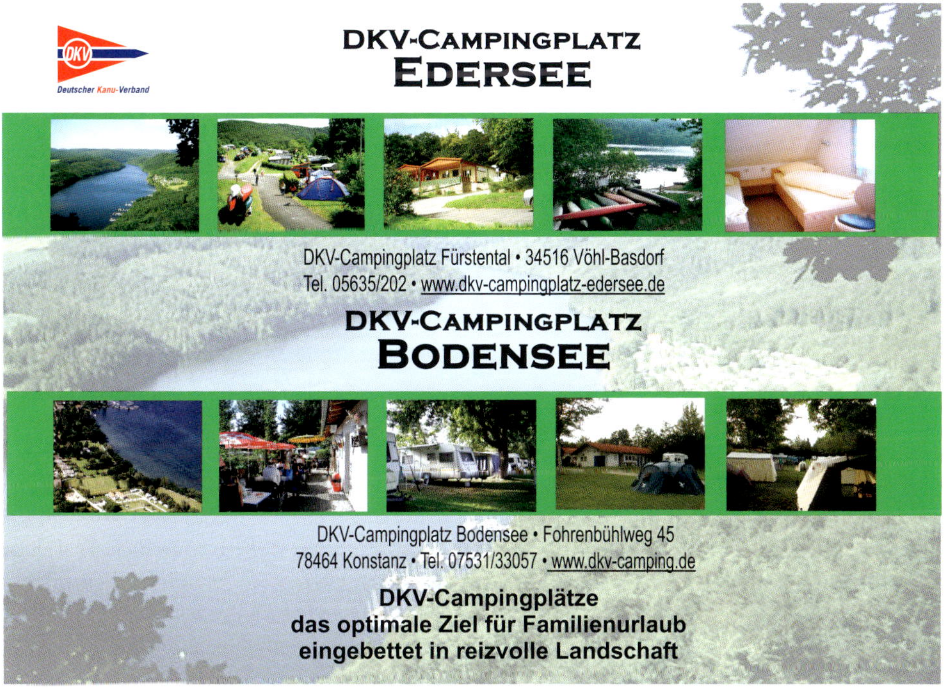
Deutscher Kanu-Verband
DKV-CAMPINGPLATZ
EDERSEE
DKV-Campingplatz Fürstental • 34516 Vöhl-Basdorf
Tel. 05635/202 • www.dkv-campingplatz-edersee.de
DKV-CAMPINGPLATZ
BODENSEE
DKV-Campingplatz Bodensee • Fohrenbühlweg 45
78464 Konstanz • Tel. 07531/33057 • www.dkv-camping.de
DKV-Campingplätze
das optimale Ziel für Familienurlaub
eingebettet in reizvolle Landschaft

bei aufgewirbelten Schlamm erstickt der Fischlaich. Besonders relevant ist ein ausreichender Wasserstand vor allem im Oberlauf von Flüssen und bei Kleinflüssen, die oft recht naturnah und daher für Paddler besonders attraktiv sind. Leider sind sie aber auch sehr sensibel und stark gefährdet und erfordern daher besondere Aufmerksamkeit und naturbewusstes Paddeln. Große Gruppen sind hier ebenso fehl am Platz wie völlige Anfänger. Wenn Sie aber Ihr Boot auf der Stelle wenden können, ohne dabei Grund und Ufer zu berühren, steht einer Befahrung nichts im Wege.

Wenn Sie sich an die obengenannten Punkte halten und beim Paddeln den natürlichen Respekt vor der Natur walten lassen, sind die ersten Schritte für ein naturverträgliches Paddeln getan. Doch leider reicht die Bemühung des Einzelnen für einen weitreichenden und nachhaltigen Schutz der Fließgewässer nicht aus. Wenn Sie schon etwas Kanuerfahrung gesammelt haben und die eine oder andere Tour in Deutschland gepaddelt sind, werden Sie festgestellt haben, dass nur noch wenige Flüsse naturbelassen oder naturnah durch die Landschaft fließen.

Diese Fließgewässer und Feuchtgebiete sind deshalb nicht nur ein bedeutender Lebensraum für seltene Pflanzen und Tiere und von hoher Bedeutung für das ökologische Gleichgewicht, sondern sind auch beliebtes Erholungsgebiet für stressgeplagte Städter, die hier Spazierengehen, Radfahren, Angeln oder eben Paddeln wollen. Je weniger naturnahe Flüsse es gibt, desto höher wird die Attraktivität der verbleibenden naturnahen Flüsse, was dazu führt, dass die wenigen übriggebliebenen Flüsse durch eine erhöhte Nutzung stärker gefährdet und eventuell vom Naturschutz für Befahrungen gesperrt werden. So wird die Zahl der attraktiven Paddelgewässer weiter reduziert und...

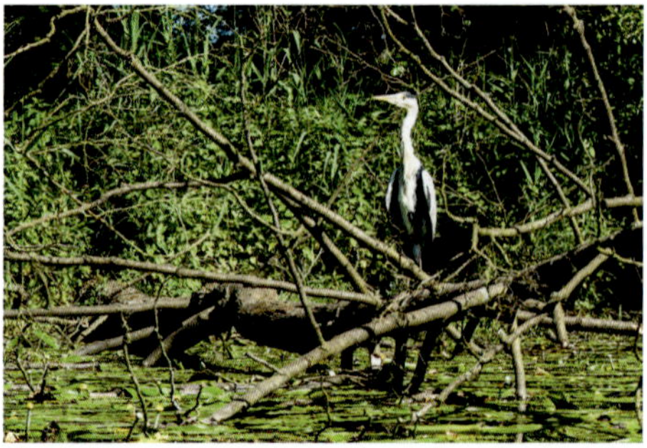

Beobachten, genießen - aber nicht stören

Um diesem Teufelskreis zu entgehen, versucht der Deutsche Kanu-Verband (DKV) zusammen mit dem Naturschutz, die wenigen noch verbleibenden naturnahen Flüsse zu erhalten und sie vor einer schädlichen Übernutzung zu bewahren. Um dieses Ziel zu verwirklichen, versucht man eine Vielzahl von Steuerungsinstrumenten einzusetzen. Freiwillige Selbstbeschränkungen und verbindliche Befahrungsregeln werden erlassen, um Vollsperrungen zu verhindern. Dies erfolgt u.a., in dem die Befahrung z.B. der Oberläufe von Flüssen zu sensiblen Zeiten wie der Brut- und Laichzeit oder von besonders gefährdeten Bereichen unterlassen wird.

Das Ganze funktioniert natürlich nur, wenn alle Wassersportler mitmachen und sich an die Regeln halten. In ihrem eigenen Interesse, in dem der Natur und dem der nachfolgenden Paddlergenerationen! In den Tourenbeschreibungen finden Sie die derzeit aktuellen Befahrungsregeln; Veränderungen finden Sie auf der Homepage des Kanu-Verbandes NRW und im jährlich zu Beginn des Jahres erscheinenden Sportprogramm des DKV.

Pegeldienst

Ein Teil der in diesem Kanuführer beschriebenen Touren auf Kleinflüssen erfordert einen bestimmten Mindestwasserstand. Dieser ist

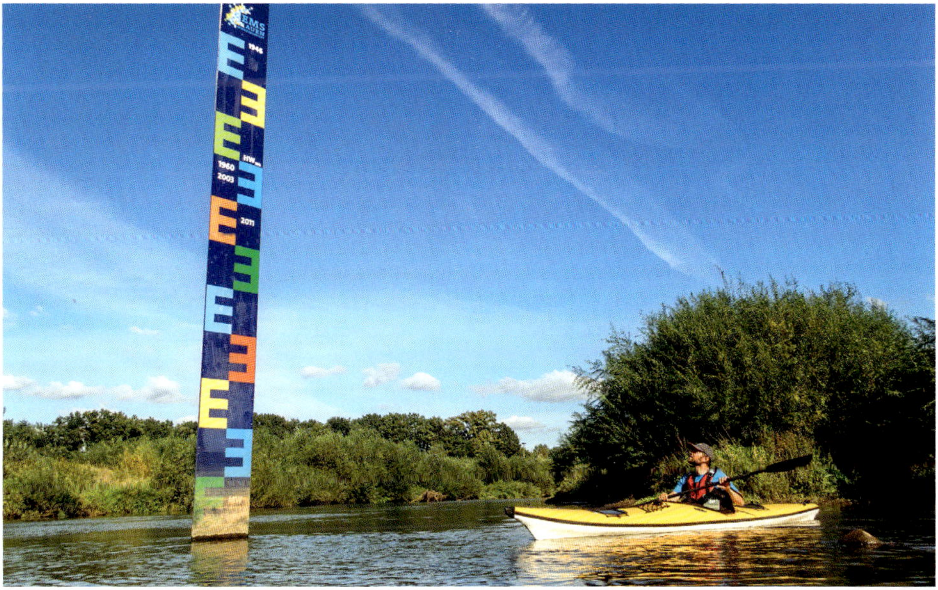

Der Wasserstand von Flüssen unterliegt starken Schwankungen.

zum einen ökologisch bedingt (siehe Natur und Naturschutz), zum andern aber auch rein praktisch: Wird der Wasserstand zu niedrig, so fallen viele Flussabschnitte hinter Wehren oder an anderen flachen Stellen trocken und es gibt kein Durchkommen mehr für Paddler.

Glücklicherweise hat der Kanu Verband NRW einen komfortablen Pegeldienst eingerichtet, den Sie schon von zu Hause per Telefon (Bandansage unter Tel.: 0203/7381651) oder im Internet *(pegel.kanu-nrw.de)* abrufen können und so schon im Voraus erfahren, ob die Anreise zu dem Fluss Ihrer Wahl lohnt oder nicht.

Die Pegelstände werden freitags, dienstags und an den Tagen vor einem Feiertag jeweils um 12.00 Uhr aktualisiert. In der Regel kann man sich an diesen Messwerten auch an den folgenden Tagen orientieren, wobei jedoch die zwischenzeitlich eingetretenen Niederschläge einerseits und der schnelle Wasserabfluss bei Kleinflüssen andererseits berücksichtigt werden müssen. Bei Wasserständen, die unter dem hier angegebenen Mindestpegel liegen, wird dringend gebeten, zum Schutz von Flora und Fauna – aber auch, um weitere Einschränkungen zu vermeiden – von einer Befahrung abzusehen.

Übernachten

Bei einer mehrtägigen Kanuwanderung gibt es kaum etwas Schöneres, als im eigenen Zelt direkt am Flussufer zu übernachten, da sind sich wohl fast alle Paddler einig. Nicht ganz so großer Konsens herrscht bei der Antwort auf die Frage: Wo stelle ich mein Zelt auf?

Wildzelten ist in Deutschland verboten und das ist gut so. Gerade in einem dicht besiedelten Land wie der Bundesrepublik sind die Flussufer oft Rückzugsraum für die Natur, und die ungehemmte Nutzung durch Kanuten (nicht nur durchs Übernachten, sondern auch durchs Rasten!) zerstört und gefährdet diese letzten, intakten Naturräume.

Wo kann man also zelten? Die erste und offensichtliche Antwort lautet selbstverständlich: auf Campingplätzen. Auf vielen der in diesem Führer vorgestellten Touren finden Sie gepflegte Anlagen direkt am Ufer, die Paddlern durch diverse Serviceeinrichtungen wie Brötchenservice, Imbiss oder Gaststätte und komfortable Sanitäreinrichtungen gute Übernachtungsmöglichkeit bieten.

Kanuten, die sich zwischen den in Reih und Glied angeordneten Wohnwagen, die von Gartenzwergen bewacht bzw. neuerdings von Solarkugeln beleuchtet werden, nicht wohl fühlen, können auch das Vereinsgelände eines Kanu-Vereins ansteuern. Fast alle Kanu-Vereine, die dem DKV angeschlossen sind, räumen anderen Kanuten (meist nach Voranmeldung) Gastrecht ein. Manchmal ist gegen einen Aufpreis auch die Übernachtung von Nicht-DKV-Mitgliedern möglich. Die entsprechenden Vereine und Ansprechpartner sind in den Tourenbeschreibungen genannt.

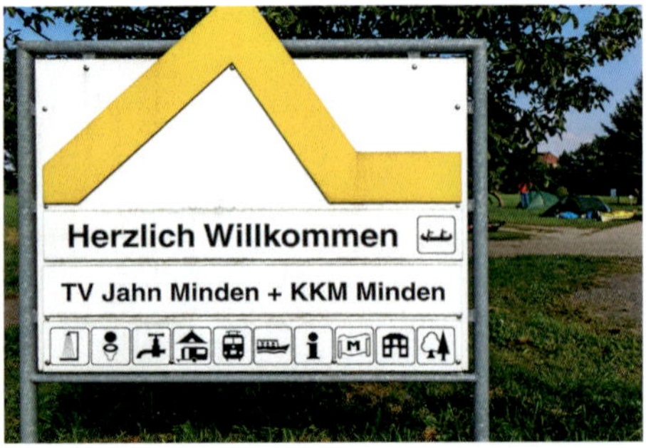

Bei vielen Kanuvereinen sind Zeltgäste willkommen

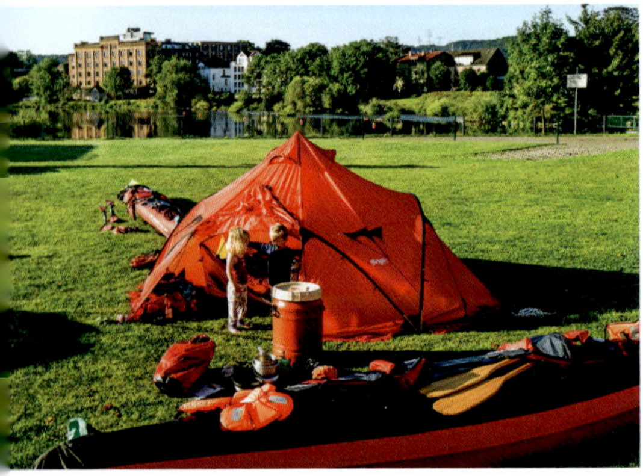

Eine schöne Wiese direkt am Ufer ...

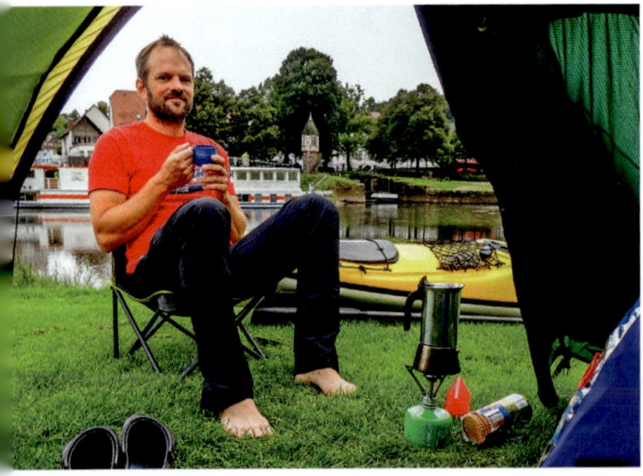

... mehr brauchen Paddler nicht zum Glück.

Sollten Sie einmal nicht den Wunsch nach einer Übernachtung unter freiem Himmel verspüren oder sollte Ihnen eine Schlechtwetterperiode die Lust am Zelten rauben, so stehen Ihnen entlang vieler Flüsse Pensionen, Hotels, Privatzimmer oder Jugendherbergen in Ufernähe zur Verfügung. Problematisch ist eine Übernachtung für Kanuten leider oft in Ferienwohnungen oder Pensionen, da diese leider meist nicht nur für eine Nacht zu mieten sind. Eine gute und günstige Alternative stellen die Jugendherbergen dar. Unabhängig vom Alter darf hier jeder Inhaber eines gültigen Jugendherbergsausweises übernachten. Da Jugendherbergen auch von Schulklassen, Radfahrern und anderen Reisenden gerne aufgesucht werden, empfiehlt sich besonders in der Hochsaison eine vorherige Anmeldung. Einen Jugendherbergsausweis sowie eine Liste aller Jugendherbergen erhalten sie bei:
DJH Service Center, Leonardo-da-Vinci-Weg, 32760 Detmold, Tel.: 05231/7401220, *www.jugendherberge.de*

Touristische Informationsstellen

- **Tourismus NRW**, Völklinger Straße 4
  40219 Düsseldorf, Tel.: 0211/91320500
  www.nrw-tourismus.de
- **Eifel-Touristik GmbH**, Kalvarienbergstraße 1
  54595 Prüm, Tel.: 06551/965620
  www.eifel.info
- **Münsterland Tourismus**, Airportallee 1
  48268 Greven, Tel.: 02571/949392
  www.muensterland-tourismus.de
- **Sauerland Tourismus e.V.**, Johannes-Hummel-Weg 1, 57392 Schmallenberg
  Tel.: 02974/202190, *www.sauerland.com*
- **Touristikverband Siegerland-Wittgenstein**
  Koblenzer Straße 73, 57072 Siegen
  Tel.: 0271/3331020
  www.siegerland-wittgenstein-tourismus.de
- **Naturarena Bergisches Land**
  Eichenhofstraße 31, 51789 Lindlar
  Tel.: 02266/463377, *www.dasbergische.de*
- **Niederrhein Tourismus GmbH**, Willy-Brandt-Ring 13, 41747 Viersen, Tel.: 02162/817903
  www.niederrhein-tourismus.de
- **Ruhr Tourismus**, Centroallee 261
  46047 Oberhausen, Tel.: 01806/181620
  www.ruhr-tourismus.de
- **Teutoburger Wald Tourismus e.V.**, Jahnplatz 5, 33602 Bielefeld, Tel: 0521/9673325
  www.teutoburgerwald.de

DKV

Der Deutsche Kanu-Verband (DKV) bietet Hilfe und Beratung bei allen Fragen rund ums Paddeln, nennt Kanuanbieter und Infos zu Flusssperrungen und bietet Ausbildungskurse an. Außerdem trifft man Gleichgesinnte. Kurz: eine Mitgliedschaft lohnt sich!

- Deutscher Kanu-Verband e.V.,
  Tel.: 0203/997590, *www.kanu.de*

Für Informationen rund ums Paddeln in NRW lohnt der Besuch der Website des Kanu-Verbandes NRW. *www.kanu-nrw.de*

Tour 1: Niers (Niederrhein)

Die Niers entspringt in Kuckum, einem Stadtteil von Erkelenz, und macht sich über Mönchengladbach auf den gut 100 km langen Weg bis zur Mündung in die Maas bei Gennep in den Niederlanden. Rund 70 km sind mit dem Kanu befahrbar, und obwohl der Flusslauf fast durchgehend begradigt wurde, hat die Niers durchaus ihre Reize.

Die Ufer sind oft flach und dort, wo keine Pappelreihe Schatten spendet, kann der Blick weit über die niederrheinische Park- und Wiesenlandschaft schweifen. In den letzten Jahren wurde der Flusslauf auf mehreren Abschnitten renaturiert. Hier darf die Niers nun aus dem kanalartigen Korsett befreit wieder in weiten Bögen schwingen.

Böse Zungen allerdings bezeichnen die Niers als „Ballermann" der nordrhein-westfälischen Kanuwanderflüsse. Ganz von der Hand zu weisen ist der Vorwurf nicht, denn nirgendwo sonst gibt es derart viele Verleiher. An einem sonnigen Wochenende im Juli oder August bevölkern Heerscharen von Freizeitkapitänen den Fluss, und nicht wenige haben einen Kasten Bier im Schlepptau. Im Hochsommer gibt es sicherlich schönere und ruhigere Paddelziele, abseits der Hochsaison und in der Woche findet man aber durchaus seine Ruhe auf der Niers.

Für eine gemütliche, zum langen Wochenende passenden Drei-Tage-Fahrt auf der Niers haben wir uns für einen Start im Städtchen Wachtendonk entschieden. Soll die Tour um eine Tagesetappe verlängert werden, könnte man auch schon oberhalb in Viersen einsetzen. Während Frau und Kinder das schöne Naturfreibad direkt neben dem Wohnmobilstellplatz testen, gehe ich zunächst auf Entdeckungstour und schlendere über das Kopfsteinpflaster vorbei an den denkmalgeschützten Häusern im Ortskern zur Naturparkausstellung im Haus Pütten. Zu sehen gibt es Schautafeln und Mo-

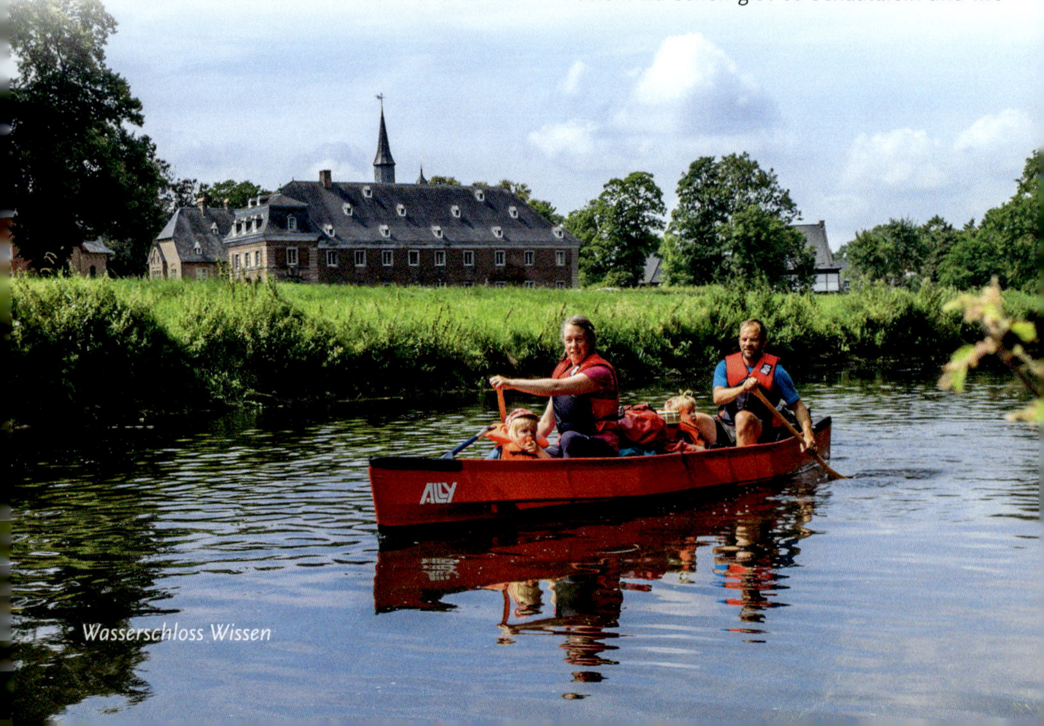

Wasserschloss Wissen

delle der verschiedenen Lebensräume wie See, Fließgewässer, Heide, Moor und Wald- Man erfährt viel darüber, wie die Eiszeit die Landschaft geformt hat und die Niers im Mittelalter aus ihrem Flussbett verlegt wurde. Eindrucksvoll macht ein Wassermodell die Auswirkungen der in den 1950 Jahren erfolgten Begradigung im direkten Vergleich zum natürlichen Flusslauf mit vielen geschwungenen Mäandern deutlich.

Der Naturpark Schwalm-Nette erstreckt sich entlang der deutsch-niederländischen Grenze und lockt als reizvolles Naherholungsgebiet sowohl die Menschen aus den Ballungszentren von Rhein und Ruhr wie auch der benachbarten Niederlande in Scharen an, und so flanieren zahlreiche bunt bekleidete Radfahrer durch die Gassen der Altstadt.

Die restlichen Stunden des Tages vergehen im wirklich schönen Naturbad wie im Fluge. Es kommt ohne einen einzigen Tropfen Chlor aus. Die gute Wasserqualität beruht alleine auf den mineralischen Bodenfiltern und einheimischen Wasserpflanzen. Ein breiter Sandstrand und die große, von alten Bäumen umringte Liegewiese sorgen für echtes Urlaubsfeeling.

Eine gute Einstiegstelle für die Paddeltour finden wir am nächsten Morgen am rechten Niersufer an der Fußgängerbrücke hinüber zur Burgruine von Wachtendonk (für das Navigationsgerät: Moorenstraße, 47669 Wachtendonk). Abstellen lässt sich das Auto für die Dauer der Tour ein paar Meter weiter auf dem Parkplatz gegenüber der Schule.

Nach dem Ablegen ist die Niers nicht einmal 10 Meter breit und präsentiert sich als typischer Flachlandfluss, der gemütlich dahinfließt. Die Strömung ist gering, aber ganz leicht spürbar.

An der Straßenbrücke der Wankumer Straße kehren wir Wachtendonk den Rücken und passieren etwa 800 m weiter die kleine Seilkurbel-Selbstbedienungsfähre, die bis zu sechs Fußgänger und Radfahrer ans gegenüberliegende Ufer transportieren kann. Kurz darauf mündet von links die Nette in die Niers.

Knapp 1 km weiter stellt sich ein erstes Hindernis in Form einer Krautfanganlage in den Weg. Die stählernen Schwimmbalken sind V-förmig angeordnet, dank der geringen Strömung lässt sich aber selbst unser langer Touren-Faltcanadier ohne große Probleme durch die schmale, versetzte Durchfahrt manövrieren: Wir fahren ein-

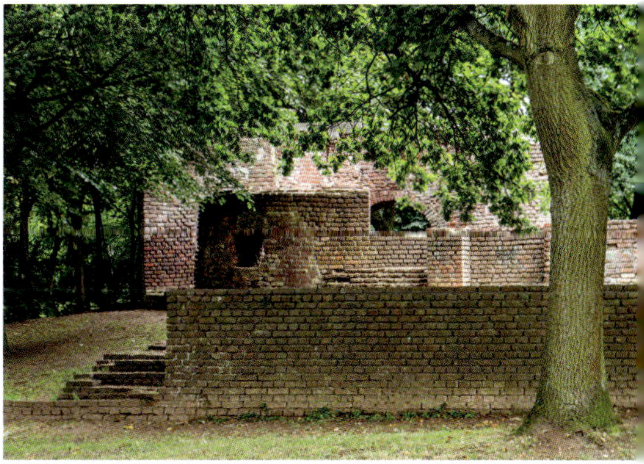

Ruine Burg Wachtendonk

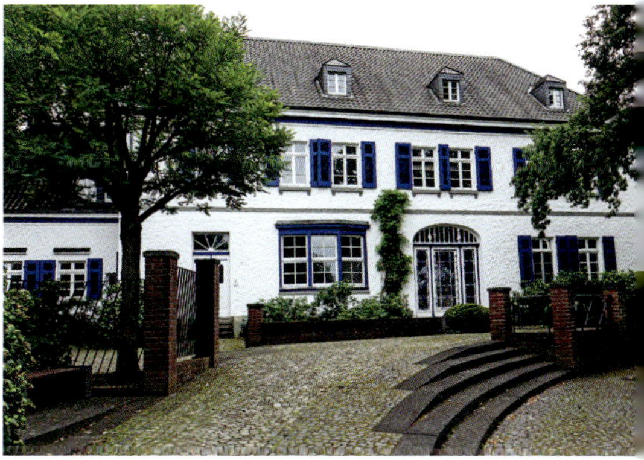

Seidenspinnerei Wachtendonk

fach vorwärts rein und rückwärts wieder raus.

Einen Paddelkilometer später teilt sich die Niers und nach rechts zweigt die Kleine Niers ab (Befahrung verboten im Zeitraum von 15.03. bis 30.06). Wir halten uns links und entscheiden uns nach einem kurzen Blick auf die prak-

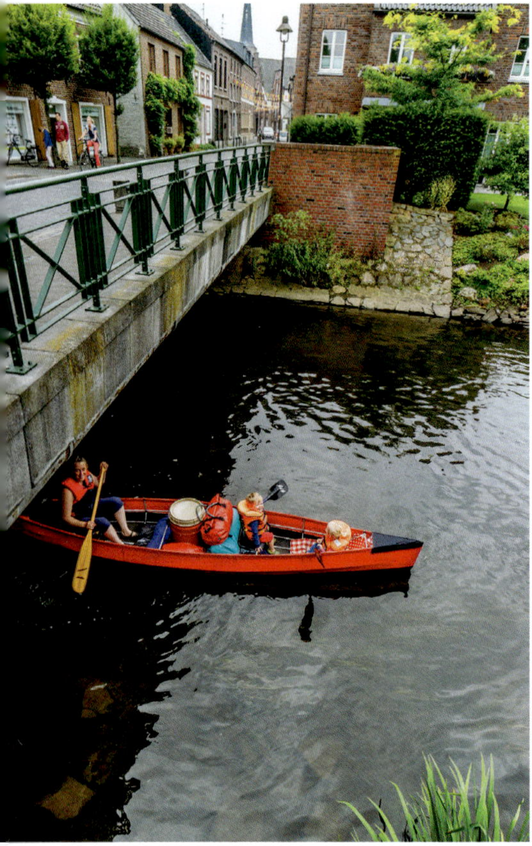

Start in Wachtendonk

tisch nicht vorhandene Stufe, das **„Befahren verboten" Schild am ehemaligen Wehr zu ignorieren. In der Tat lässt sich das Schott ohne Probleme befahren.**

Auf dem folgenden Abschnitt ist die Niers mal gerade und eingedeicht wie ein Kanal, führt mal durch Wald und mal durch Wiesen. Die Ufer werden oft gesäumt von turmhohen Pappelreihen, deren Blätter im Wind rauschen, als käme gleich ein Wasserfall. Die Karte verzeichnet am Ufer mehrere ehemalige Rittergüter wie Haus Caen oder Haus Vlassrath, vom Boot aus sind diese aber nicht zu sehen.

Langweilig wird es trotzdem nicht, denn auf dem Wasser sind Schwäne, Enten und Gänse unterwegs, und an den Ufern hin und wieder auch Graureiher zu sehen. Das war nicht immer so, denn um 1900 galt die Niers in weiten Teilen als „biologisch tot", nachdem sie infolge der Industrialisierung zu einem Abwasserkanal verkommen war. Insbesondere der Ausbau und die Modernisierung der Kläranlagen seit den 1980er Jahren führte zu einer deutlichen Verbesserung, und inzwischen ist die Niers wieder Lebensraum für viele Tiere und Pflanzen.

Ein besonders idyllischer – da renaturierter – Abschnitt beginnt hinter der Straßenbrücke (Möhlendyck) am Treppenanleger am Rastplatz in Geldern-Pont. Er macht deutlich, wie die Niersaue einmal ausgesehen haben mag, bevor der Mensch begann, sie nach seinen Wünschen und Vorstellungen um- und auszubauen. Am Ufer warten Baumstümpfe darauf, wieder von Tieren besiedelt zu werden (weshalb in diesem Abschnitt auch nicht angelegt werden darf), und die Niers kann wieder Haken schlagen, statt kanalartig gerade dahinzuströmen.

Der erste Eingriff von Menschenhand in die natürliche Flusslandschaft der Niers erfolgte im Mittelalter, als man die Bruchwälder rodete, um Wiesen- und Weideflächen zu gewinnen. Mit dem Bau der ersten Wassermühlen begann man auch damit, das ursprüngliche Flussbett zu verlegen. Im Schnitt gab es damals alle 2 km eine Mühle an der Niers. Bei einem Gefälle von gerade einmal 25 cm pro km ergibt das rechnerisch eine Fallhöhe von etwa 50 cm pro Mühle. Das führte schon vor der Industrialisierung zu ausgeprägten Hochwasserständen und Überflutungen, da sich die Hochwassermassen im Taltief sammelten und nicht die Chance hatten, zurück in die künstlich höher gelegte Niers zu fließen.

Ihr aktuelles Gesicht bekam die Niers in der Mitte des 20. Jahrhunderts. Oberstes Ziel beim Ausbau war der zuverlässige Abtransport der Abwässer aus dem Ballungsraum Mönchengladbach. Die Niers wurde begradigt, um die

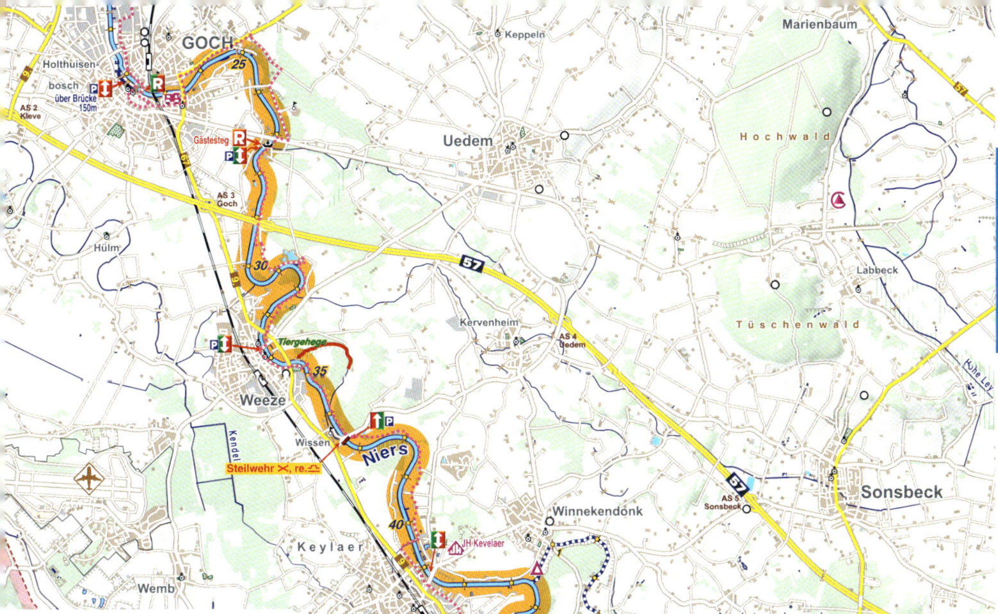
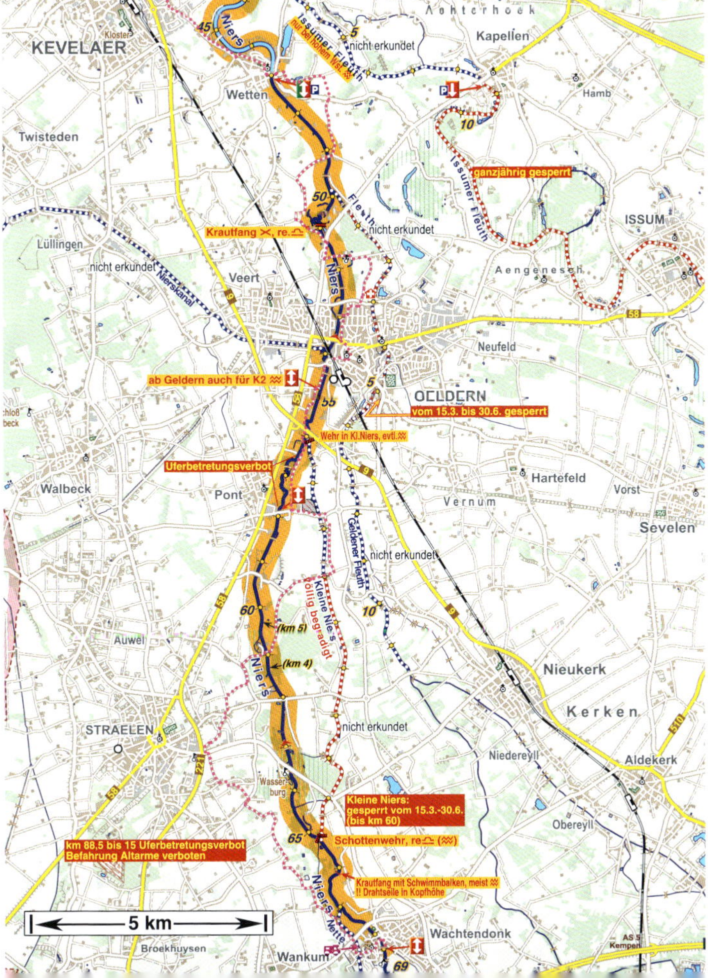
GOCH
Keppeln
Marienbaum
Holthuisen
bosch
über Brücke 150m
AS 2 Kleve
Gästesteg
Uedem
Hochwald
AS 3 Goch
Hülm
57
Labbeck
Kervenheim
AS 4 Uedem
Tüschenwald
Tiergehege
Weeze
Kendel
Wissen
Niers
Steilwehr ✕, re.
Winnekendonk
AS 5 Sonsbeck
Sonsbeck
Keylaer
JH Kevelaer
Wemb
KEVELAER
Kloster
Issumer Fleuth
nur bei hohem Wst.
nicht erkundet
Achterhoek
Kapellen
Wetten
Hamb
Twisteden
ganzjährig gesperrt
Issumer Fleuth
Fleuth
Krautfang ✕, re.
nicht erkundet
ISSUM
Lüllingen
nicht erkundet
Nierskanal
Veert
Aengenesch
Neufeld
ab Geldern auch für K2
GELDERN
vom 15.3. bis 30.6. gesperrt
Schloß beck
Wehr in Kl.Niers, evtl.
Uferbetretungsverbot
Hartefeld
Walbeck
Pont
Vernum
Vorst
Sevelen
Gelderner Fleuth
nicht erkundet
Kleine Niers völlig begradigt
(km 5)
(km 4)
Auwel
Nieukerk
Kerken
nicht erkundet
STRAELEN
Niedereyll
Aldekerk
Wasserburg
Kleine Niers: gesperrt vom 15.3.-30.6. (bis km 60)
Schottenwehr, re.
Obereyll
km 88,5 bis 15 Uferbetretungsverbot Befahrung Altarme verboten
Krautfang mit Schwimmbalken, meist
!! Drahtseile in Kopfhöhe
5 km
Nette
Broekhuysen
Wankum
Wachtendonk
AS 5 Kempen

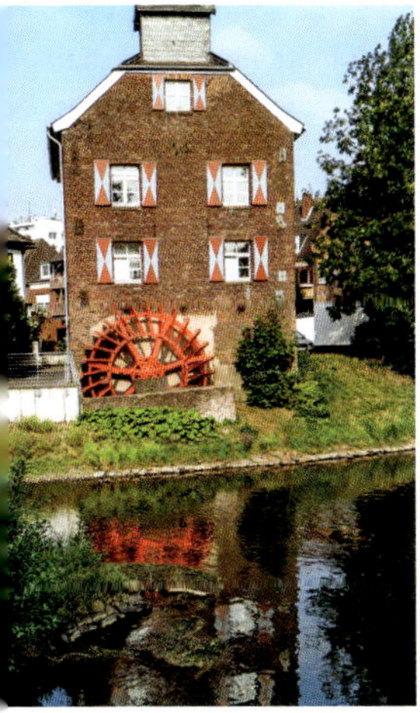

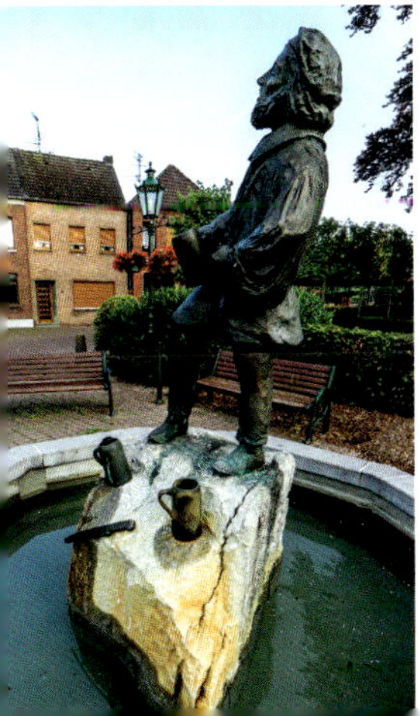

Fließgeschwindigkeit zu erhöhen und so eine Verschlammung durch Sedimentablagerungen zu verhindern. Die typische Auenlandschaft fiel diesen Eingriffen zum Opfer, und so starben charakteristische Flussbewohner aus, obwohl sich die Wasserqualität stetig verbesserte.

Um die Fehler der Vergangenheit zu korrigieren, wurde in den 1990er Jahren ein Niersauenkonzept entwickelt, das in Teilen den naturnahen Rückbau der Niers vorsah. Es wurde unter Berücksichtigung der Umsetzung der EU-Wasser-Rahmenrichtlinie fortgeschrieben und zum Masterplan Niersgebiet ausgeweitet.

Auch nach der Mündung der Kleinen Niers von rechts bleibt es grün, und von der 30.000 Einwohner-Stadt Geldern bekommt man außer der Rückseite eines Sportgeschäfts fast nichts zu Gesicht, da das eigentliche Zentrum nicht direkt am Ufer liegt.

Eine gute Gelegenheit zum Einkehren bietet sich etwa 1 km hinter Geldern an der Straßenbrücke (Bartelter Weg) über die Niers. Knapp 300 m auf dem Radweg nach rechts entlang des Golfplatzes liegt Schloss Haag mit Restaurant und Biergarten (Mo. Ruhetag). Die spätmittelalterliche Burg aus dem 15. Jahrhundert umfasst die innere Vorburg mit Wehrgang, vier Türmen und eine zweite Vorburg. Das Hauptgebäude wurde im 2. Weltkrieg komplett zerstört.

Zurück auf dem Wasser versperrt gut 500 m weiter hinter der Wilikeschen Mühle eine weitere Krautfanganlage den Fluss. Dieses Mal müssen wir am rechten Ufer zum Umtragen anlegen.

Die restlichen 4 km des Tages bleiben dann ohne Hindernisse und Höhepunkte, und an der Straßenbrücke in Wetter beenden wir unsere erste Tagesetappe. Nach Rücksprache dürfen wir das Zelt neben der Grillhütte am Reitplatz aufstellen. Das ist, da direkt neben einer stark befahrenen Straße gelegen, nicht besonders idyllisch, aber für eine Nacht geht es.

Schöner und gerade für Familien mit Kindern sehr zu empfehlen ist dagegen der Camping-

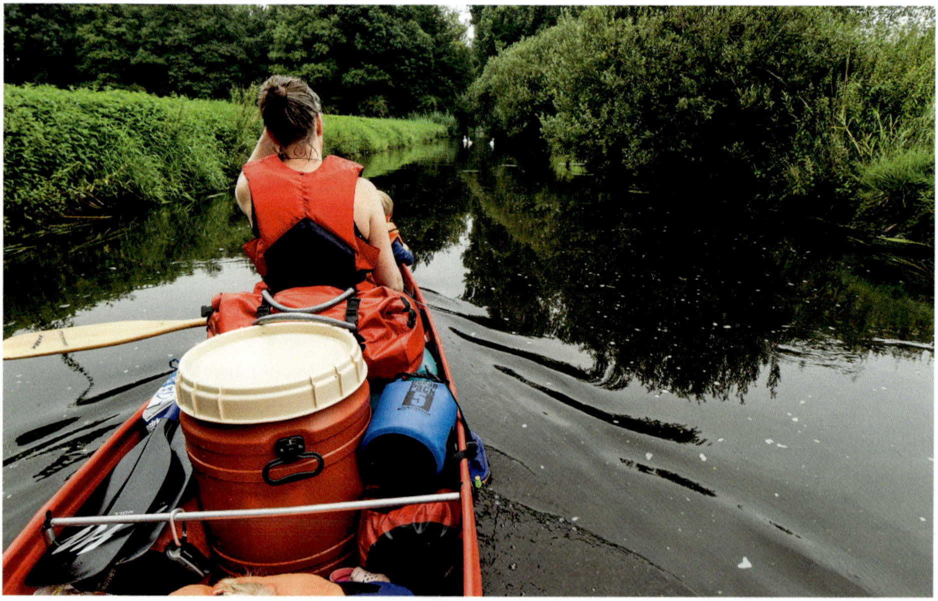

Unterwegs zwischen Wachtendonk und Geldern-Pont

platz Anna Fleuth in Winnekendonk, der aber leider auf dem Wasserweg nicht immer gut zu erreichen ist. Gut 3,5 km hinter Wetten zweigt nach rechts das Issumer Fleuth ab. Ein Stück aufwärts liegt der Anleger zum Campingplatz. Im Hochsommer ist die Verkrautung allerdings oft so stark, dass an ein Hindurchkommen nicht zu denken ist. Der kleine, aber feine und liebevoll geführte Campingplatz ist eine grüne Oase der Ruhe. Damit das auch so bleibt, sind nur Paddler mit eigenen Booten willkommen. Freizeitkapitäne auf Sauftour dagegen sind nicht gern gesehen.

Nächste Station an der Niers ist Kevelaer, der neben dem bayerischen Altötting zweitgrößte Marienwallfahrtsort in Deutschland. Seit 1642 lockt das Heiligenbild „Trösterin der Betrübten" die Pilgerscharen nach Kevelaer. Der Legende nach hörte der Händler Hendrick Busmann vor 300 Jahren eine Stimme, die ihm befahl, eine Kapelle in Kevelaer zu bauen. Zuerst baute er ein kleines Heiligenhäuschen mit dem erwähnten Bild, 1654 wurde drum herum die Gnadenkapelle errichtet und die Zahl der Pilger wuchs stetig. Heute pilgern über eine Million Menschen aus ganz Deutschland und den Niederlanden nach Kevelaer. Die Zeiten, in der eine Wallfahrt mühselig zu Fuß erfolgen musste sind aber lange vorbei. Seit über 20 Jahren finden jährlich sogar Motorradwallfahrten statt. Hinter Kevelaer haben wir knapp 5 km freie Fahrt, dann steht der letzte Landtransport der Tour an. Vor dem Wehr unter der Brücke in Wissen setzten wir am rechten Ufer aus und umtragen das Hindernis kurz. Kaum sind die Boote wieder im Wasser, passieren wir am linken Ufer Schloss Wissen, ein prachtvolles Beispiel für ein niederrheinisches Herrenhaus.

Seit 500 Jahren ist das Wasserschloss Stammsitz der Familie von Loë und einer der bedeutendsten Adelssitze am Niederrhein. Heute ist es ein Mix aus Wohnung für die Besitzer, aus Forst- und Gutsbetrieb sowie weiteren Wohnungen, Ateliers und Werkstätten. Die ehemaligen

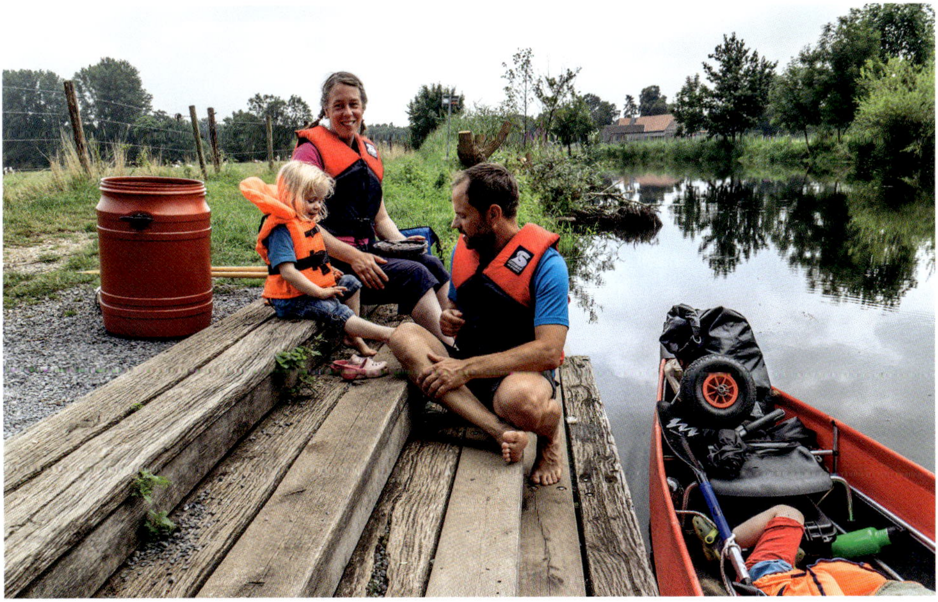

Anleger vor dem Wasserschloss Wissen

Gesindehäuser, die sogenannten „Boye“ (sprich „Buje“), wurden zu Hotelzimmern und Appartements ausgebaut. Der Innenhof kann frei besucht werden, natürlich mit der gebotenen Rücksicht auf die Privatsphäre der Bewohner.

Die nächste Möglichkeit, im Schloss zu übernachten, lässt nicht lange auf sich warten. und in Weeze grüßt vom rechten Ufer die Ruine Hertefeld. Die Schlossruine geht zurück auf einen Rittersitz aus dem 14. Jahrhundert. Zum Teil wurden mitten in der Ruine Räume wie der großzügige Kaminsaal oder das Kreuzgratgewölbe restauriert.

Um den Geldbeutel zu schonen, wollen wir statt im historischen Umfeld aber lieber wie gewohnt im eigenen Zelt schlummern und passieren den wuchtigen Kirchturm der St. Cyriakus-Kirche, um an der Anlegestelle vor der Straßenbrücke anzulegen.

Wie die Unmengen von deponierten Leihbooten unschwer erkennen lassen, nutzen auch diverse Bootsverleiher Weeze als Start- und Endpunkt. Zum Stadtzentrum sind es nur etwa 5 Minuten Fußweg und Hinweistafeln zeigen die Richtung zu den zahlreichen Einkehrmöglichkeiten an. Direkt am Steg liegt Kevins Pub, der auch einen kleinen Zeltplatz eingerichtet hat.

Hinter Weeze passieren wir eine weitere Straßen- sowie eine Autobahnbrücke und nach gut 6 km Paddelstrecke ist Jan an de Fähr, ein traditionelles Ausflugziel am unteren Niederrhein, erreicht. Romantisch am Ufer der Niers gelegen, kann man hier im Biergarten oder auf der Terrasse des Restaurants sitzen und Radfahrer sowie Fußgänger dabei beobachten, wie sie mit der jahrhundertealten, durch eine Handkurbel angetriebenen Fähre übersetzen.

Nach der folgenden Straßenbrücke ziehen die ersten Häuser von Goch an uns vorüber, und nach mehreren Brückendurchfahrten erreichen wir den Anleger an der Nierswelle mitten im Zentrum von Goch. Oben lädt ein schöner

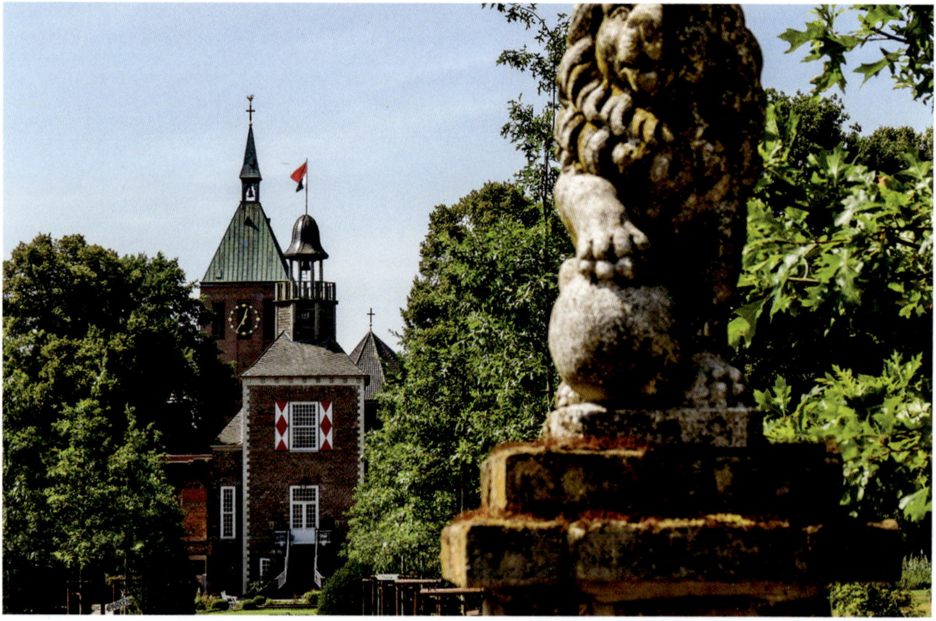

Schloss Hertefeld in Weeze

Spielplatz die Kleinen zum Toben ein, während die Erwachsenen viele Sitzgelegenheiten zum Ausruhen finden.
Da die Zufahrts- und Parkmöglichkeiten hier begrenzt sind, steigen wir nach der ausgiebigen Pause noch einmal kurz ins Boot und halten uns an der Flussgabelung bei der Wassermühle Susmühle aus dem 17. Jahrhundert gegenüber vom modernen Rathaus entsprechend der Ausschilderung links, um dann am Anleger im Stadtpark hinter der Holzbrücke unsere Tour zu beenden. Über die Brücke sind es nur ein paar Schritte bis zum Parkplatz Klosterplatz (Mühlenstraße, Tagesticket Mo-Sa 5,40 €, So frei parken).
Wer in Goch der Niers noch nicht Lebewohl sagen möchte, kann die Tour noch um etwa 9 km bis Goch-Kessel verlängern. Noch einmal 8 km weiter wäre die Grenze zu den Niederlanden erreicht.

Etappen

1.Tag: Wachtendonk – Wetten	21,5 km
2.Tag: Wetten – Weeze	13,5 km
3.Tag: Weeze – Goch	11,5 km
Gesamtstrecke: ca.	**46 km**

Befahrungsregelung:
keine Einschränkungen bekannt

Befahrbarkeit/Pegel: ganzjährig fahrbar

Hindernisse: Die Krautfanganlage hinter Geldern sowie das Wehr am Wasserschloss Wissen müssen kurz umtragen werden.

Unterkunft:

- Der Kanutourismus auf der Niers ist vor allem auf Tagestouren ausgelegt und die Übernachtungsmöglichkeiten direkt am Ufer sind begrenzt. Auf Nachfrage kann an der Grillhütte in Wetten gezeltet werden. Ansprechpartnerin Monika Wellmanns, Tel.: 02832/1688
- Naturzeltplatz Anna Fleuth in Winnekendonk (direkt an der Issumer Fleuth, einem Seitenarm der Niers. Im Sommer bei starker Verkrautung auf dem Wasserweg nicht erreichbar), Tel.: 02832/899980, *www.anna-fleuth.de*
- Kevins Pub in Weeze (Gästehaus, Heuhotel, Zeltmöglichkeit), Tel.: 02837/8570 *www.kevins-pub.de*
- Transfer zurück zum Einstieg: Von Goch in etwa 20 Minuten mit der NordWestBahn nach Geldern und weiter mit dem Bus in Richtung Kempen nach Wachtendonk. Fahrtzeit insgesamt knapp 1 Stunde.

Bootsverleih:

Wachtendonk:

- Georg Hotz, Tel.: 02836/971801 *www.hotzspots.de*
- Holleshof, Tel. 02836/1576, *www.holleshof.de*
- Heuhotel Dumperhof, Tel.: 02836/1672
- Kanu & Kajakverleih Goetzens Tel.: 02836/900795, *www.nierstouren*.de

Geldern:

- Kesseler Bootsverleih, Tel.: 02831/1344849 *www.kesseler-bootsverleih.de*

Weeze:

- Freizeit Schwarz, Tel.: 02837/6760 *www.freizeit-schwarz.com*
- Kevins Pub, Tel.: 02837/8570 *www.kevins-pub.de*

Gastronomie:

- Trotz des hohen Leihbootandrangs machen sich die Einkehrmöglichkeiten direkt am Ufer rar. Restaurant und Biergarten am Golfclub Schloss Haag hinter Geldern
- Zahlreiche Einkehrmöglichkeiten in kurzer Entfernung zum Anleger in Weeze
- Restaurant und Biergarten Jan an de Fähr auf der letzten Etappe zwischen Weeze und Goch.

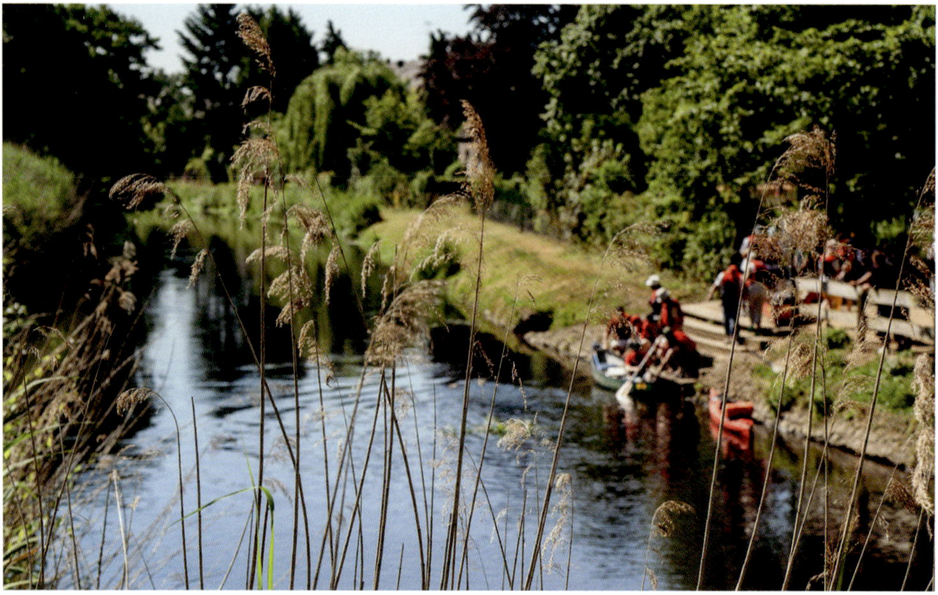

Buntes Treiben an der Einsatzstelle in Weeze

Sehenswertes:

- **Wachtendonk:** historischer Ortskern mit rund 120 denkmalgeschützten Häusern, Burgruine, Naturpark Schwalm-Nette mit Naturparkzentrum im Haus Püllen
- **Kevelaer:** Innenstadt mit rund 200 denkmalgeschützten Häusern, Wallfahrtsbereich mit Basilika, Gnaden- und Kerzenkapelle
- Wasserschloss Wissen
- **Goch:** Schlossruine Hertefeld, Museum Royal Air Force Laarbruch-Weeze, Museum Goch (zeitgenössische Kunst), *www.museum-goch.de*

Alternativen:

- ausgedehnte Radtouren auf einem 3.000 km langen Radwegenetz, mehrtägige Wanderungen auf Jakobsweg oder Pieterpad *www.einfach-wanderbar.de*
- Geocaching im Naturpark Schwalm-Nette.
- Tierpark mit Waldlehrpfad und Streichelzoo in Weeze.
- Freizeitbad GochNess in Goch.

Auskunft:

Niederrhein Tourismus GmbH, Tel. 02162/817903, *www.niederrhein-tourismus.de*

Buchtipps/Karten

- Tourenatlas Nr.3 Rhein-Mosel und Nebenflüsse, 1:75.000 Jübermann-Verlag
- „Rad- und Wanderkarte Niederrhein, 1:50.000, Publicpress
- Wanderkarte Niederrhein Nord, 1:50:000, GeoMap
- Christoph Güsken: Tod an der Niers (Niederrhein-Krimi), Emons Verlag
- Peter Eickhoff: 111 Orte am Niederrhein die man gesehen haben muss, Emons Verlag
- Birgit Poppe und Klaus Silla: Op Jück am Niederrhein. 66 Lieblingsplätze und 11 mal lecker essen, Gmeiner-Verlag

Tour 2: Ems (Münsterland)

Die Ems zählt zu den klassischen Flachlandwanderflüssen und begeistert auch in NRW. Landschaftlich besonders reizvoll ist der Abschnitt zwischen Warendorf und Greven mit dem Naturschutzgebiet Emsauen. Hier windet sich der Fluss in unzähligen Schleifen durch Wiesen, Felder und Wälder, und neben dem Naturerlebnis warten am Ufer kleine Städte mit historischen Ortskernen wie Warendorf, das Zentrum des westfälischen Pferdesports, oder der Marienwallfahrtsort Telgte auf einen Besuch.

Nach einem weniger attraktiven Abschnitt von Greven bis Emsdetten, in dem die Ems begradigt und eingedeicht ihren Weg sucht, wird es vor Rheine noch einmal recht idyllisch.

Die münsterländische Ems hält keinerlei paddeltechnische Schwierigkeiten bereit und kann auch von Anfängern oder Familien mit Kindern gut befahren werden. Kurz hinter Rheine erreicht die Ems die Bundeslandgrenze zu Niedersachsen und fließt weiter gen Norden, um nordwestlich von Emden in die Nordsee zu münden. Die Ems ist somit bei einer Gesamtlänge von gut 370 km Deutschlands kleinster Strom.

Die Quelle der Ems liegt im Naturschutzgebiet Moosheide zu Füßen des Teutoburger Waldes. Bei Hochwasser können abenteuerlustige Paddler schon an der Straßenbrücke in Hövelhof einsetzen. Die meiste Zeit des Jahres ist ein Start in Gütersloh möglich, ganzjährig sicher und auch für Zweier befahrbar ist die Ems ab Warendorf.

Hervorgegangen aus einer Sachsensiedlung an der Ems wurde der Marktort 1255 Mitglied des Rheinischen Städtebundes und trat 1448 der Hanse bei. Besonders beschaulich ist der rechteckige Markt, der von historischen Häusern aus den unterschiedlichsten Epochen gesäumt wird. Das historische Rathaus wurde 1404 kurz nach einem Stadtbrand errichtet und bildet den Mittelpunkt des dezentralen Stadtmuseum, welches zusätzlich das Arbeiterwohnhaus Gadem Zuckertimpen von 1925, die Fabrikanten-

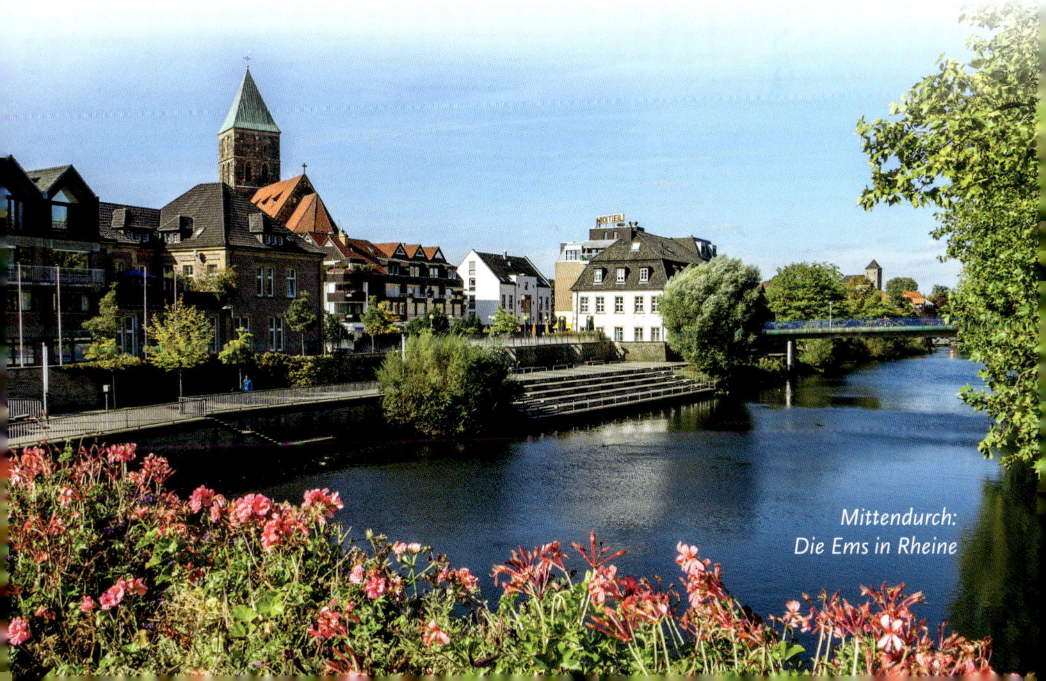

Mittendurch: Die Ems in Rheine

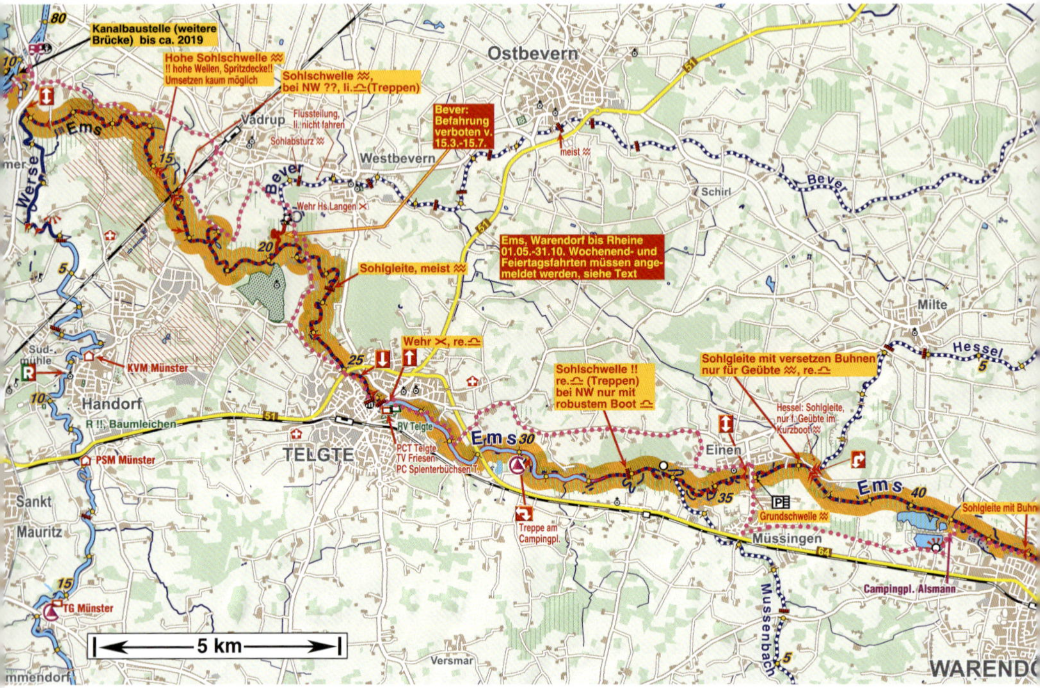

villen Haus Bispinck und Klosterstraße 7 sowie das Torschreiberhaus am Osttor umfassen. Über den Marktplatz wacht die Laurentiuskirche, die auf eine um 785 für den ostmünsterländischen Raum gegründete Missionskirche zurückgeht und somit älter als das Bistum selbst ist, das erst 805 gegründet wurde. Dem ersten Steinbau vom Beginn des 9. Jahrhunderts folgte 1150 ein Neubau im Stil der Romanik. Die heutige dreischiffige gotische Hallenkirche wurde nach dem Stadtbrand von 1404 zum Teil auf den Fundamenten der alten Kirche errichtet. Der Warendorfer Altar im Innenraum gilt als Musterbeispiel der westfälischen Tafelmalerei.

Einen hohen Stellenwert genießen Pferdesport und -züchtung, und so haben das aus dem Königlich-Preußischen Landgestüt hervorgegangene Nordrhein-Westfälische Landesgestüt mit der angeschlossenen Deutschen Reitschule sowie das Olympische Komitee für Reiterei ihren Sitz in Warendorf. Jedes Jahr im Herbst finden auf dem Gelände des Nordrhein-Westfälischen Landgestüts die traditionellen Warendorfer Hengstparaden statt. Dabei stellen Mitarbeiter in historischen Paradeuniformen in verschiedenen Dressurvorstellungen über 100 Zuchtpferden vor, darunter Vollblut-, Warmblut- und Kaltbluthengste.

Freunde des Reitsports mögen bei Erwähnung der Stadt Warendorf leuchtende Augen bekommen, Paddler interessiert primär die Frage, ob und wie man in Warendorf die Boote zur Einsatzstelle am Parkplatz Lohwall (Anleger WAF 5, Linnenwiese, 48231 Warendorf) bekommt. Die Zufahrt zum Parkplatz ist mit einer Schranke auf eine Durchfahrtshöhe von 2,10 m begrenzt - an Paddler mit Booten auf dem Dach hat wohl niemand gedacht. Kurzerhand lade ich das Kajak am Straßenrand ab und schiebe es mit dem Bootswagen über den Parkplatz bis zu den

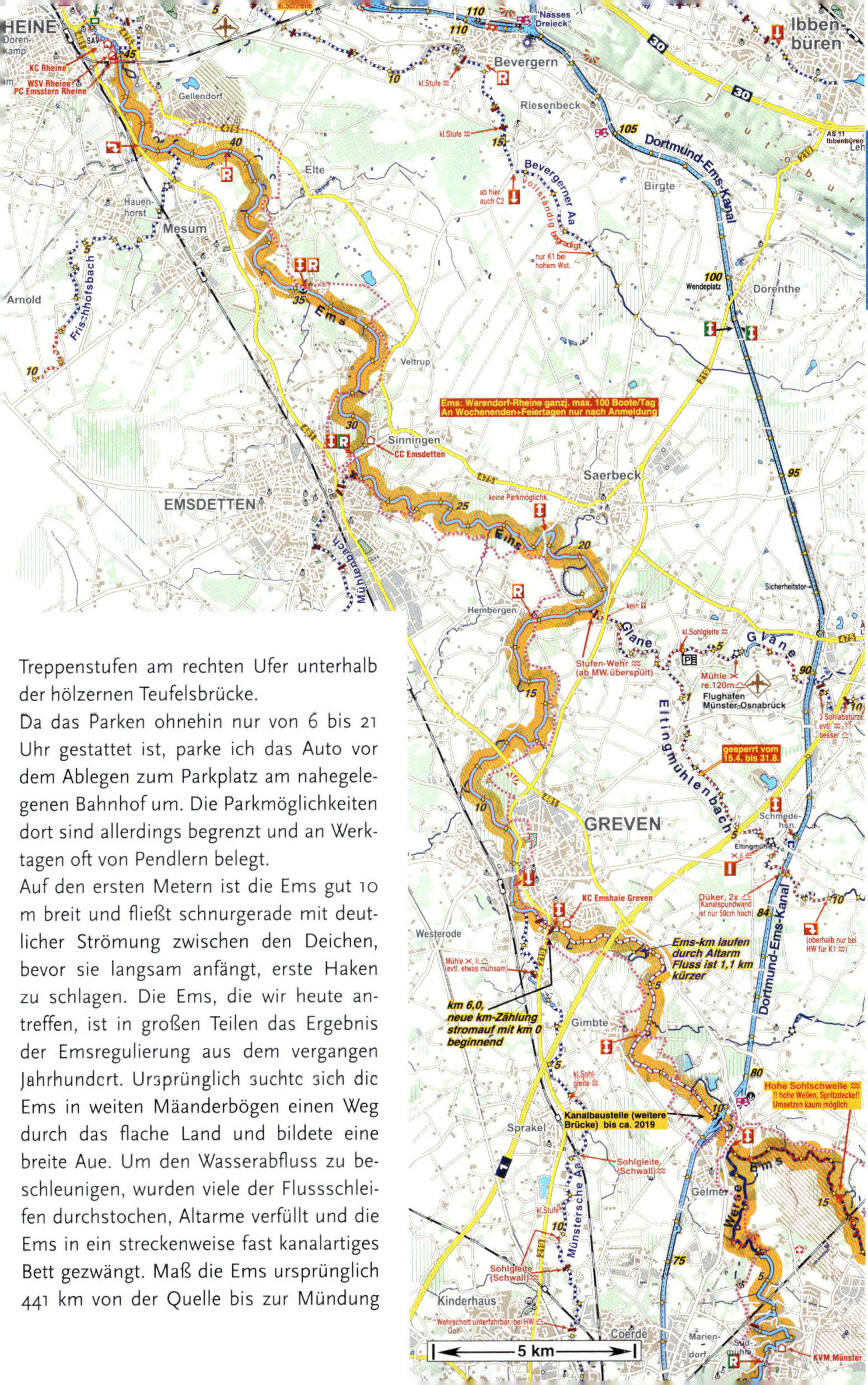

Treppenstufen am rechten Ufer unterhalb der hölzernen Teufelsbrücke.

Da das Parken ohnehin nur von 6 bis 21 Uhr gestattet ist, parke ich das Auto vor dem Ablegen zum Parkplatz am nahegelegenen Bahnhof um. Die Parkmöglichkeiten dort sind allerdings begrenzt und an Werktagen oft von Pendlern belegt.

Auf den ersten Metern ist die Ems gut 10 m breit und fließt schnurgerade mit deutlicher Strömung zwischen den Deichen, bevor sie langsam anfängt, erste Haken zu schlagen. Die Ems, die wir heute antreffen, ist in großen Teilen das Ergebnis der Emsregulierung aus dem vergangen Jahrhundert. Ursprünglich suchte sich die Ems in weiten Mäanderbögen einen Weg durch das flache Land und bildete eine breite Aue. Um den Wasserabfluss zu beschleunigen, wurden viele der Flussschleifen durchstochen, Altarme verfüllt und die Ems in ein streckenweise fast kanalartiges Bett gezwängt. Maß die Ems ursprünglich 441 km von der Quelle bis zur Mündung

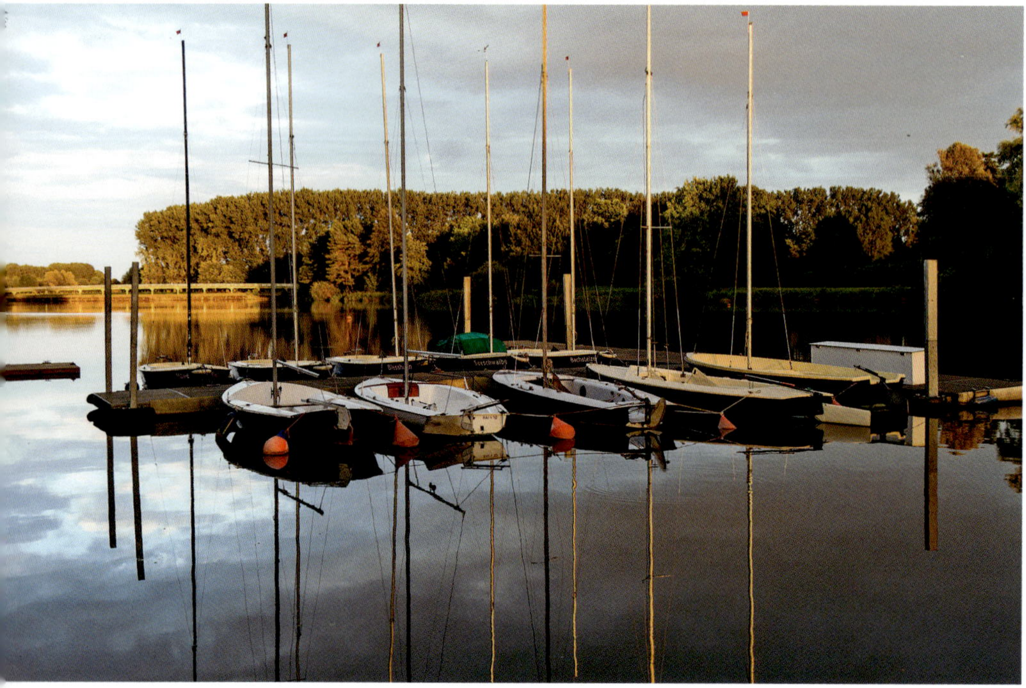

Abendstimmung am Emsstausee in Warendorf

in den Dollart, so waren es nach der Regulierung noch 371 km. Noch schwerwiegender für die Natur: Durch den besseren Wasserabfluss konnte die Landwirtschaft auf den ehemaligen Feuchtwiesen entlang der Emsufer intensiviert werden und zahlreiche Tier- und Pflanzenarten verschwanden.

Um die Ems wieder in ihren ursprünglichen Zustand zurück zu versetzen wurden weite Teile der Emsaue schon 1998 unter Schutz gestellt. Das Naturschutzgebiet Emsauen ist mit rund 5.000 ha eines der größten in Nordrhein-Westfalen. Als Paddler müssen wir dadurch zwar einige Einschränkungen hinnehmen (siehe Befahrungsregelungen im Infokasten), werden aber mit einem vielstimmigen Vogelgezwitscher und einer ansonsten herrlichen Ruhe mehr als entschädigt. Aber nicht nur Kanuten lieben die renaturierte Ems, und so flitzen am Ufer unzählige Radler als bunte Punkte über den EmsRadweg.

Gut 6 km nach dem Start warnt ein Schild „Schwieriger Flussabschnitt". Man könnte rechts umtragen, mit etwas Bootsbeherrschung sind die Sohlschwellen an der renaturierten Hesselmündung aber kein Problem und die leichte Slalomfahrt macht richtig Spaß. Eineinhalb Kilometer weiter ragt mitten im Fluss ein bunter Emspegel in den Himmel und zeigt eindrucksvoll die Höhen vergangener Hochwasser. Die höchste Marke von 1946 scheint so hoch wie die heutige Straßenbrücke zu sein. Rechts dahinter liegen eine Anlegestelle und oben einen schöner Rastplatz (Anleger WAF 7: Warendorf-Einen, Einener Straße).

Direkt hinter den Ausstiegstreppen warnt ein Schild vor einer Sohlschwelle in 100 m Entfernung, die zumindest bei niedrigem Wasserstand nicht zu erkennen ist. Es folgt eine steile Uferabbruchkante, in der es sich Uferschwalben bequem gemacht haben. Die weichen Böden sind eine Besonderheit den Emsauen. Mit dem lockeren Sand als Relikt der letzten Eiszeit hat das Wasser leichtes Spiel und alles ist ständig in Bewegung. Es entstehen Uferabbrüche, Sandbänke und Inseln. Ein echtes Stück dynamische Flusswildnis eben, in der sich Eisvogel und Uferschwalben wohlfühlen.

Der schöne Sandstrand vor der blauen Lonn-Brücke sieht einladend aus und auch, wenn die Spaziergänger hier Sandburgen bauen, dürfen wir vom Wasser aus leider nicht anlegen. Knapp 1 km weiter gibt es noch einmal eine kleine, problemlos zu befahrende Sohlschwelle. Wer möchte, kann über die Treppen am rechten Ufer auch umtragen. Nach einer weitgezogenen Rechtskurve markieren die Betontreppen das Ende der Tagesetappe am Campingplatz Sonnenwiese. Der Campingplatz ist einfach und die Sanitäranlagen sind recht alt – wer keine bösen Überraschungen erleben möchte, tut gut daran, eigenes Toilettenpapier im Gepäck mitzuführen! Aber die absolute Stille und idyllische Lage entschädigen für den fehlenden Komfort.

Am nächsten Tag wartet nach der Brücke der B51 und zwei Fußgängerbrücken das Wehr in Telgte auf den Paddler. Auf dem Graben nach links geht es zum Vereinsgelände des Paddelclub Telgte, zum Umtragen steuert man bereits vor dem Wehr die Ausstiegstreppen am rechten Ufer an (Anleger WAF 8 (nur Ausstieg): Emstor, 48291 Telgte).

Vom Ausstieg ist es nach links über die Emsbrücke ein Katzensprung in die Innenstadt, und die ruhige Atmosphäre rund um den Marktplatz in der Altstadt von Telgte lädt zu einer Pause ein. Frei von Autoverkehr locken schmale Gassen mit Kopfsteinpflaster, viel altes Fachwerk und gemütliche Straßencafés. Die Kleinstadt blickt auf eine über 1200jährige Wallfahrtsgeschichte zurück und gilt als bedeutendster Marienwallfahrtsort im Münsterland. Anziehungspunkt der Telgter Wallfahrt ist das Gnadenbild der schmerzhaften Muttergottes. Direkt neben der barocken, achteckigen Gnadenkapelle aus der Mitte des 17. Jahrhunderts am Ufer der Ems dokumentiert das Westfälische Museum für religiöse Kultur Religio die Kirchen und Wallfahrtsgeschichte der Stadt. Herausragendes Exponat ist das Telgter Hungertuch von 1623, ein großes Leinentuch mit Bildern, die das Leiden und die Auferstehung Jesu Christi und weitere biblische Motive darstellen. Die Probsteikirche St. Clemens, eine spätgotische Hallenkirche aus der ersten Hälfte

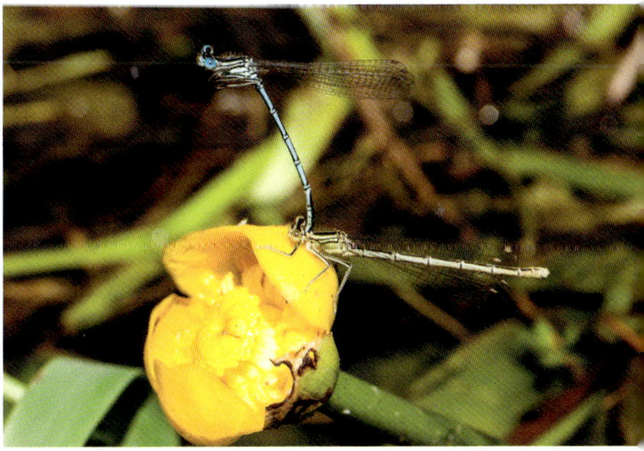

Libellen an der Ems

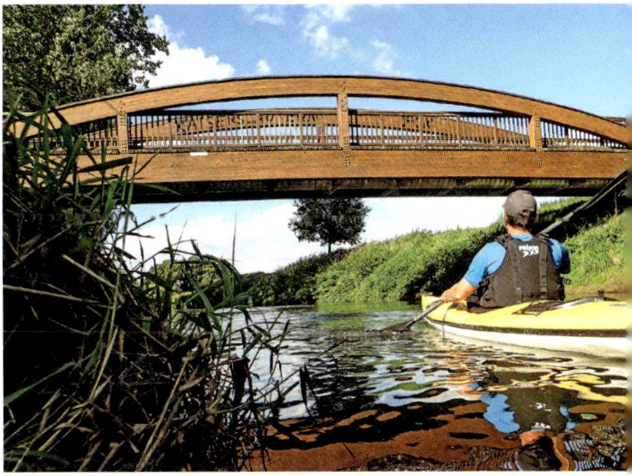

Holzbrücke hinter Warendorf

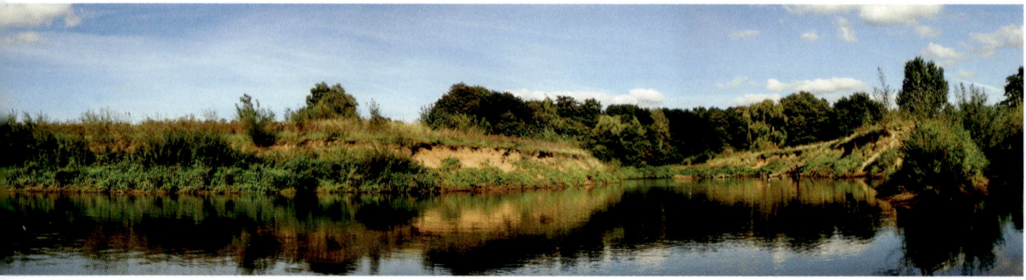

Renaturierte Ems bei Einen

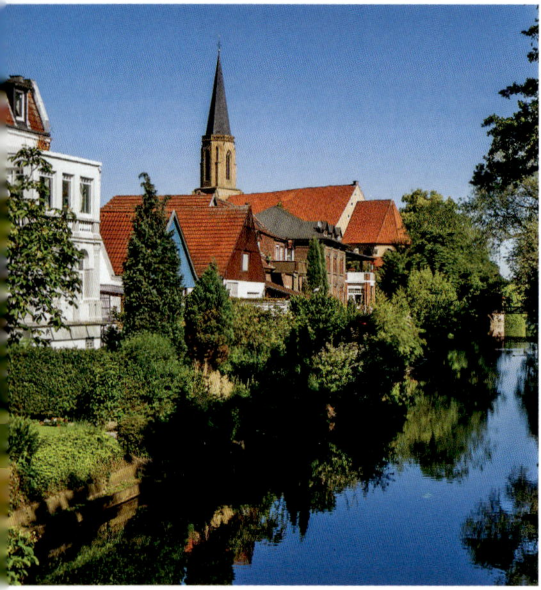

Telgte

des 16. Jahrhunderts, bildet das dritte Bauwerk des sogenannten „Telgter Dreiklangs".

Eine weitere Sehenswürdigkeit, die weder etwas mit Kirche, Kunst oder Wallfahrt zu tun hat, ist auch für Museumsmuffel interessant, allerdings nur im Rahmen einer Führung zu besichtigen. Das Kornbrennerei-Museum Telgte zeigt die Bedeutung der Produktion von Hochprozentigem für die Region, einst einer der bedeutendsten Wirtschaftszweige. In einem ehemaligen Brennereigebäude, in dem bis 1979 produziert wurde, lässt allerlei altes Zubehör, Werkzeug und Gerät das schweißtreibende Handwerk der Schnapsbrennerei lebendig werden. Mit etwas Fantasie kann man sich gut vorstellen, wie das Getreide in großen Maisbottichen eingekocht wurde, um die Stärke der Körner aufzuschließen, und wie dann der wässrige Brei mit Hefe und Malz über 72 Stunden lang zu einer zwar alkoholartigen, aber ungenießbaren Maische vergoren wurde und anschließend durch eine doppelte Destillation, bei der man die Maische erhitzte, um den Alkohol zu verdampfen, als Rohbrand mit einem auf 95% angereicherten Alkoholgehalt gesammelt wurde. Erst nach einer Verdünnung mit viel Wasser erhält man das trinkbare Endprodukt, von dem man sich in der Probierstube im Keller überzeugen kann.

Der Umtrageweg am Telgter Wehr verläuft vom Ausstieg ein kurzes Stück auf der Straße Richtung Innenstadt und dann gleich hinter der Telefonzelle nach rechts zwischen den Gebäuden durch und vor der Skateanlage hinab zur Einsatzstelle am Emsufer.

Nach der Fußgängerbrücke vereinigt sich die Ems mit dem von links kommenden Umlaufgraben. Die Ems hat sich nun ein tiefes Bett gegraben, kann aber mit wilder Romantik verzaubern. In zahlreichen Kurven windet sie sich durch einen dichten, grünen Tunnel. Eindrucksvolle Kieshänge wechseln sich mit Abschnitten ab, an denen Weiden weit in den Fluss ragen und die Durchfahrt auf wenige Meter beschränken, und zu beiden Seiten zweigen Altarme ab. Nach einer kleinen Sohlschwelle erreiche ich das Pegelhaus an der Holzbrücke an der Bevermündung. Auf ein offeneres Stück folgt ein bewaldeter Abschnitt, und nachdem ein paar Wochenend-Grundstücke vorübergezogen sind, ist die Kanuanlegestelle Ringemann in Münster Handdorf erreicht.

An der folgenden Kombination aus Holz-Fußgängerbrücke und Eisenbahnüberführung erhebt sich ein Aussichtsturm am rechten Ufer, und die kleine Sohlschwelle dahinter lässt sich über die Treppen am linken Ufer auch unproblematisch umtragen. Anschließend sollte man die Spritzdecke aber unbedingt schließen, denn etwa 300 m hinter der Eisenbahnbrücke rauscht – in diesem Fall ohne Warnschilder am Ufer– das Wasser mit einer mächtigen Welle über die größte Sohlgleite der gesamten Tour. Sie ist mittig gut zu fahren, eine ausgewiesene Umtragestelle gibt es hier nicht.

Nach der spritzigen Einlage sind auf der verbleibenden Tagesetappe bis Greven keine weiteren paddeltechnischen Herausforderungen mehr zu erwarten. Nach einem Pegel am linken Ufer und einer landwirtschaftlichen Brücke mündet von links die Werse (siehe Tour 3) und vor den beiden folgenden Straßenbrücken ist die nächst Ein- und Ausstiegsstelle erreicht (Anleger ST 1: Fuestrup, Brücke K45/Schifffahrter Damm).

Was knapp einen Paddelkilometer weiter auf den ersten Blick aussieht wie eine schöne Steinbogenbrücke oder ein Viadukt, entpuppt sich bei genauerem Hinsehen als ein bedeutendes Monument des ausgehenden 19. Jahrhunderts: die Alte Fahrt des Dortmund-Ems-Kanals, im Volksmund „Münsters Badewanne“ genannt.

Durch die rasche Entwicklung der Schwerindustrie im Ruhrgebiet brauchte man Alternativen zum Eisenbahnverkehr, der seine Leistungsgrenze erreicht hatte. Für den Transport von Erz und anderem Schüttgut wurde ab 1892 der Dortmund-Ems-Kanal gebaut. Flusstäler, die wie das der Ems quer zum Kanalverlauf lagen,

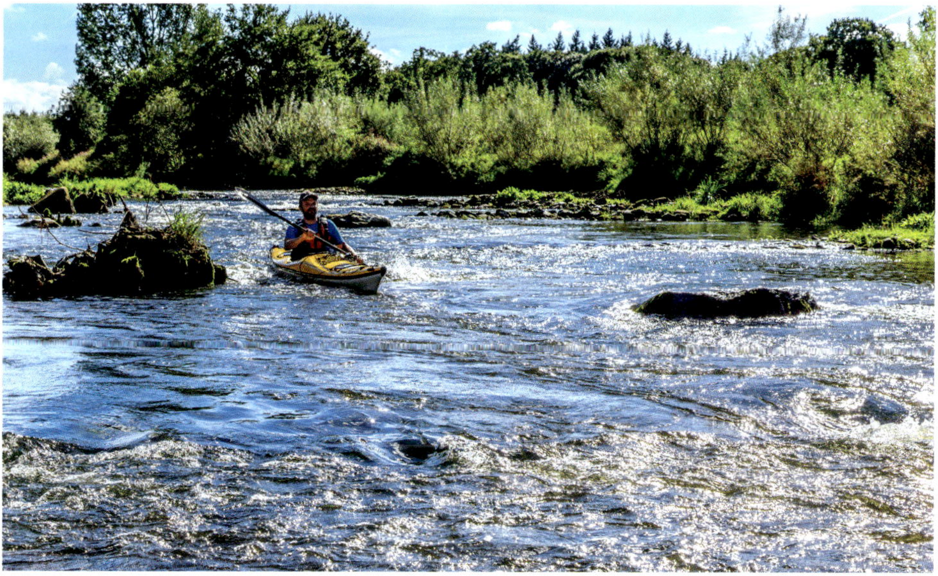

Sohlschwellen an der renaturierten Hesselmündung

wurden durch Kanalüberführungen überbrückt. Mit stetig größer werdenden Schiffen mussten 1939 auch größere Überführungen her. Die Neue Fahrt wurde ein Stück emsabwärts als stählerner Trog konstruiert. Zunächst waren noch beide Bauwerke nebeneinander in Betrieb, doch nachdem die Alte Fahrt von einem Bombenangriff beschädigt wurde, wurde sie zwar repariert, aber nicht mehr in Betrieb genommen. Sie wurde mit einem Damm von der Neuen Fahrt getrennt, und der am nördlichen Ende entstandene Yachthafen ist eine beliebte Anlaufstelle für Skipper, Radler und Wohnmobilisten.

Die Neue Fahrt wird ab 2015 in einem Mammutprojekt für 50 Millionen Euro ausgebaut und soll als Doppeltrog neu errichtet werden. Um den Schiffsbetrieb während der mindestens vier Jahre andauernden Bauarbeiten aufrecht zu erhalten, wird eine gut 1,2 Kilometer lange Umleitung eingerichtet, die nördlich der aktuellen Kanal-Brücke Richtung Osten abzweigt.

Es folgen zwei weitere kleine Straßenbrücken, von rechts gluckert ein Entwässerungsgraben in die Ems. Bald tauchen am linken Ufer die ersten Wochenendhäuser auf, und für einen kurzen Moment ist voraus der Kirchturm in Gimbte sichtbar. Nach einem schönen Abschnitt durch idyllische Park-, Auen- und Waldlandschaften erreiche ich die Ein- und Ausstiegstelle an der Straßenbrücke in Gimbte (Anlegestelle ST 3: Gimbte, Alter Fährweg, 48268 Greven). Der urige Dorfkern lockt mit gutbürgerlicher Gastronomie, und der Museumshof Averkamp in Gimbte, der eine Vielzahl historischer landwirtschaftlicher Geräte präsentiert, lohnt sich für einen kurzen Abstecher.

Die letzten Kilometer der Tagesetappe ziehen sich dann etwas hin. Die Ems ist begradigt und die mit Brennesseln bewachsenen Ufer sind hoch. Nach einem landwirtschaftlichen Steg kündigt der steigende Lärmpegel die Brücke

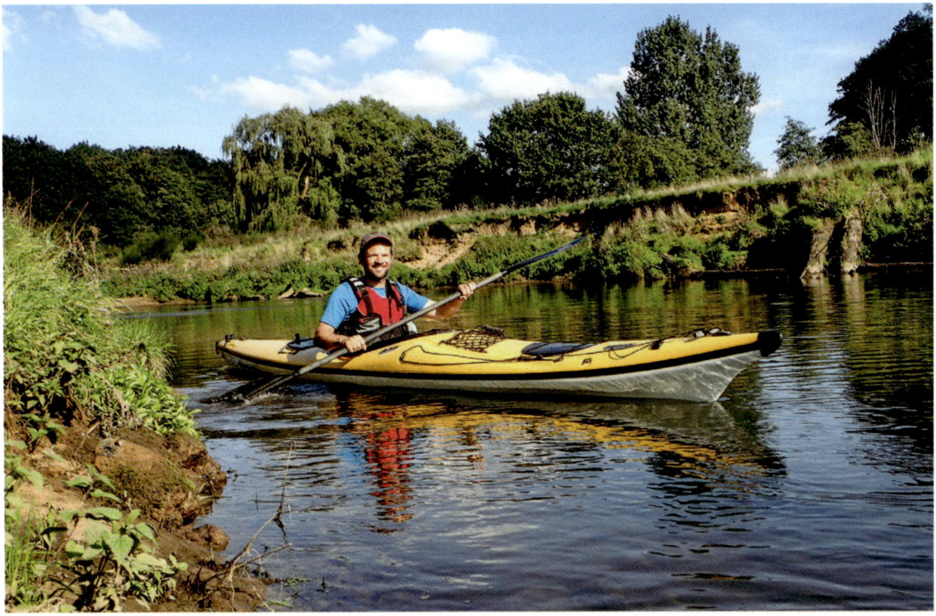

Renaturierte Ems bei Einen

der A1; knapp 2 km weiter ist Greven erreicht. Am rechten Ufer zieht das Gelände des Freibades vorüber, und rechts dahinter setzte ich am Parkplatz des Schwimmbades noch vor dem verfallenen Wehr vor der ersten Straßenbrücke aus (Anleger ST 4: Schöneflieth, Am Freibad, 48268 Greven).

Da das Vereinsgelände der Emshaie Greven nicht direkt an der Ems liegt, verlade ich das Kajak auf den Bootswagen und laufe am Schwimmbadeingang vorbei auf den Deich und dort nach rechts am Freibadzaun für etwa 100 m zurück bis zum Vereinsgelände.

Greven war einst das größte Dorf im Herzen des Münsterlandes und präsentiert sich heute als lebhaftes Mittelzentrum mit etwa 36.000 Einwohnern. Wer zwischen Mai und August unterwegs ist, kann sich über die Veranstaltung „Greven an die Ems!“ freuen, denn dann sind am Emsufer Beachvolleyball und Strandbar zu finden, und an den Wochenenden werden zahlreiche Konzerte und ein abwechslungsreiches Veranstaltungsprogramm geboten.

Am nächsten Morgen schiebe ich das Kajak vom Bootshaus der Emshaie auf dem Radweg unter der Straßenbrücke durch und erst dahinter hinab zur Einstiegsstelle, denn direkt 100 m hinter der Straßenbrücke rauscht das Wasser über eine mächtige Stufe mit vielen großen Felsbrocken. Wer hier nicht Rast machen will: 100 m vor und 200 m nach der Brücke sind unfahrbare Wehre, beide Stellen am besten rechts umtragen. Ab 2017 ist hier eine Renaturierungsmaßnahme geplant, sodass sich die Situation vor Ort ändern kann.

Der folgende Abschnitt ist wenig reizvoll. Die Ems fließt zwar einsam, aber verhältnismäßig gerade und tief eingedeicht gen Norden. Das Ende der Durststrecke ist nach gut 11 km in Hembergen erreicht (Anleger ST 6: Hembergen, Dorfstraße, 48282 Emsdetten).

Bei der Weiterfahrt lohnt sich der Blick zurück über die Schulter auf die kleine Dorfkirche. Die Ems zeigt sich nun wieder lieblicher. Es gibt den einen oder anderen Sandabbruch, und entlang der Ufer stehen wieder mehr Bäume.

Die nächste Möglichkeit, um sich die Beine zu vertreten, bietet sich etwa 5 km weiter an der Straßenbrücke in Saerbeck (Anleger ST 7 Saerbeck, Hembergener Straße, 48369 Saerbeck).

Nun fließt die Ems in weiten Bögen gen Nordwesten auf Emsdetten zu. Nachdem eine Hochspannungsleitung unterfahren ist, tauchen die ersten Häuser am Ufer auf, und links hinter der Straßenbrücke ist der Anleger erreicht (Anleger ST 8: Brücke L590, Sinniger Straße, 48282 Ems-

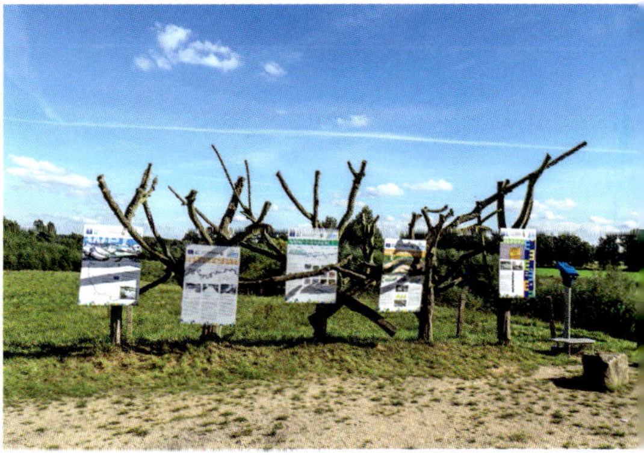

Rastplatz Einen

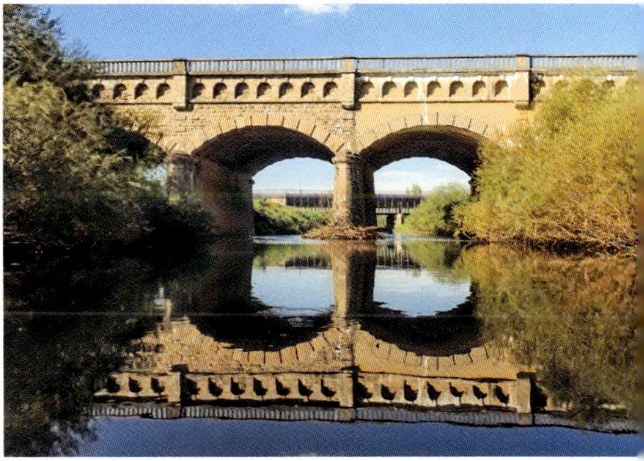

Alte Fahrt Fuestrup

detten). Bis ins Stadtzentrum ist es aber ein knapp 2 km langer Fußmarsch. 400 m hinter dem Anleger dümpelt in der nächsten Kurve am rechten Ufer der große Schwimmsteg des Canu Clubs Emsdetten.

Gut 5 km hinter Emsdetten kreuzt eine Tiefseilfähre meinen Weg, und am rechten Ufer bietet ein Steg die Möglichkeit, im Gasthaus Bockholter Emsfähre einzukehren (Anleger ST 9: Rhein Elte, Zur Bockholter Emsfähre 111, 48432 Rheine). Noch einmal 5 km weiter ist die nächste Einkehrmöglichkeit erreicht, und das Werbeschild beim Steg am linken Ufer lädt zu einem Besuch ins Gasthaus Hohe Heide ein (Di Ruhetag).

Zum Finale gibt sich die Ems dann noch einmal alle Mühe, in guter Erinnerung zu bleiben. Die Ufer sind üppig grün, Weiden beugen sich weit in den Flusslauf und werden von hohen Eichen überwacht. Die Strömung ist nahezu vollständig eingeschlafen – ein sicheres Zeichen für das nahende Wehr in Rheine. Zwischen den grasenden Kühen an den Ufern watscheln Nonnengänse. Am rechten Ufer zieht ein altehrwürdiges Fabrikgebäude und ein hoher Schornstein vorüber und hinter der Eisenbahnbrücke, die sich schon lange im Voraus durch lautes Rattern angekündigt hatte, liegen am linken Ufer die Stege der ersten Rheiner Kanuvereine (Emsstern und WSV). Ein Stück weiter hat der Kanu-Club Rheine seine Polo-Tore aufgebaut.

Hinter dem Ruderclub Rheine steuere ich noch vor der Straßenbrücke den öffentlichen Anleger am rechten Ufer an, um meine Wanderfahrt zu beenden (Anleger ST 14: Emssagawiese, Timmermanufer, 48431 Rheine).

Mit gut 76.000 Einwohnern ist Rheine die zweitgrößte Stadt im Münsterland und kann auf eine über 1200jährige Geschichte zurückblicken. Ihren Ursprung nahm sie als Furt über die Ems. Einen starken Aufschwung erfuhr das vormals beschauliche Ackerbürgerstädtchen ab 1850 durch die Textilindustrie und den Ausbau der Eisenbahn.

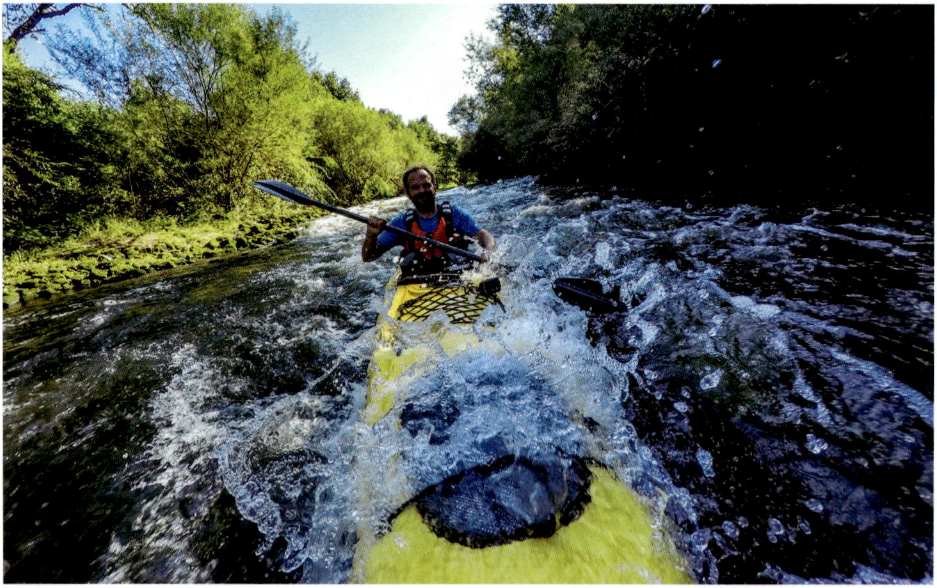

Sohlschwelle bei Vadrup

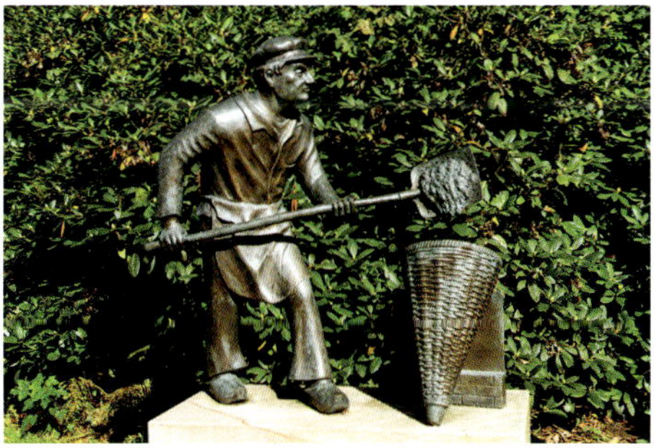

Figur in der Saline Gottesgabe Rheine

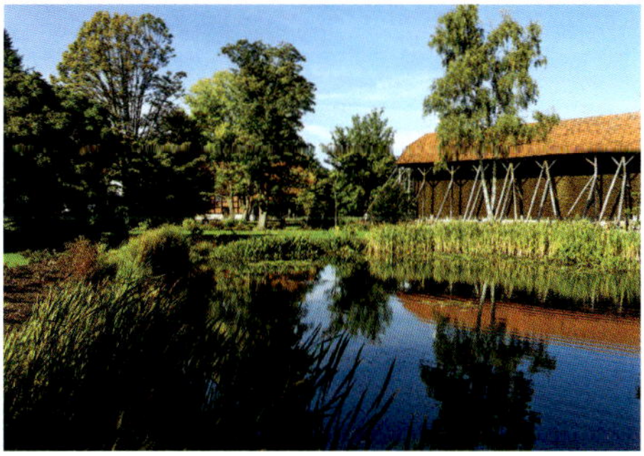

Saline Gottesgabe Rheine

Einen guten Startpunkt für einen Stadtrundgang bildet der von prächtigen Bürgerhäusern umringte historische Marktplatz. Im Apothekenmuseum (Marktstraße 2) erfährt der Besucher mehr über die Geschichte der Pharmazie. An der Nordseite des Platzes erhebt sich die zwischen 1400 und 1520 errichtete spätgotische Hallenkirche St. Dionysius mit prächtigen Hauptportal und sehenswertem Innenraum. Vom Kirchplatz führt eine Treppe zum Kannegießerhaus. Das Bürgerhaus aus dem späten 15. Jahrhundert mit seinem Staffelgiebel ist eines der ältesten Bauwerke der Stadt. Ebenfalls eine lange Geschichte besitzt der Spieker der Evangelischen Einigkeit in unmittelbarer Nachbarschaft. Bei diesem typischen zweigeschossigen Ackerbürgerhaus diente das Erdgeschoss als Viehstall und die obere Etage als Getreidespeicher.

Das Wappenrelief am Südgiebel der Emsmühle aus Naturstein (heute ein Geschäftshaus) weist Fürstbischof Clemens August als Bauherrn aus. Die Hochwassermarken erinnern an die Wasserstände der Hochwasserkatastrophen in vergangenen Jahrhunderten, denn obwohl seit Mitte des 16. Jahrhunderts ein steinerndes Emswehr den Fluss aufstaut, blieben verheerende Hochwasser nicht aus.

In der Nähe der Fußgängerbrücke zwischen Emsufer und Heiliggeistplatz liegt das Strätersche Haus, ein zweistöckiges Traufenhaus mit Mansardendach und rundbogiger Toreinfahrt. Es handelt sich dabei um das einstige Stadtpalais des Kaufmanns Johann Heinrich Strietborst, welches zu seiner Zeit als modernstes und vornehmstes Haus der Stadt galt.

Unweit der Mühle befindet sich am Abhang des Thiebergs hinunter zum Emsufer der Falkenhof, der als Keimzelle der Stadt gilt und aus dem einstigen fränkischen Königshof hervorging. Seit 1962 ist das Gebäude aus dem 14. Jahrhundert Sitz des Städtischen Museums.

Die bedeutendste Sehenswürdigkeit außerhalb der Altstadt ist das 1437 gegründete Kloster Bentlage, das auf eine Niederlassung der Kreuzherren zurückgeht. Nach der Aufhebung im Zuge der Säkularisierung diente es zu Beginn des 19. Jahrhunderts als Residenz des Herzogs des Fürstentums Rhein-Wolbeck. Im Ostflügel zeigt das Museum Kloster Bentlage zwei umfangreiche Sammlungen zur Kunst- und Kulturgeschichte Westfalens vom Mittelalter bis zur Gegenwart. Im Erdgeschoss sind Kunstwerke und Dokumente aus dem ehemaligen Kreuzherrenkloster zu sehen, im Obergeschoss zeigt die „Westfälische Galerie“ Werke aus dem Bestand des Westfälischen Landesmuseums für Kunst und Kulturgeschichte.

Der Weg vom Stadtzentrum zum Kloster Bentlage führt durch den Park der Saline Gottesgabe mit Salzsiedehaus, Gradierwerk und weiteren historischen Gebäude rund um die Salzgewinnung. Zu den besonderen Attraktionen im

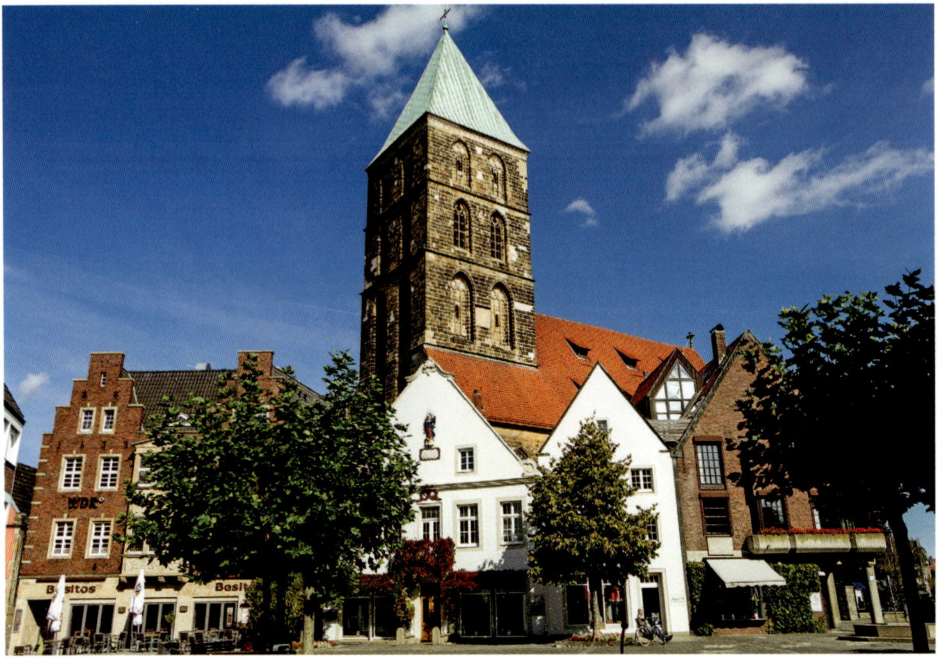

Marktplatz in Rheine

NaturZoo nebenan zählen der Affenwald, die freifliegenden Störche sowie die Seehund- und Pinguinanlagen.

Etappen

1.Tag: Warendorf – Telgte	12,5 km
2.Tag: Telgte – Greven	28 km
3.Tag: Greven – Emsdetten	23 km
3.Tag: Emsdetten – Rheine	17 km
Gesamtstrecke: ca.	**80 km**

Befahrungsregelung:
Der Emsabschnitt zwischen Warendorf und Rheine gehört zum Naturschutzgebiet Emsaue. Es darf nur an den gekennzeichneten Stellen aus- und eingesetzt werden und es ist nur eine maximale Anzahl von Kanus erlaubt. Zwischen dem 1.Mai und 31.Oktober müssen Kanutouren an Wochenenden und Feiertagen angemeldet werden *www.kanu-nrw.de/Bootsres* alternativ bei den unter Auskunft genannten Tourismusstellen). Gruppen ab 11 Personen müssen von einem ökologisch geschulten Tourenleiter begleitet werden, Buchung über die Tourismusstellen.

Befahrbarkeit/Pegel: ganzjährig fahrbar

Hindernisse: Mehrere, je nach Wasserstand und Können fahrbare Sohlschwellen im ersten Abschnitt bis Telgte. Die Wehre in Telgte und Greven müssen umtragen werden.

Unterkunft:

- Campingplatz Sonnenwiese, Raestrup 4
48291 Telgte, Tel.: 0176/22847405
www.campingplatz-sonnenwiese.de

- Paddelclub Telgte, Emsuferbleiche 48291 Telgte, *www.pc-telgte.de*
- DKV-Kanustation bei den Kanufreunden Emshaie Greven, Ansprechpartner: Johannes König, Tel..: 02571/4541
- Canu Club Emsdetten, Tel.: 02572/82627 *www.canu.de*
- Emssterne Rheine, *www.emsstern-rheine.de*
- Wassersportverein Rheine Ansprechpartner: Marianne Schulte Tel.: 0160/95560186, *www.wsv-rheine.de*
- Kanu-Club Rheine, Tel.: 05971/55855 (Bootshaus), *www.kanu-club-rheine.de*

Transfer zurück zum Einstieg:

Regelmäßige Zugverbindung von Rheine über Greven nach Münster, dort Umstieg nach Warendorf. Fahrtzeit insgesamt rund 1 Stunde 30 Minuten.

Bootsverleih:

- Werner Großmann, Rheiner Straße 94 48282 Emsdetten, Tel.: 02572/98620
- Rucksack-Reisen, Hammer Straße 418 48153 Münster, Tel.: 0251/871880 *www.rucksack-reisen.de*
- Kanuvereine in Rheine (siehe Unterkunft)

Gastronomie:

Breites Angebot in den Innenstädten von Warendorf, Telgte, Greven, Emsdetten und Rheine, einzige Gaststätte direkt am Emsufer ist das Gasthaus Bockholter Emsfähre auf der letzten Etappe.

Sehenswertes:

- Historische Altstadt und Landgestüt Nordrhein-Westfalen (*www.landgestuet.nrw.de*) in Warendorf
- Altstadt mit Marktplatz, Wallfahrtskapelle, Museum RELIGIO (Westfälisches Museum für religiöse Kunst) und Kornbrennerei-Museum in Telgte
- Kanalüberführung „Alte Fahrt" des Dortmund-Ems-Kanals über die Ems in Münster Gelmer
- Hochmoor Emsdettener Venn, Galerie Münsterland in Emsdetten
- historischer Marktplatz, Kloster Bentlage, Saline Gottesgabe und Naturzoo in Rheine

Alternativen:

- Radtour auf dem EmsRadweg (*www.emsradweg.de*)
- Reiten auf der Warendorfer oder der Münsterland-Reitroute
- Fernwanderung auf dem Hermannsweg von Rheine nach Horn-Bad Meinberg (ca. 155 km)
- Warendorfer Hengstparaden im Herbst

Auskunft:

- Warendorf Marketing GmbH Tel.: 02581/545454, *www.warendorf.de*
- Stadt Telgte, Tel.: 02504/690100 *www.telgte.de*
- Greven Marketing e. V., Tel.: 02571/1300 *www.greven-tourismus.de* Verkehrsverein Emsdetten Tel.: 02572/93070, *www.vvemsdetten.de*
- Verkehrsverein Rheine, Tel.: 05971/800650 *www.verkehrsverein-rheine.de*

Buchtipps/Karten

- Tourenatlas Nr.3 Rhein-Mosel und Nebenflüsse, 1:75.000 Jübermann-Verlag
- Bikeline Radtourenbücher: Ems-Radweg. Von den Quellen zur Mündung. 1:50 000, Esterbauer
- Paul Stänner: 111 Orte im Münsterland, die man gesehen haben muss, Emons Verlag
- Hans & Barbara Otzen: Reise Know-How Münsterland, Reise Know-How Verlag

Tour 3: Werse (Münsterland)

Die Werse ist ein Kleinfluss im Münsterland, der in der Nähe von Beckum entspringt. Über Ahlen und Drensteinfurt fließt sie am östlichen Stadtrand Münsters vorbei, um nach knapp 70 km ihr Wasser an die Ems zu übergeben. Das Paddelkleinod vor den Toren Münsters ist trotz der Stadtnähe erstaunlich grün und dabei absolut anfängertauglich und auch für den Kanuausflug mit Kindern gut geeignet.
Ein guter Startpunkt für eine kurzweilige Tagestour ist Angelmodde. Der erste Abschnitt führt vorbei an zahlreichen Gärten und schönen Wochenendhäusern. Auf dem letzten Tourendrittel ab der Havichhorster Mühle wird es dann etwas wilder und in vielen engen Kehren sucht sich die Werse mit nun deutlicher Strömung den Weg durch eine wildromantische Waldlandschaft bis zur Mündung in die Ems.
Im ersten Abschnitt ist die vorhandene Strömung dagegen praktisch zu vernachlässigen und die Werse kann gut in beide Richtungen befahren werden, sodass man auch eine Hin- und Rücktour machen kann, um sich den Transfer zurück zum Startpunkt zu sparen. Haupteinstiegspunkt ist dabei die Pleistermühle mit Kanuverleih und schönem Biergarten, der auch bei Radlern ein beliebtes Ausflugsziel ist.

Beginnen lässt sich die Kanutour durch Münsters Vorgärten auf der Werse mit eigenem Boot sehr gut an der Einstiegsstelle in Angelmodde, einem Stadtteil im Südosten Münsters (fürs Navi: Gallitzinstraße, Münster-Angelmodde). Vom Stadtzentrum Münster fährt man dazu Richtung Münster-Wohlbeck und hinter dem Ortseingang Angelmodde nach links über die Bahnschienen. Im folgenden Kreisverkehr führt die erste Ausfahrt auf den Twenhövenweg, der am Ende in die Gallitzinstraße übergeht. Dort führt hinter dem Stromhäuschen ein Pfad zur Fußgänger- und Radfahrerbrücke über die Werse (ca. 120 m). Die Einstiegstelle in Form von Treppenstufen liegt direkt nebenan.
Lange Zeit durch die umgebenden Flüsse isoliert, schaffte eine 1926 erbaute Brücke die Verbindung zu den Nachbargemeinden. 1975 wurde Angelmodde zu einem Stadtteil Münsters und erfreut sich seitdem als Wohngebiet großer

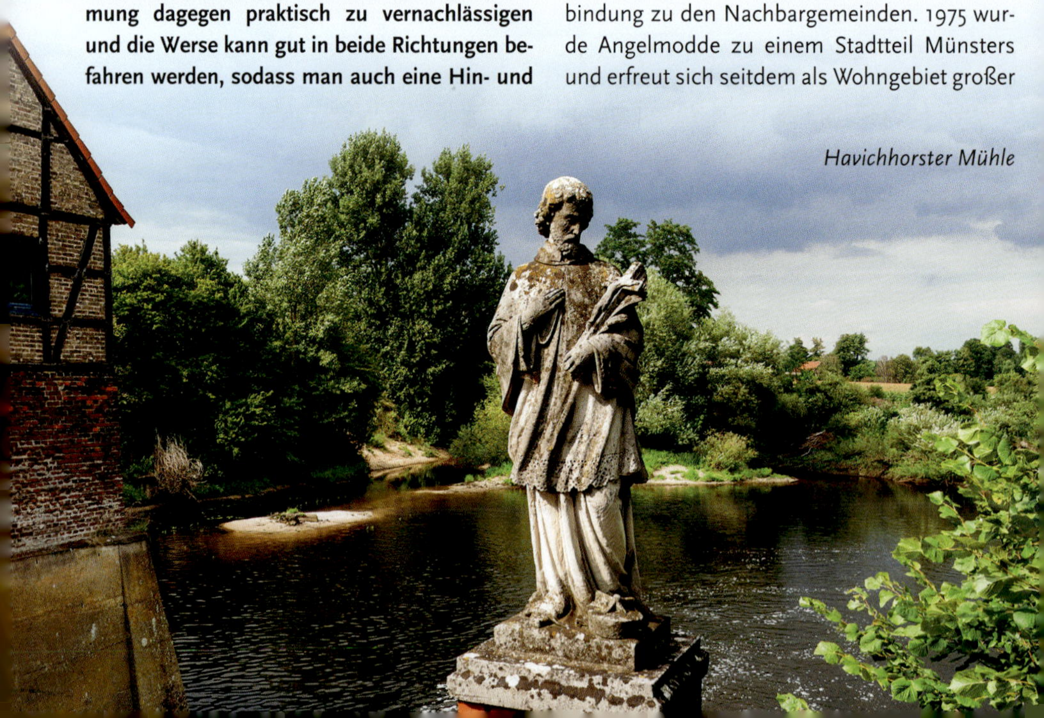

Havichhorster Mühle

Beliebtheit. Während man die Boote vom Autodach lädt und die Sachen packt, herrscht selbst zu früher Stunde ein erstaunlich reger Betrieb. Es werden Hunde Gassi geführt und Brötchentüten nach Hause getragen.

Etwa 500 m nach dem Start zieht hinter der Eisenbahnbrücke der Steg des Canu-Camps am linken Ufer vorüber. Natürlich ist die Werse bei den Münsteranern ein beliebtes Naherholungsziel. Es wird demzufolge an einem schönen Sommerwochenende hier sehr voll. Trotzdem ist die Werse eine Paddeltour wert. Wer es einrichten kann, sollte nur nicht unbedingt an einem sonnigen Sonntag im Juli oder August zum Paddeln an die Werse kommen.

Seinen Ortsnamen verdankt Angelmodde dem Zusammenfluss von Werse und Angel (Angelmudde = Mündung der Angel), der knapp 150 m nach dem Unterqueren der ersten Straßenbrücke (Angelmodder Weg) erreicht ist.

Die Werse bildet nun einen dichten, grünen Tunnel inmitten knorriger Weiden mit weit über das Wasser reichenden Zweigen und hohen Erlen. In Begleitung einiger Enten paddele ich gemächlich unter einigen Fußgängerbrücken hindurch. Gut 3,5 km nach dem Start in Angelmode zweigt nach rechts ein Altarm ab, dann wird die Brücke der Wolbecker Straße unterfahren. Direkt im Anschluss schlägt die Werse einen scharfen Bogen nach rechts und passiert zuerst das Freibad sowie die Treppen zum Campingplatz Münster und anschließend das Bootshaus des TG Münster.

Auf dem folgenden Abschnitt säumen gepflegte Häuser wie aus einem Katalog für Bausparer die Ufer, dann wird es wieder einsamer und grüner. Da sich die Wasservögel an Paddler gewöhnt haben, sind sie deutlich zutraulicher als anderswo. Flauschige Entenküken nähern sich den Booten in Aussicht auf eine leicht verdiente Futterration bis auf wenige Zentimeter, und Blässhuhneltern lassen sich auch durch interessierte Beobachter nicht beim Füttern des Nachwuchses stören. Die Köpfe der Küken sind im Gegensatz zum Kopf der Eltern mit dem charakteristischen weißen Tupfen auf der Stirn noch leuchtend rot gefärbt. Immer wieder tauchen Mama und Papa nach Nahrung für die Jungen. Neben Vögeln und Libellen sonnen sich auch Schildkröten auf den Baumstämmen,

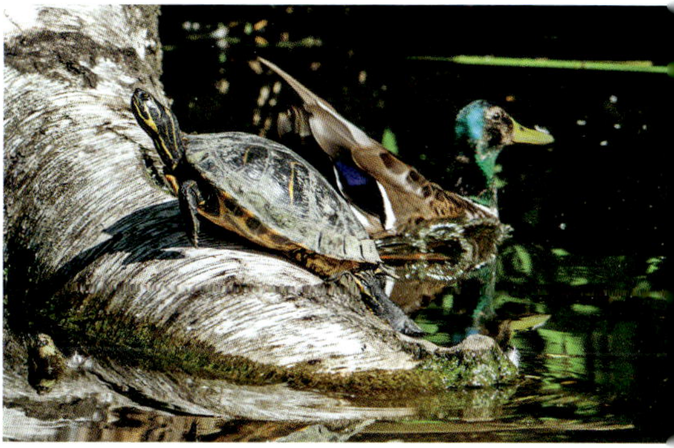

Enten und Schildkröten sonnen sich an der Werse

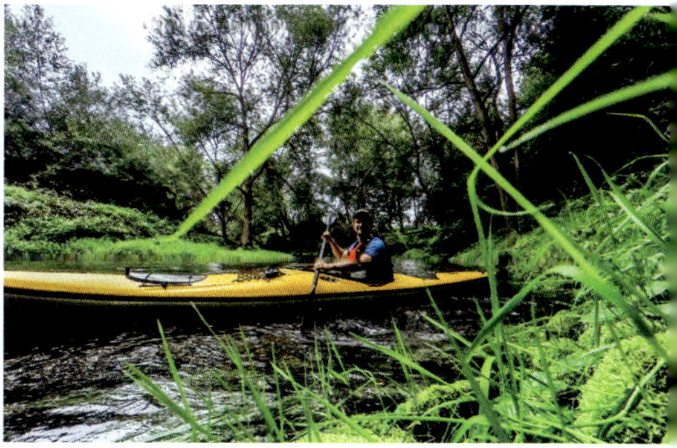

Auf dem Weg bis zur Mündung begeistert eine urwüchsige Flusslandschaft

die in Ufernähe aus dem Wasser ragen. Vom Campingplatz gleite ich noch etwa 3 km durch die Flussidylle dahin, bis das erste Wehr der Tour die Weiterfahrt unterbindet.

Für die Portage an der Pleistermühle, die bis 1964 in Betrieb war, legt man rechts am Ufer an und umträgt die Boote schräg über die Wiese. Am Ende geht es auf einer Brücke über

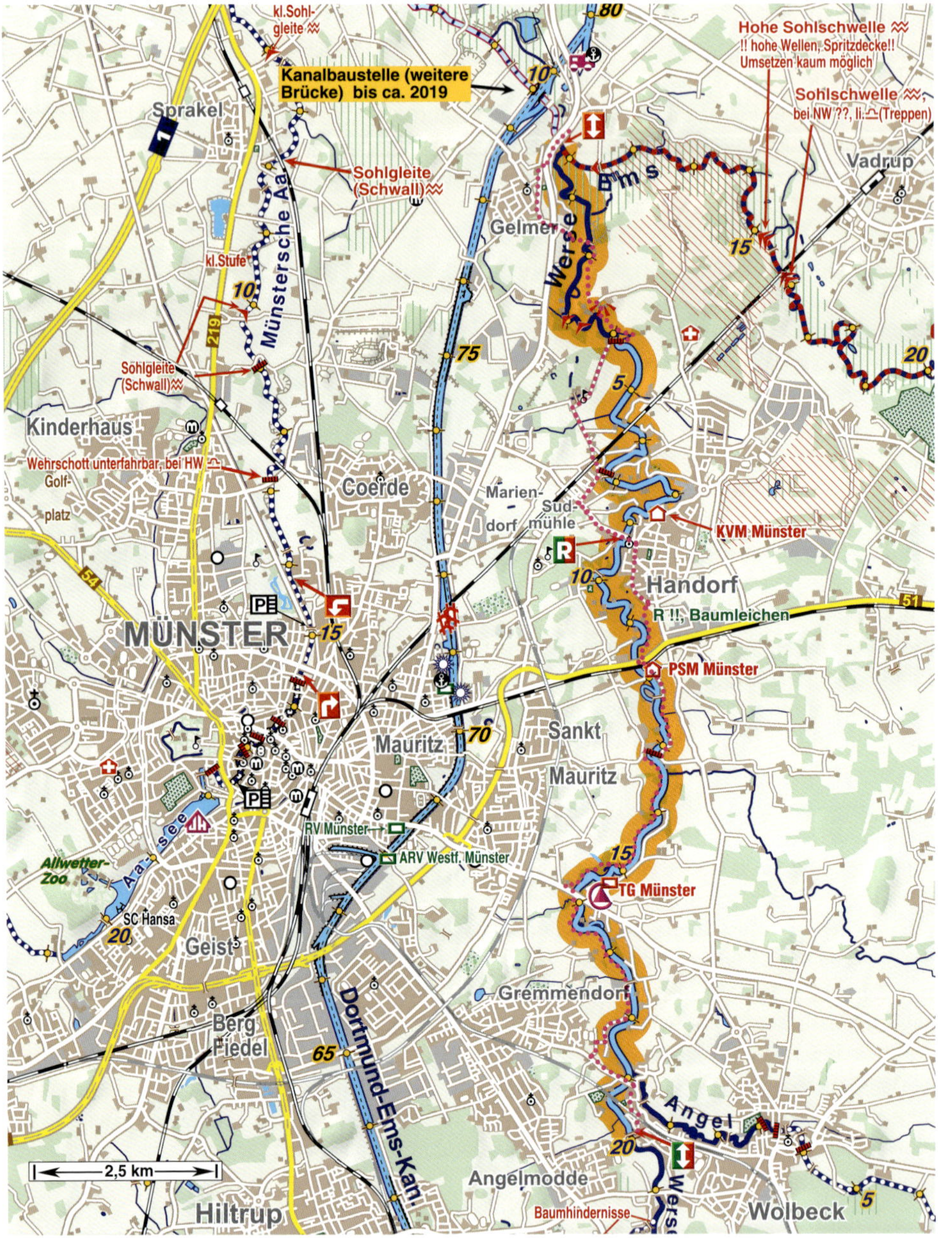

einen kleinen Graben und dahinter auf einem Trampelpfad nach links bis zur Betontreppe. Die Portage ist weder lang noch anstrengend, trotzdem ist selber schuld, wer gleich weiterpaddelt. Eine Pause im schönen Biergarten des Landgasthofs mit Bootsverleih ist quasi Pflicht!

Auf dem folgenden Abschnitt reichen die Grundstücke der Wochenendfluchten bis ans Wasser. Mal sind sie urwüchsig wild, mal scheint der Rasen mit der Nagelschere getrimmt zu sein, aber fast immer liegt ein Kanu am Ufer vertäut. Die Weiden reichen weit in den Fluss und sorgen mit ihrem Schatten selbst im Hochsommer für angenehm kühle Temperaturen.

Vor der Eisenbahn- und Straßenbrücke (Warendorfer Straße) liegen am rechten Ufer das Vereinsgelände von Paddel Sport Münster und das Café Nobis. Nach knapp 2 km Fahrt ist die blaue Bogenbrücke, über die der Werse-Radweg und die 100 Schlösser Route ans andere Ufer wechseln, als erster Vorposten von Handorf erreicht. Anlegen kann man etwa 600 m weiter an den Treppenstufen gegenüber der weißen St. Petronilla Kirche.

Nach der Straßenbrücke (Sudmühlenstraße) ziehen rechts das Hotel „Hof zur Linde", das Bootshaus des Kanu-Vereins Münster und der Campingplatz Wersewinkel (ausschließlich Dauercamper) vorüber, dann wird es wieder ruhig und grün. Nach 2 km weisen ein gelbes Warnschild und die Absperrung unmissverständlich auf die nächste Portage hin. Um das Wehr an der Sudmühle zu umtragen, setze ich rechts an der Betonkante aus und folge dem Trampelpfad bis zum Radweg, um dahinter über die Betontreppe hinab zum Unterwasser zu gelangen.

Nur gut einen halben Kilometer weiter lädt direkt am linken Ufer der Biergarten des Ausflugslokals Schöne Aussichten zu einer Rast ein. Der Stadtteil Münster-Handorf wird gerne mit dem Beinamen „Dorf der großen Kaffeekannen" bezeichnet. Seit im 19. Jahrhundert, vor allem aber in den 20er und 30er Jahren des 20. Jahrhunderts, immer mehr Städter Interesse daran bzw. die Möglichkeit dazu bekamen, an schönen Sommertagen einen Ausflug zu machen, entstanden entlang der Werse zahlreiche sogenannte Kaffeewirtschaften. Schon damals konnte man hier Boote mieten. Statt bunter Plastikkanus schipperten aber Holzruderboote oder wahrscheinlich vielmehr Kähne auf dem Fluss und von 1883 bis 1896 sogar ein Dampfschiff.

Es folgt nochmal ein schönes Waldstück, dann wird die Strecke hinter der nächsten Eisenbahnbrücke offener und gerader und am Ende einer langgezogenen Linkskurve kündigt das Warnschild „Stauanlage" das letzte Hindernis der Tour an. Das Wehr an der Havichhorster Mühle ist seit 1988 in Betrieb und liefert bei einer Fallhöhe von maximal 3,9 m und einer durchschnittlichen Wassermenge von $4 m^3$/sec jährlich etwa 240.00 kWh Strom, was in etwa

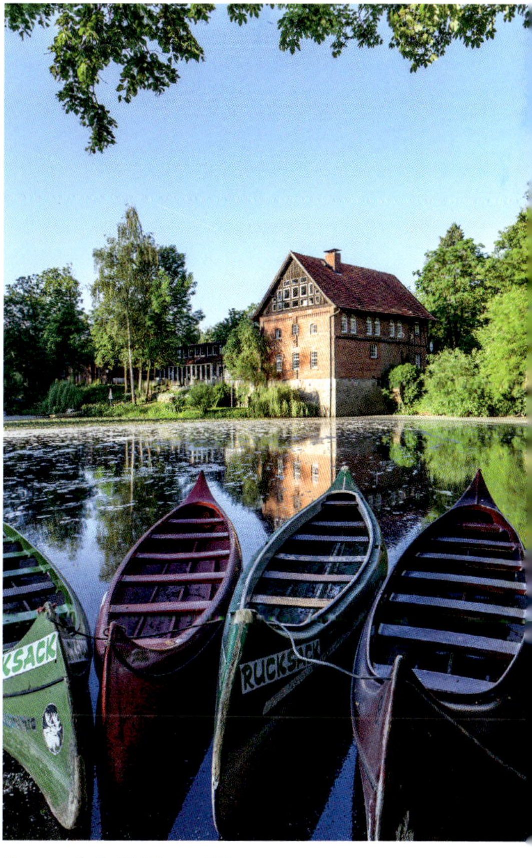

Kanuverleih Pleistermühle

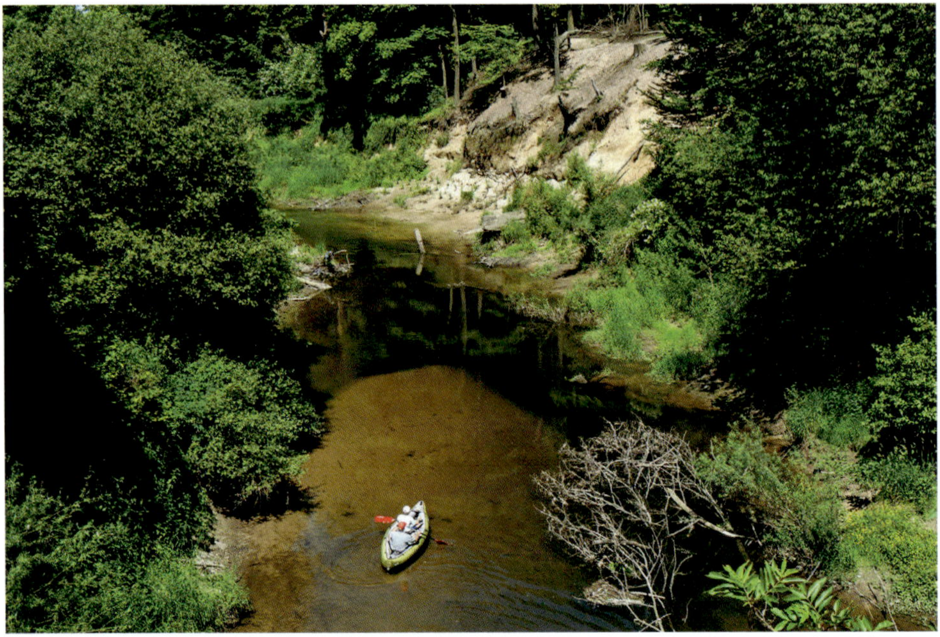

Wildromantisch: Die letzten Werse-Kilometer bis zur Mündung in die Ems.

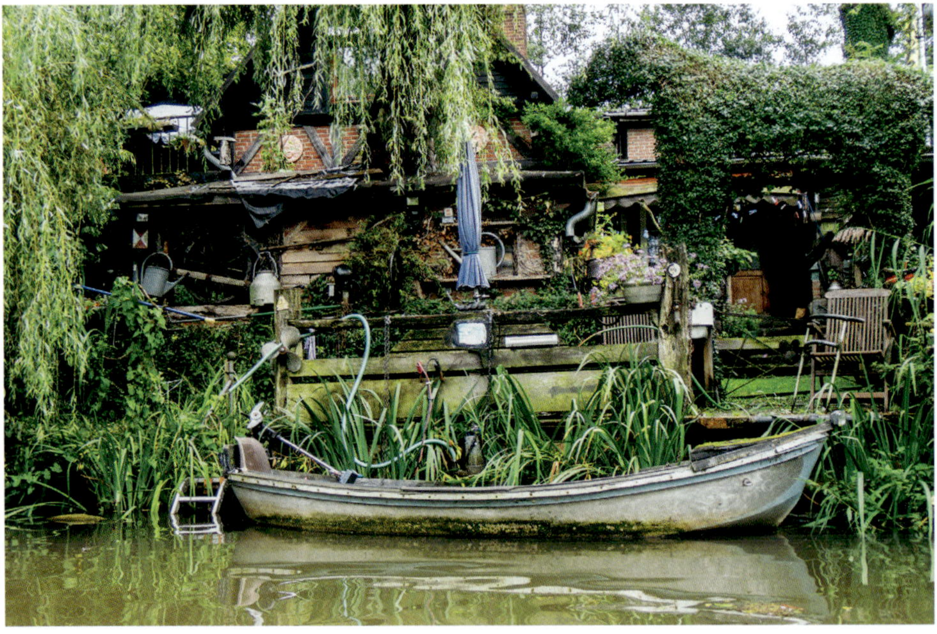

Wochenendidylle am Werseufer

dem durchschnittlichen Verbrauch von 70 Drei-Personen-Haushalten entspricht. Nach der kurzen Portage über die Straße wird es ruhig auf der Werse, denn die meisten Mietcanadierfahrer nutzen die geringe Strömung zwischen den Wehren für eine Hin- und Rücktour auf dem Wasserweg. Wenn allerdings genug Wasser überläuft, lohnt sich die Weiterfahrt, denn bis zur Mündung begeistert die Werse als naturnaher Kleinfluss mit flotter Strömung und beeindruckend hohen Kiesufern.

Am Ende mündet die Werse in die Ems und wir beenden unserer Tour an der nächsten Straßenbrücke (Alte Schifffahrt, 48157 Münster-Gelmer). Wer hier vor der Tour ein Fahrrad deponiert hat, kann bequem dem wunderschönen, gut ausgeschilderten Werse-Radweg entlang des Flusslaufes zurück nach Angelmodde folgen und lernt die Werse gleich noch aus einem zweiten Blickwinkel kennen.

Etappen

Angelmodde – Mündung in die Ems .... ca. 20 km

Befahrungsregelung:
keine Einschränkungen bekannt

Befahrbarkeit/Pegel: ganzjährig fahrbar

Hindernisse:
Die Wehre Pleistermühle, Sudmühle und Havichhorster Mühle müssen jeweils kurz umtragen werden.

Unterkunft:

- Campingplatz Münster, Tel.: 0251/311982
  www.campingplatz-muenster.de
- Landgasthof Pleistermühle
  Tel.: 0251/136760, *www.pleistermuehle.de*
- Paddel Sport Münster
  www.paddelsport-muenster.de

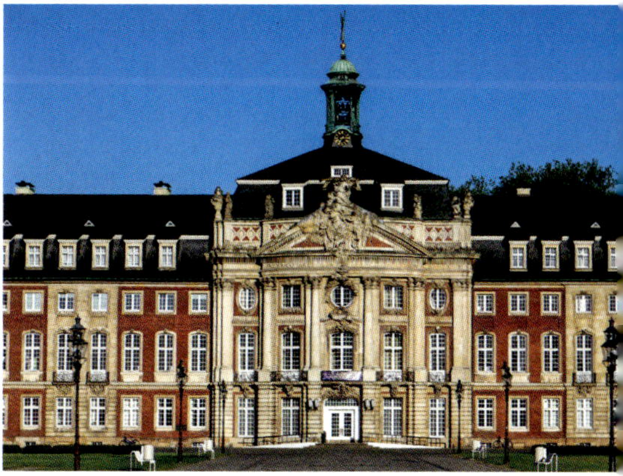

Schloss Münster

Transfer zurück zum Einstieg:
mit öffentlichen Verkehrsmitteln nicht möglich; entweder mit dem Rad auf dem Werse-Radweg oder mit zweitem PKW; alternativ Weiterfahrt auf der Ems bis Greven (+11 km/2 Stunden). Von dort Zugverbindung nach Münster-Hauptbahnhof und weiter mit Stadtbus Linie 8 nach Angelmodde.

Bootsverleih:

- Canu Camp, Homannstraße 64
  48167 Münster-Angelmodde
  Tel.: 02535/95052, *www.canucamp.de*
- Kanuverleih Pleistermühle
  Pleistermühlenweg 196, 48157 Münster
  Tel.: 02571/98273
  www.kanuverleih-pleistermühle.de

Gastronomie:

- Schöner Biergarten und Landgasthof an der Pleistermühle
- Nobis Krug (an der Brücke der Warendorfer Straße)
- Gaststätte Schöne Aussichten kurz unterhalb des Sudmühlenwehrs

Sehenswertes:
Prinzipalmarkt, Schloss, Kunstmuseum Pablo

Picasso, Stadtmuseum, Westfälisches Pferdemuseum und Allwetterzoo in Münster

Alternativen:

- Radtouren auf dem Werse-Radweg und der 100-Schlösser-Route
- Wandern auf dem alten Prozessionsweg von Münster nach Telgte (ca. 13 Kilometer)
- Fahrten im Heißluftballon über Münster

Auskunft:

- Münsterland-Tourismus, Tel.: 02571/949392 *www.muensterland-tourismus.com*
- Münster Marketing, Tel.: 0251/4922710 *www.muenster.de/stadt/tourismus*

Buchtipps/Karten

- Tourenatlas Nr.3 Rhein-Mosel und Nebenflüsse, 1:75.000, Jübermann-Verlag
- Paul Stänner: 111 Orte im Münsterland, die man gesehen haben muss, Emons Verlag
- Hans & Barbara Otzen: Reise Know-How Münsterland Reise Know-How Verlag
- Ulrike Katrin Peters & Karsten-Thilo Raab: Tatort Münster. Auf den Spuren von Boerne und Thiel, Conrad Stein Verlag
- Amrei Risse: Wilsberg auf der Spur. Die Schauplätze der Kult-Serie in Münster, Conrad Stein Verlag

Trotz der Stadtnähe begeistert die Werse mit viel Grün

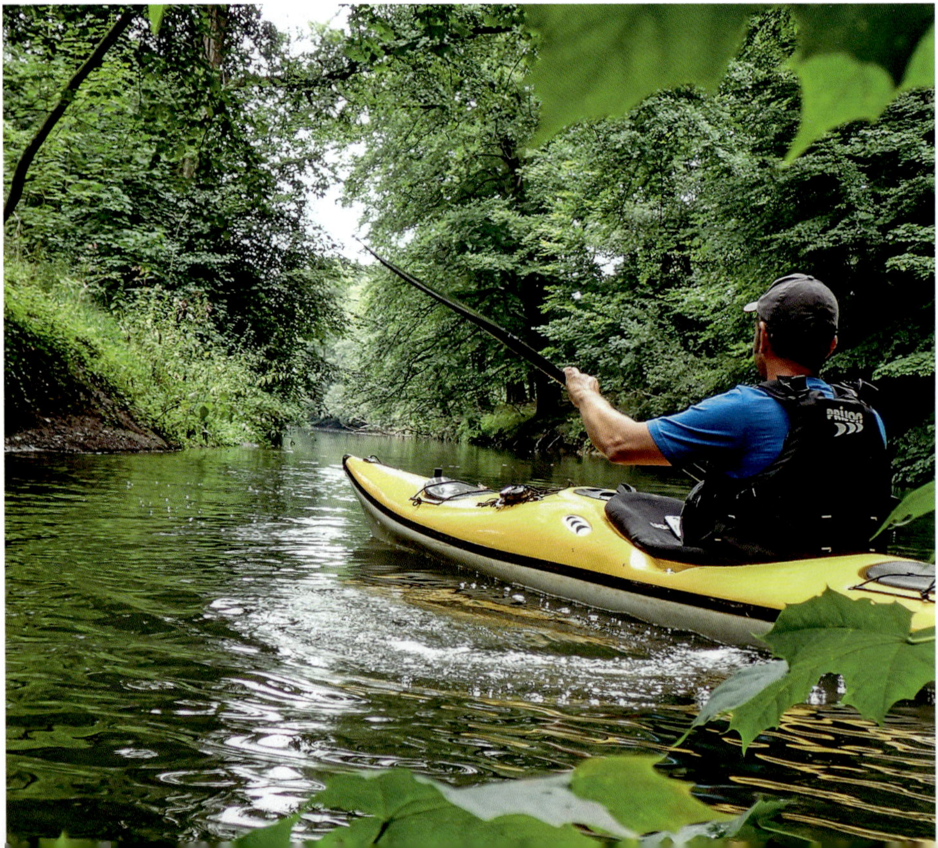

Tour 4: Else (Ostwestfalen-Lippe)

Das gibt es so nirgendwo sonst in Europa: Westlich der niedersächsischen Stadt Melle teilt sich der Flusslauf der Hase in zwei Arme, die sich jeweils einem anderen Stromgebiet zuwenden. Während die Hase selbst über Osnabrück einen weiten Bogen nach Nordwesten schlägt, um bei Meppen in die Ems zu münden, zweigt in östliche Richtung die Else ab, die in die Werre fließt, welche selbst wiederum in die Weser mündet. Auch wenn die Else wie viele andere deutsche Flüsse weitgehend begradigt wurde, ist sie dennoch ein recht reizvoller Wiesenfluss mit einigen bewaldeten Abschnitten und durchgehend träger Strömung.

Ein guter Startpunkt für eine kurzweilige Halbtagestour ist der Rastplatz hinter dem Wehr in Bruchmühlen (fürs Navi: Allee 14, 49328 Melle). Vom Reiterverein müssen die Kanus die letzten Meter per Bootwagen auf dem Radweg über eine Holzbrücke zum Einstieg an dem kleinen Rastplatz geschoben werden. Tipp für den späteren Transfer zurück zum Start: Den Bahnhof erreicht man, wenn man dem Radweg etwa 500 m weiter in nördliche Richtung folgt. Sportliche Paddler mit Wildwasserambitionen werden sicherlich das Wehr etwa 500 m oberhalb des Einstiegs ausprobieren wollen, alle anderen lassen die Boote an der Betonkante beim Rastplatz ins Wasser.

Auf den ersten Metern durchfließt die Else das Stadtgebiet von Bruchmühlen und passiert eine Tankstelle und einen Imbiss und führt unter der A30 hindurch. Anschließend werden die Ufer ländlicher, und knapp 2 km nach dem Start gluckert das Wasser über eine kleine, etwa 30 cm hohe Betonschwelle. Kurz darauf wartet unter dem Betonsteg die nächste kleine Sohlschwelle. Am linken Ufer ziehen zwei Windkraftanlagen vorüber und unter der nächsten Brücke (Ascher Bruch) liegt eine etwas höhere Sohlschwelle, die aber ebenfalls problemlos zu befahren ist.

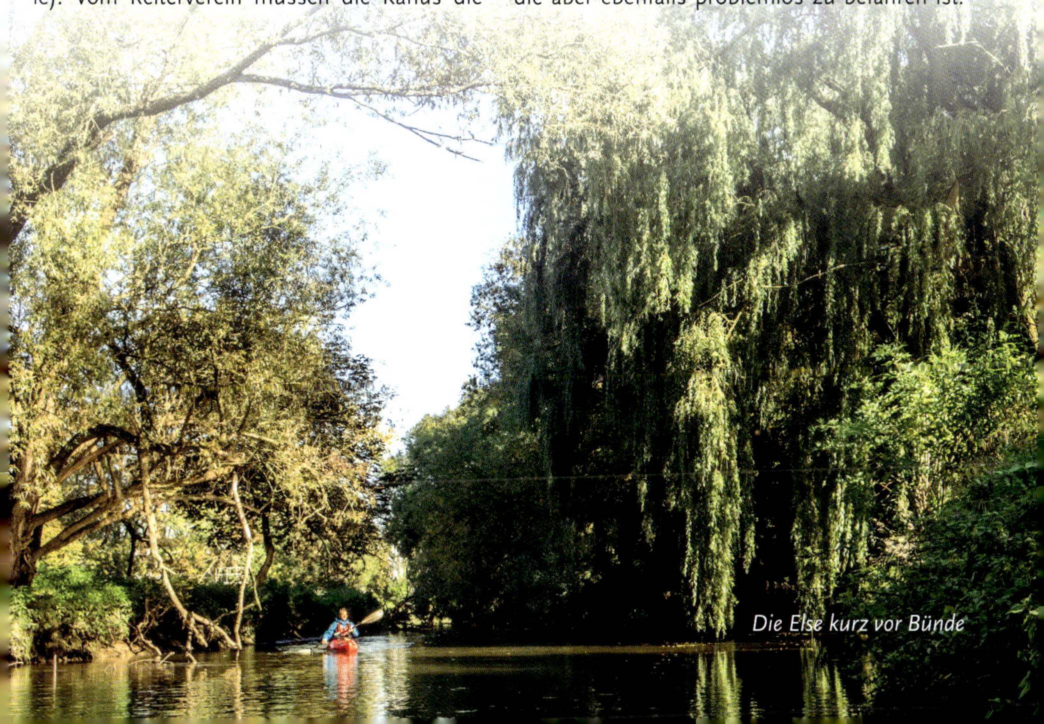

Die Else kurz vor Bünde

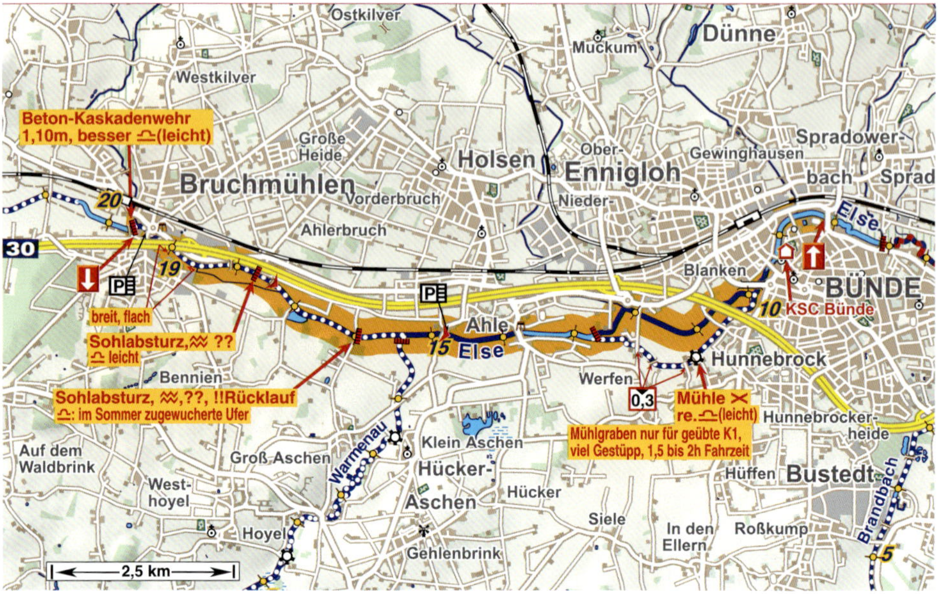

Bei Niedrigwasser muss eventuell auf der rechten Seite getreidelt werden.

Im weiteren Verlauf mündet von rechts mit leichtem Rauschen die Warmenau. Die Baumdichte entlang der Ufer nimmt zu, und unter der nächsten Straßenbrücke (Spengener Straße) will die nächste kleine Stromschnelle bewältigt werden.

An der folgenden Straßenbrücke (Werfer Straße) liegt direkt am linken Ufer das Asia-Restaurant Zhong Guo mit schöner Terrasse, das sich nun, nachdem fast die Hälfte der Strecke geschafft ist, gut für eine Pause eignen würde. Eine gute Ausstiegsstelle sucht man aber vergebens.

Anschließend folgt eine landschaftlich reizvolle Passage durch einen Tunnel aus Weiden und Eichen. Gut 1 km hinter der erwähnten Straßenbrücke zweigt nach rechts die Neue Else ab. Hier halte ich mich links und lege an der Holztreppe an, um die folgende, etwa 1,5 m hohe Staustufe kurz über die Wiese am linken Ufer zu umtragen.

Die Aufteilung der Else in die beiden Arme gibt es seit Beginn des 15. Jahrhunderts, als der südliche Zweig der neuen Else angelegt wurde, um die Nienburger Mühle mit ausreichend Wasser zu versorgen. Sie war bis 1986 in Betrieb und ist heute ein technisches Denkmal. Wer sich dazu entschließt, die neue Else zu paddeln, den erwartet eine beschwerliche Fahrt und an der Nienburger Mühle ein etwa 1,1 m hoher Absturz.

Entlang der Alten Else wurden im Zuge der Renaturierung nördlich und südlich flache Mulden angelegt, die bei höheren Wasserständen vorübergehend mit Wasser geflutet werden. Entlang der Ufer wurde die einstige Uferbefestigung entfernt, so dass sich wieder eine eigene Flussdynamik entwickeln kann und die Else auf den letzten Kilometern bis Bünde recht naturnah und sehr idyllisch daherkommt.

Erster Vorposten der Stadt ist die Autobahnbrücke der A30. Im Stadtgebiet wird der Baumbestand der Ufer wieder dichter, und kurz hinter der nächsten Straßenbrücke ist am rechten Ufer der öffentliche Anleger vor dem Bündener Rathaus erreicht (Zufahrt über Ortstraße, 32257 Bünde).

Am gegenüberliegenden Ufer lädt das kleine Bistro Elsestern mit einer schönen Terrasse direkt am Flussufer zum gemütlichen Tourenausklang ein, ein Stückchen Else-abwärts liegt am rechten Ufer das Vereinsgelände des Kanu- und Segel-Clubs Bünde. Eine Weiterfahrt auf der Else in Richtung Mündung in die Werre ist leider nicht möglich, denn der Abschnitt zwischen Bünde und Kirchlengern (Fluss-km 8 bis km 3,5) darf aus Naturschutzgründen nicht befahren werden.

Unweit des Ausstiegs erinnert in der Bahnhofsstraße vor der Laurentiuskirche ein Denkmal an die Bündener Zigarrenpioniere Steinmeister und Wellensiek. Es zeigt, wie „Töns" Wellensiek eine Handkarre voller Tabak von Bremen nach Bünde bringt und damit den Grundstein für den Erfolg der Zigarrenproduktion legt. Um 1880 zählte das kleine Bünde 18 Zigarrenfabriken und an vier großen Produktionsstätten wurden hölzerne Zigarrenkisten gefertigt.

Heute hat die Stadt in der Ravensberger Mulde zwischen Teutoburger Wald und Wiehengebirge rund 48.000 Einwohner. Viele Bauwerke und Straßennahmen erinnern an den einst wichtigen Wirtschaftszweig. Noch immer sind drei Zigarrenproduzenten in Bünde ansässig. Wer mehr über die Geschichte des Tabaks in Ostwestfalen wissen möchte, dem sei ein Besuch des Deutschen Tabak- und Zigarrenmuseums empfohlen, das in einem Fachwerkhaus von 1928 über 60.000 Exponate zum Thema zeigt.

Etappen
Bruchhausen – Bünde ....ca. 10,5 km

Befahrungsregelung:
keine Einschränkungen auf dem beschriebenen Abschnitt, ganzjähriges Befahrungsverbot im NSG Elseaue (Fluss-km 8 bis 3,5) zwischen Bünde und Kirchlengern

Befahrbarkeit/Pegel:
ganzjährig fahrbar, empfohlener Mindestwasserstand Pegel Oberahle 20 cm
www.kanutouren-herford.de

Hindernisse:
Auf der ersten Hälfte eine Betonschwelle und eine Sohlgleite, beide bei ausreichendem Wasserstand gut fahrbar, ansonsten treideln. Kurze Portage am Wehr am Abzweig der Neuen Else.

Unterkunft:
Zeltmöglichkeit beim KSC Bünde
Tel. 05223/12401
www.kanu-und-segel-club-buende.de

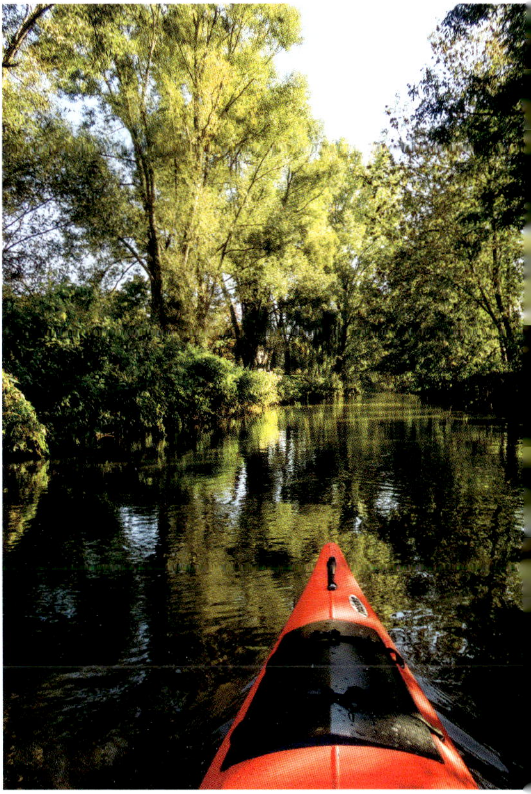

Wald und Wiesen wechseln sich entlang der Ufer ab

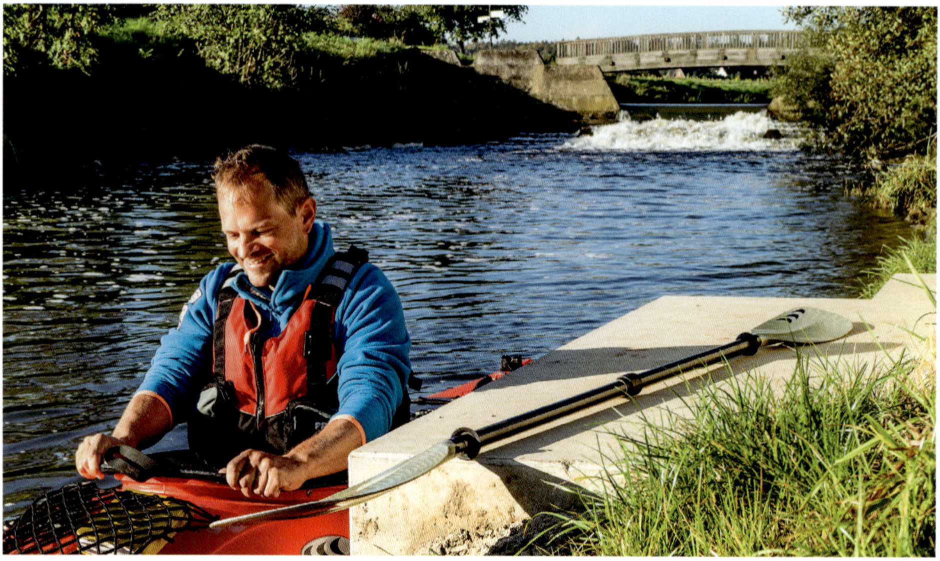

Einstieg in Bruchmühlen

Transfer zurück zum Einstieg:
in nur 5 Minuten von Bünde mit der WestfalenBahn (Richtung: Bad Bentheim) nach Bruchmühlen

Bootsverleih:
Indian Summer, Goebenstraße 24
32052 Herford, Tel.: 05221/1278363
www.indian-summer-kanutouren.de

Gastronomie:
Bistro Elsestern direkt gegenüber der Ausstiegsstelle

Sehenswertes:
Laurentiuskirche und Museumsinsel (Deutsches Tabak- und Zigarrenmuseum, Doberg-museum-Geologisches Museum Ostwestfalen-Lippe, Heimatmuseum Hurlbrinksches Haus, (*www.museum.buende.de*) in Bünde, Bündener Zwiebelmarkt (Innenstadtkirmes) am letzten September-Wochenende.

Alternativen:
- Fahrradtour auf dem Else-Werre-Radweg;
- Wildpark Diedrichsburg in Melle
- Moorsee Hücker Moor (Spazieren gehen, Boot fahren, Angeln)

Auskunft:
- www.kanutouren-herford.de
- Stadt Bünde, Tel.: 05223/1610
  www.tourismus-buende.de

Buchtipps/Karten

- Tourenatlas Nr.4 Oberweser-Leine, 1:75.000, Jübermann-Verlag
- Radwanderkarte Werre-Radweg und Else-Werre-Radweg, 1:50.000, publicpress
- Alexandra & Jobst Schlennstedt: 111 Orte in Ostwestfalen-Lippe, die man gesehen haben muss, emons Verlag

Tour 5: Werre (Ostwestfalen-Lippe)

Mit gut 70 Kilometern von der Quelle bei Horn-Bad Meinberg im westlichen Lipper Bergland bis zur Mündung in die Weser bei Bad Oeynhausen ist die Werre der längste Fluss im Ravensberger Hügelland.

Bei gutem Wasserstand können Kleinflusspiraten, die Spaß an den unzähligen engen Kurven haben und sich nicht an den zahlreichen Baum- und Strauchhindernissen im Oberlauf stören, bereits am nördlichen Stadtrand von Detmold starten. Im Stadtgebiet selbst besteht ein ganzjähriges Befahrungsverbot (von km 61,6/Remminghauser Straße bis km 54,7/Klingenbergstraße, siehe Infokasten am Ende der Tourenbeschreibung für Hinweise zu den geltenden Regeln für die Befahrung des Oberlaufs).

Für eine ruhige, gänzlich unproblematische Tagestour empfiehlt sich Herford als Einstiegstelle. Besonders idyllisch ist es rund um Schweicheln mit Kiesbänken im Fluss und steilen Uferabbrüchen, in denen Eisvögel und Uferschwalben ihren Brutplatz finden. Bei Kirchlengern nimmt die Werre die Else auf und fließt dann kanalisiert, aber durchaus reizvoll, in östliche Richtung auf den Großen Weserbogen bei Bad Oeynhausen zu.

Hamburg, Lübeck, Rostock – wer an Hansestädte denkt, denkt unweigerlich an den Norden. Aber hätten Sie das Zentrum der Binnenhanse in Westfalen vermutet? Natürlich erreichten die westfälischen Hansemitglieder nicht den gleichen Stellenwert wie die großen Handelszentren an den Küsten, aber mit rund 80 Hansestädten und -orten hatte die Region bei den wirtschaftspolitischen Entscheidungen durchaus ein Wörtchen mitzureden, denn erst über den Landweg kamen die Güter von der Küste ins Binnenland. Auch Herford war vom Mittelalter bis in das 17. Jahrhundert ein Mitglied der Hanse. Heute leben rund 65.000 Menschen in der Kreisstadt Herford. Nicht wegzudenken aus dem Stadtbild ist das Museum Marta Herford. Schon das Gebäude des US-amerikanischen Architekten Frank Gehry an sich ist ein Kunstwerk, im Inneren zu sehen gibt es Exponate zu moderner und zeitgenössischer Kunst, Design und Architektur.

Eine gute Einstiegsmöglichkeit in Herford findet sich hinter dem Zusammenfluss mit der Aa an der Brücke der Hansastraße über die Werre

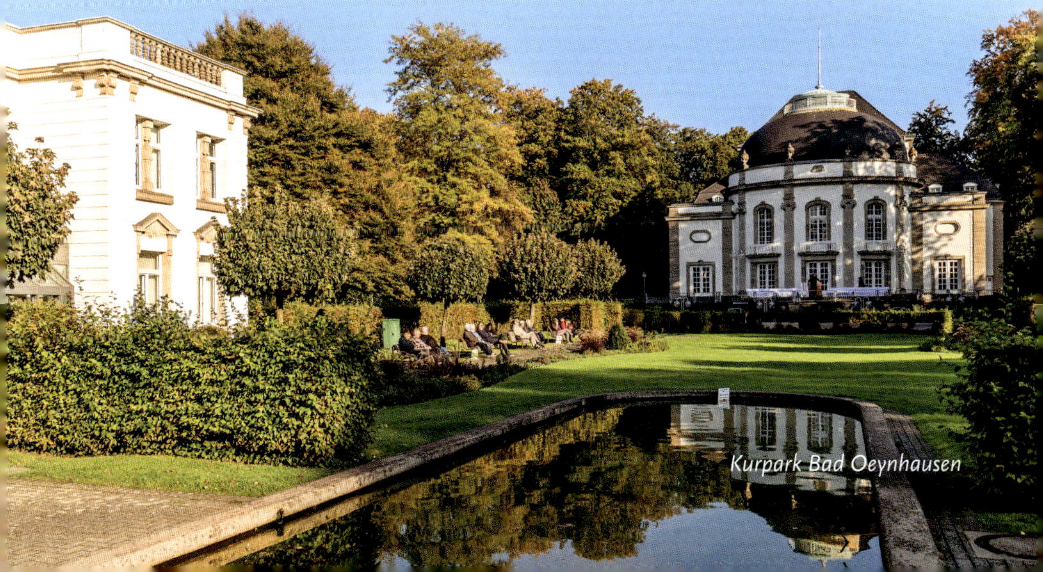

Kurpark Bad Oeynhausen

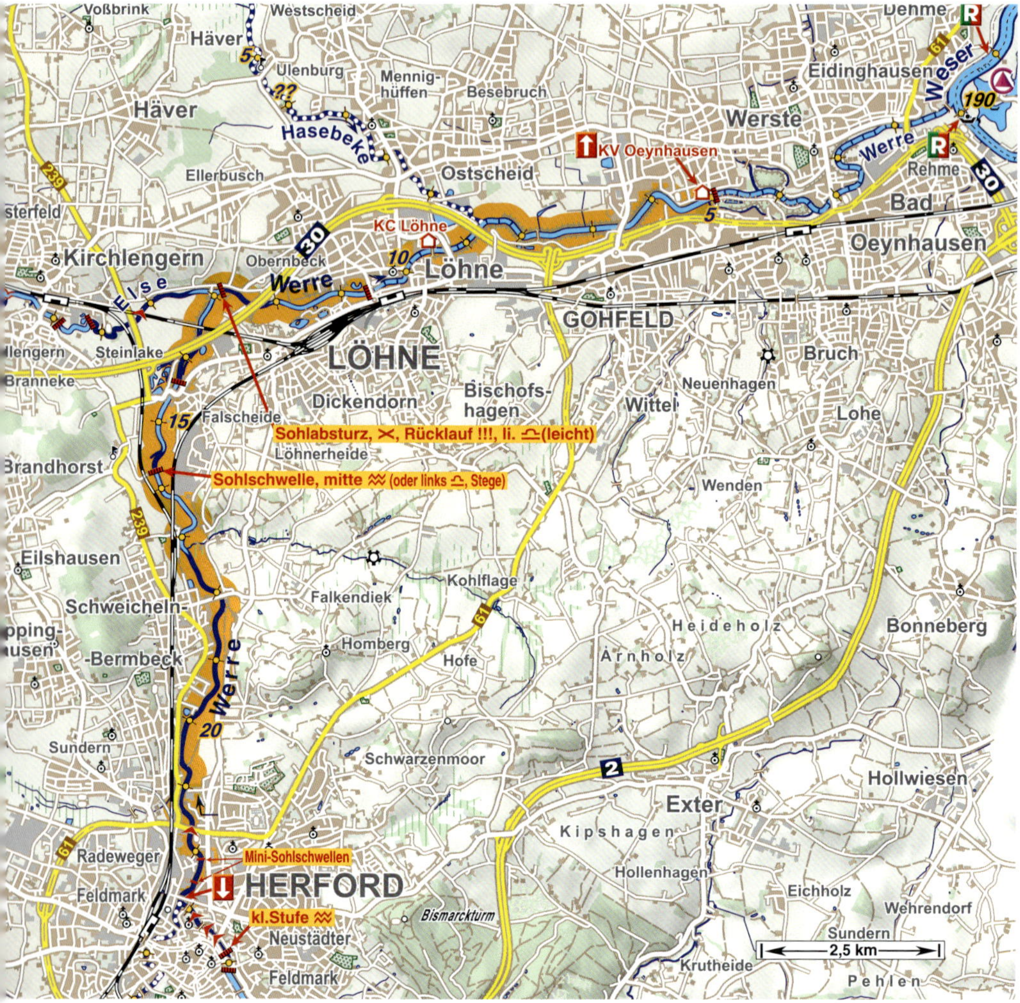

(Fußweg zum Bahnhof vorbei am Museum Marta ca. 15 Minuten), wo man entlang des Seitenstreifens auch gute Parkmöglichkeiten findet. Ein paar Häuser, eine Rohrleitungsbrücke, ein Gewerbegebiet, eine Straßenbrücke sowie eine Hochspannungsleitung bilden die Kulisse auf den ersten Metern. Es dauert aber nicht lange, dann stehen die ersten Pferde am Ufer und es wird schön grün – auch wenn sich die Werre recht tief in die Wiesen eingeschnitten hat.

Die Strömung ist nicht übermäßig stark, aber durchaus eine kleine Unterstützung, und schiebt mich recht flott durch einen bewaldeten Abschnitt. Voraus flattert ein Eisvogel als blauer Punkt über die Wasseroberfläche und vom Ufer hat ein Graureiher das Geschehen auf dem Wasser genau im Blick. Rechts unter der nächsten Straßenbrücke bietet der Anleger Schweicheln-Falkendiek knapp 5 km nach dem Start eine erste Pausenmöglichkeit.

Rund 2 km weiter nimmt man an der Eisenbahnbrücke für die Durchfahrt am besten das linke Joch, 400 m weiter warnt ein Schild am linken Ufer vor der nun folgenden Sohlschwelle. Für geübte Paddler stellt das Hindernis kein Problem dar und man kann einfach mittig hindurchfahren. Wer trotzdem lieber umtragen möchte, findet am linken Ufer vor und hinter der Sohlschwelle Holztreppen zum bequemen Ein- und Aussteigen.

Die nächste Straßenbrücke ist gut 1 km später erreicht, kurz darauf liegt linksufrig ein großer Rastplatz, dessen Nutzung allerdings den Gästen des Kanuanbieters Indian Summer vorbehalten ist. Ich paddle daher noch ein Stückchen weiter und lege direkt vor dem Wehr gegenüber dem ehemaligen Mühlengebäude an. Hinter dem Wehr ist es noch für einige Meter recht flach, sodass man sich davor hüten sollte, zu früh wiedereinzusetzen, will man den Bootsrumpf schonen.

Die Brücke der A30, eine Eisenbahnbrücke und ein kleines Pumpwerk mit Fischscheuchanlage sind die weiteren Stationen bis zur Mündung der Else von links. Direkt in der Kurve liegt das nächste Wehr, das kurz am linken Ufer über die Wiese umtragen wird. Da es sich um Privatgelände handelt, sollte hier keine längere Pause eingelegt werden.

Es geht erneut unter der A30 durch und auf den Uferwiesen grasen ein paar Kühe. Die Werre ist jetzt breiter und bleibt bis Bad Oeynhausen kanalisiert. Schön anzuschauen ist sie trotzdem. An den Ufern leuchten Sandabbrüche goldfarben in der Sonne und nach der nächsten Fußgängerbrücke ist die Staustufe Löhne-Obernbeck erreicht.

Das gewaltige Betonbollwerk ist über die Bootsgasse links bei gutem Wasserstand problemlos zu befahren, bei wenig Wasser sollte man wohl besser die Sohlgleite rechts wählen.

Wer die Tour schon hier beenden möchte, findet oben einen großen Parkplatz und über die Brücke den Bahnhof, um das Auto nachzuholen. Wird für das Tourenfinale nach Bad Oeynhausen noch eine Stärkung gewünscht, kann direkt hinter der Staustufe am linken Ufer beim Restaurant Sporthaus und Brückenpark eingekehrt werden.

Die Weiterfahrt führt hindurch unter mehreren Straßen- und Fußgängerbrücken im Stadtgebiet

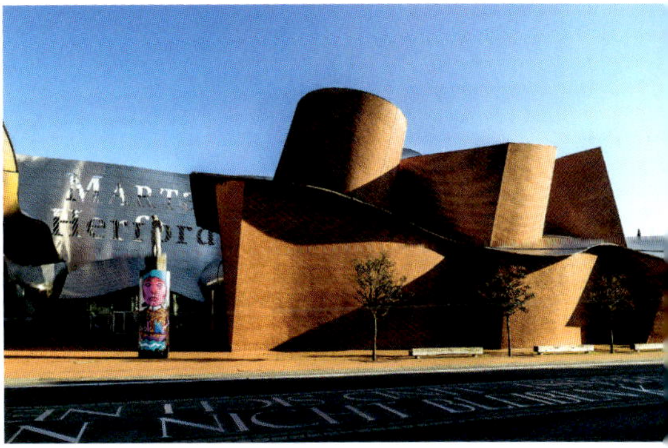

Museum Marta Herford

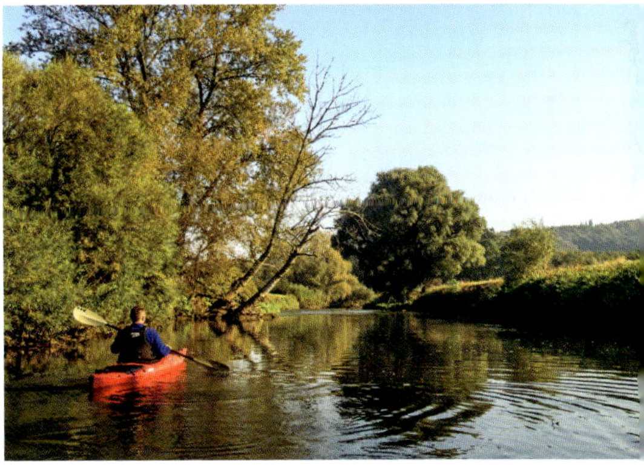

Werre hinter Herford

von Löhne, und am linken Ufer zieht bald das Vereinsgelände des Kanu Club Löhne neben dem Freibad vorüber.

Die Ufer sind nun flach und baumlos. Oben auf dem Deich sind Nordic Walker, Spaziergänger, Jogger und Radfahrer unterwegs. Der markante, an roten Stahltrossen hängende Brücken-

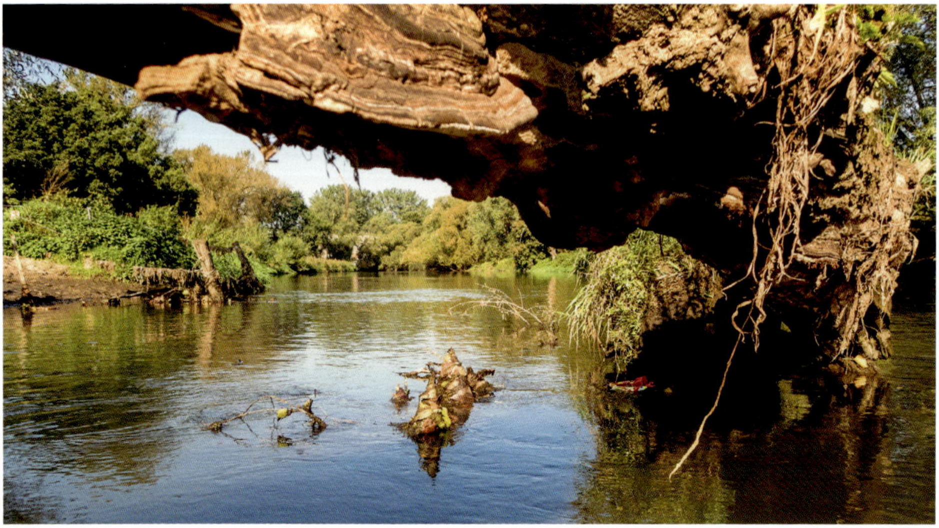

Schweicheln-Bermbeck

neubau der Nordumgehung der A30 läutet die letzten 2 km bis Bad Oeynhausen ein.

Nach einer weiteren Straßenbrücke erheben sich am linken Ufer die ersten Garten- und Wochenendgrundstücke. Die Trauerweiden strecken sich weit über das Wasser, und vor den Stegen dümpeln Tret-, Ruder- und Padelboote. Gegenüber vom Kanu-Verein, noch vor der dem rauschen Wehr unter der nächsten Fußgängerbrücke, lege ich am öffentlichen Kanuanleger am, um die kurzweilige Tagestour auf der Werre zu beenden (Zufahrt über Sielallee, 32545 Bad Oeynhausen).

Der Bahnhof im Stadtzentrum ist schnell erreicht (knapp 2 km Fußweg): Einfach rechtsufrig auf dem Deich weiterlaufen und dann auf Höhe der Tribüne bei der nächsten Werre-Brücke rechts durch den Wald vorbei am Gradierwerk in die Innenstadt.

Zwischen Teutoburger Wald und Weserbergland gelegen entwickelte sich Bad Oeynhausen mit der Entdeckung von salzhaltigen Quellen im Laufe des 19. Jahrhunderts zum bedeutendsten Kurort der preußischen Könige. Die Pläne für den Kurpark, der 1853 als Herzstück des neuen Bades angelegt wurde, zeichnete kein Geringerer als der preußische Gartenarchitekt Peter Joseph Lenné, der u.a. auch die königlichen Parkanlagen in Sanssouci plante. Für den Bau des Badehauses war der Schinkel-Schüler Carl Ferdinand Busse verantwortlich, und die beiden Kirchen wurden nach Plänen Friedrich August Stülers errichtet. Nach dem zweiten Weltkrieg wurde Bad Oeynhausen zum Hauptquartier der Britischen Rheinarmee und der Kurbetrieb bis 1954 eingestellt. Bis 2004 die Stadt die Verantwortung übernahm, war Bad Oeynhausen das einzige Staatsbad des Landes Nordrhein-Westfalen.

Etappen
Herford – Bad Oeynhausen ..... ca. 18 km

Befahrungsregelung:

keine Einschränkungen für den beschriebenen Abschnitt; detaillierte Hinweise zu den geltenden Befahrungsregelungen für den Oberlauf zwischen Detmold und Herford unter

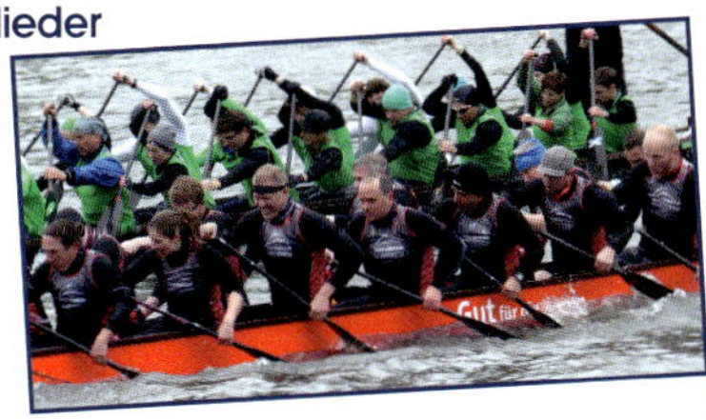

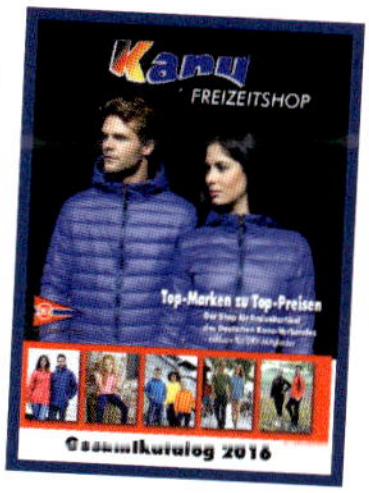
Kanu
FREIZEITSHOP
Top-Marken zu Top-Preisen
Gesamtkatalog 2016

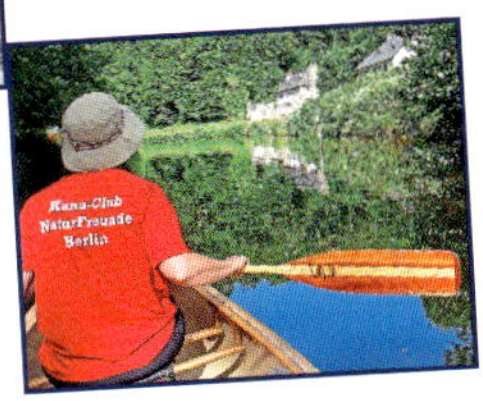
Kanu-Club
NaturFreunde
Berlin

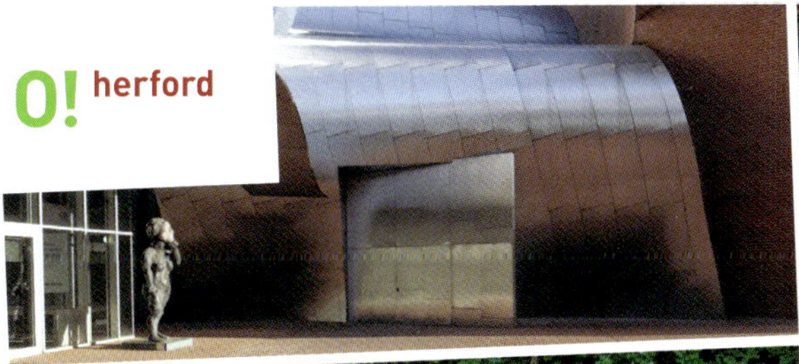

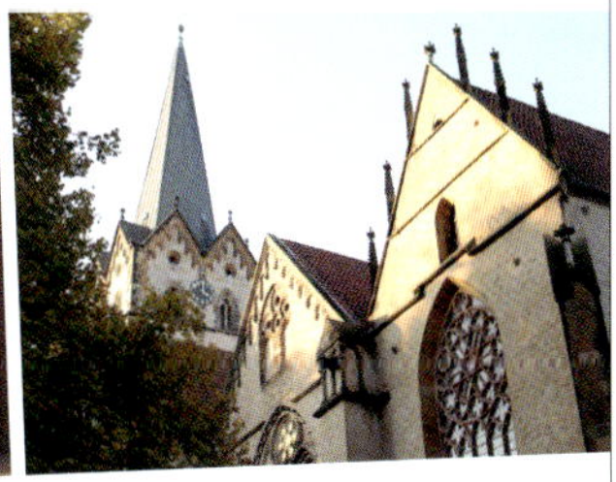

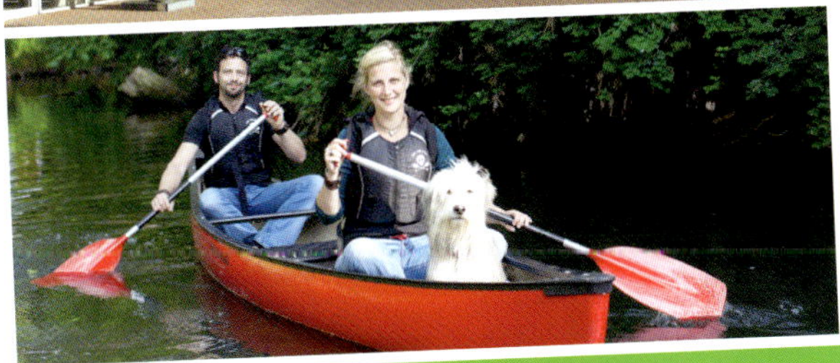

www.kreis-lippe.de (Menüpunkt „Natur und Umwelt", Unterpunkt „Sport in der freien Landschaft" und dort der Abschnitt „Kanu").

Befahrbarkeit/Pegel:
ganzjährig fahrbar, empfohlener Mindestwasserstand Pegel Herford 70 cm
www.kanutouren-herford.de

Hindernisse:
Insgesamt vier z.T. fahrbare Wehre. In jedem Fall umtragen werden müssen die beiden Wehre vor und kurz nach der Elsemündung zwischen Kirchlengern und Löhne.

Unterkunft:
Campingplatz Herforder Kanu Klub
Tel.: 05221/3469240, *www.werredragons.de*

Transfer zurück zum Einstieg:
mit dem Zug in rund 10 Minuten von Bad Oeynhausen nach Herford.

Bootsverleih:
- Indian Summer, Goebenstraße 24
  32052 Herford, Tel.: 05221/1278363
  www.indian-summer-kanutouren.de
- Rio Negro, Ladestraße 6, 32108 Bad Salzuflen-Schötmar, Tel.: 05222/8509600

Gastronomie:
- Restaurant Sport- und Brückenhaus in Löhne
- Café Sielterrassen in Bad Oeynhausen am Ausstieg

Sehenswertes:
- Museum für zeitgenössische Kunst und Design Marta *www.marta-herford.de* und Städtisches Museum im Pöppelmann-Haus in Herford
- Landschaftspark Aqua-Magica (mit Hochseilgarten) zwischen Löhne und Bad Oeynhausen
- Kurpark und Deutsches Märchen- und Wesersagenmuseum in Bad Oeynhausen

Alternativen:
- Tierpark (März-November), H_2O Freizeitbad
- Hoeker-Fest (im Juni) und Brauereibesichtigung in Herford
- Spielbank und Bali-Therme in Bad Oeynhausen
- Radfahren auf Soleweg, Wittekindroute oder Werre-Radweg
- Fernwanderung auf dem Hansaweg von Herford nach Hameln (75 km)

Auskunft:
- *www.kanutouren-herford.de*
- Stadtmarketing Herford,
  Tel.: 05221/1891526, *www.herford.de*

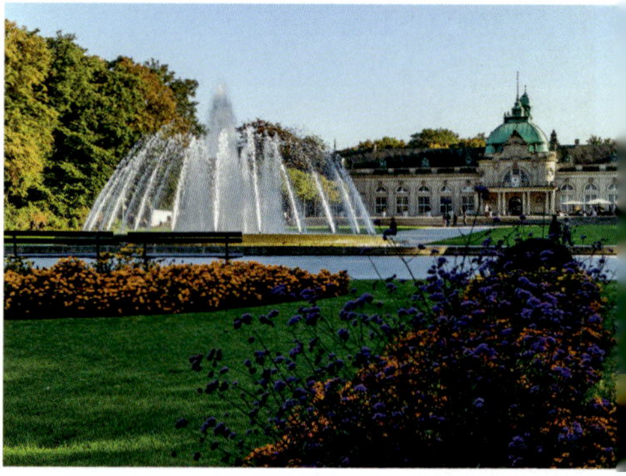

Kurpark Bad Oeynhausen

Buchtipps/Karten

- Tourenatlas Nr.4 Oberweser-Leine, 1:75.000, Jübermann-Verlag
- Radwanderkarte Werre-Radweg und Else-Werre-Radweg, 1:50.000 publicpress
- Alexandra & Jobst Schlennstedt: 111 Orte in Ostwestfalen-Lippe, die man gesehen haben muss, Emons Verlag

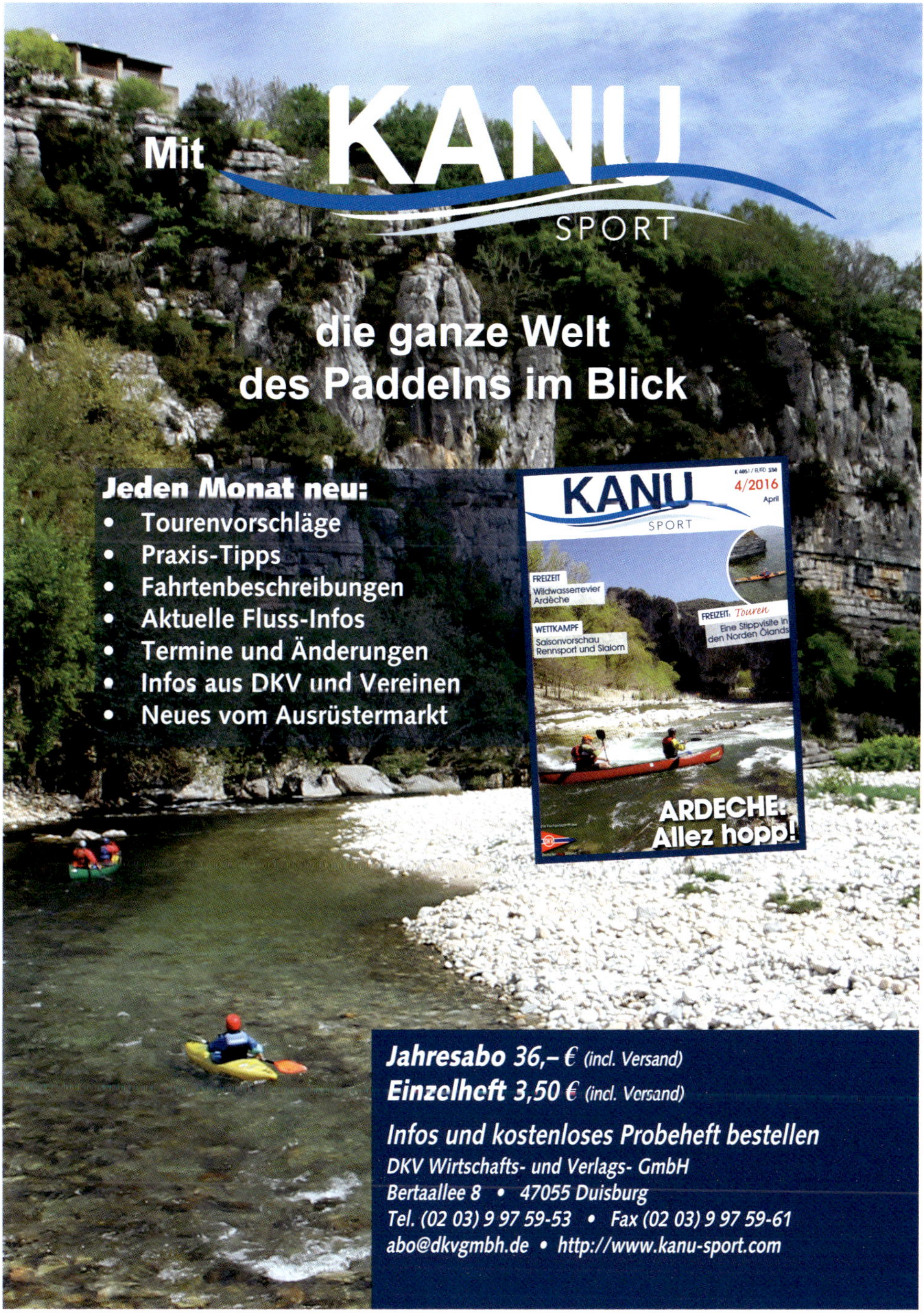
Mit KANU SPORT
die ganze Welt
des Paddelns im Blick
Jeden Monat neu:
• Tourenvorschläge
• Praxis-Tipps
• Fahrtenbeschreibungen
• Aktuelle Fluss-Infos
• Termine und Änderungen
• Infos aus DKV und Vereinen
• Neues vom Ausrüstermarkt
KANU SPORT
4/2016
April
FREIZEIT
Wildwasserrevier Ardèche
WETTKAMPF
Saisonvorschau Rennsport und Slalom
FREIZEIT: Touren
Eine Stippvisite in den Norden Ölands
ARDECHE: Allez hopp!
Jahresabo 36,– € (incl. Versand)
Einzelheft 3,50 € (incl. Versand)
Infos und kostenloses Probeheft bestellen
DKV Wirtschafts- und Verlags- GmbH
Bertaallee 8 • 47055 Duisburg
Tel. (02 03) 9 97 59-53 • Fax (02 03) 9 97 59-61
abo@dkvgmbh.de • http://www.kanu-sport.com

Tour 6: Weser (Weserbergland)

Die Weser entsteht am Zusammenfluss von Fulda und Werra in Hannoversch Münden und ist nach dem Main der zweitlängste Fluss, der ausschließlich durch deutsches Staatsgebiet fließt. Noch bis ins erste Jahrtausend n. Chr. galt die Weser als Verlängerung der Werra und die Fulda nur als Nebenfluss. Ihren eigenständigen Namen verdankt die Weser einer sprachlichen Nachlässigkeit, als sich aus dem Ursprungsnamen „Wisera" für Werra und Weser durch den fränkischen und niedersächsischen Dialekt zwei unterschiedliche Flussnamen herausbildeten.

Ungeachtet der etymologischen Spitzfindigkeiten machen der geringe Bootsverkehr, die Abwesenheit von Hindernissen auf dem Fluss und das Fehlen von Industrie entlang der Ufer sowie die zügige Strömung die Weser zu einem Wanderfluss par excellence. Am schönsten ist das Tal der Oberweser mit abwechslungsreicher Landschaft und hübschen, von Fachwerk geprägten Dörfern.

Bis Bad Karlshafen bildet die Weser die Landesgrenze zwischen Niedersachsen und Hessen, anschließend zwischen Niedersachsen und Nordrhein-Westfalen. Hinter Rinteln ist dann NRW endgültig erreicht, und an der Porta Westfalica verabschiedet sich die Weser in die Norddeutsche Tiefebene, um schließlich bei Bremerhaven in die Nordsee zu münden.

Hannoversch Münden hat einen prominenten Liebhaber. Kein Geringerer als Alexander von Humboldt zählt die Drei-Flüsse-Stadt zu den sieben am schönsten gelegenen Städte der Welt und man kann seinem Urteil wohl trauen, denn genug herumgekommen wird er auf seinen Forschungsreisen im 18. Jahrhundert ja sein.

Noch heute lockt die einzigartige Altstadt zwischen Fulda und Werra mit rund 700 Fachwerkbauten aus sechs Jahrhunderten. Am eindrucksvollsten ist das historische Rathaus als bedeutendstes Zeugnis der Weserrenaissance. Den einstigen Wohlstand verdankt die Stadt dem Stapelrecht, das man Mitte des 13. Jahrhunderts verliehen bekam. Daraufhin mussten die durchreisenden Kaufleute ihre Waren in Hann. Münden abladen und den Bürgern der Stadt drei Tage lang zum Kauf anbieten. Trans-

Wesertal bei Wahmbeck

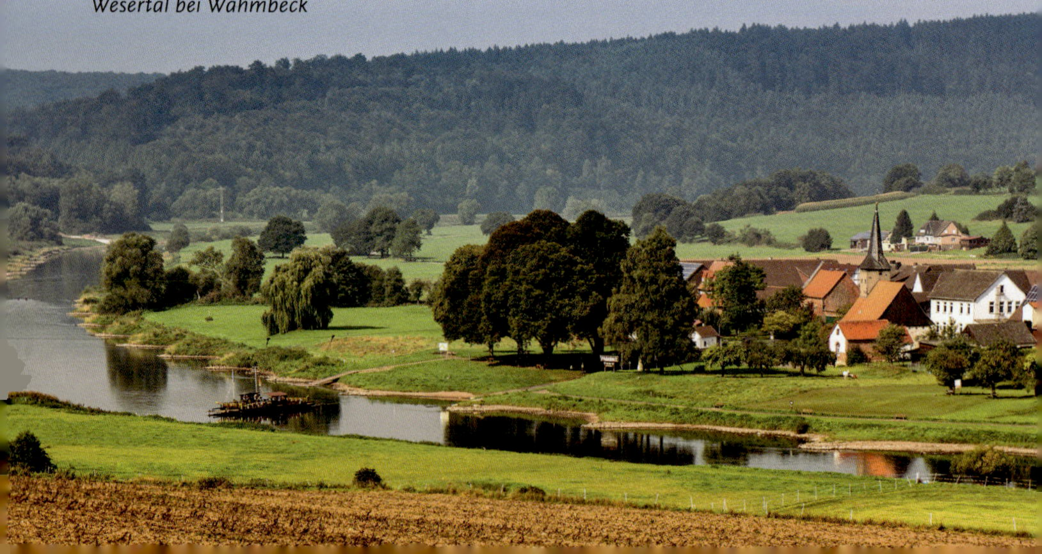

portiert wurden über die Weser Färberwaid – ein blauer Farbstoff für die Tuchindustrie –, Glas, Textilien, Holz und Getreide.

Auf der Spitze der Insel Tanzwerder markiert der weithin bekannte Weserstein den Ursprung der Weser am Zusammenfluss von Werra und Fulda. Der große Findling unter einer mächtigen Kastanie trägt Deutschlands wohl bekanntestes Flussgedicht „Wo Werra sich und Fulda küssen - Sie ihre Namen büßen müssen - Und hier entsteht durch diesen Kuss - Deutsch bis zum Meer der Weser Fluss“.

Am Fuldaufer zeigt eine „Gelbe Welle“-Schild unübersehbar den Weg zu den Einstiegstreppen, und auf dem großen Parkplatz kann das Auto für die Dauer der Tour ohne Probleme kostenlos abgestellt werden. Wer vor dem Start noch in Hann. Münden übernachten will, findet im unteren Teil der Insel einen Wohnmobilstellplatz und im oberen Teil einen Campingplatz.

Gleich nach dem Ablegen erfasst mich am Inselende auf Höhe der Werramündung eine flotte Strömung und trägt mich rasch gen Norden. Direkt hinter dem Becken des Winterhafens liegt am linken Ufer der Schwimmsteg der Jugendherberge. Es folgt ein weiteres, dieses Mal nach rechts abzweigendes Hafenbecken, und schon ziehen die Häuser des kleinen Dorfes Gimte am rechten Ufer vorüber.

Das Tal ist nun recht eng, denn die Weser wird vom Rheinhardswald zur Linken und vom Bramwald zur Rechten flankiert. Sobald sich die Höhenzüge am linken Ufer langsam verlieren, verstecken sich hinter Weiden die Fachwerkhäuser samt Dorfkirche des hessischen Dorfes Vaake. Ein Schwimmsteg bietet die Möglichkeit zur Einkehr in eine der Dorfkneipen.

An den Ufern wechseln sich Kühe, Pferde und Schafe ab. Graureiher und Kormoran blicken mir hinterher, und zwei Kilometer weiter ist Hemeln erreicht. Nach der Fassade mit der Reklame für „G.E. Habich's Söhne Farbenfabrik gegründet 1785“ verbindet eine Gierseilfähre die

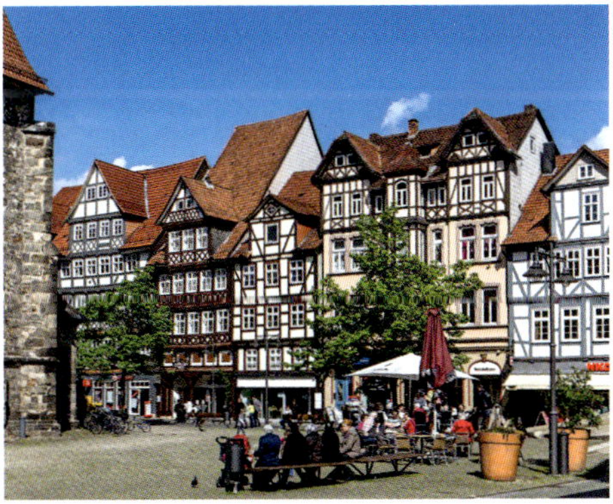

Altstadt Hann. Münden

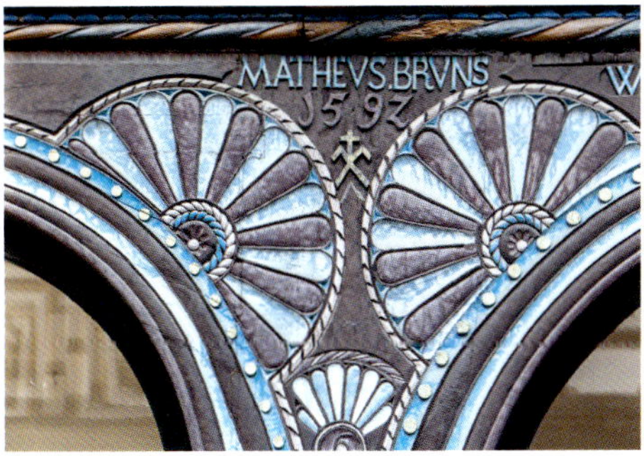

Fachwerk Hann. Münden

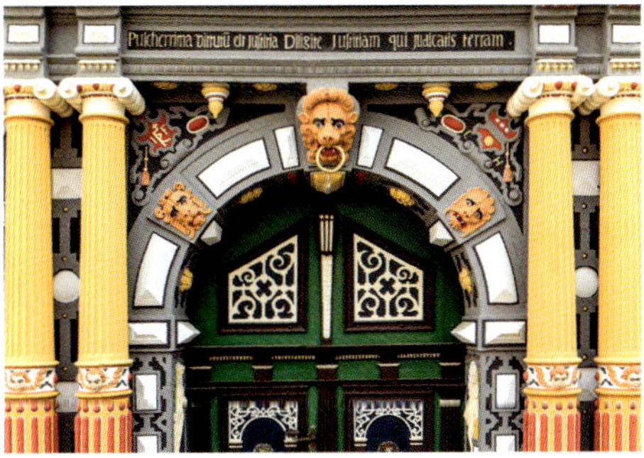

Historisches Rathaus Hann. Münden

Orte Hemeln und Veckerhagen.

Gierseilfähren sind an einem Hochseil verankerte Boote, die nur durch die Kraft der Strömung angetrieben werden. Neben Gierseilfähren gibt es entlang der Weser auch normale

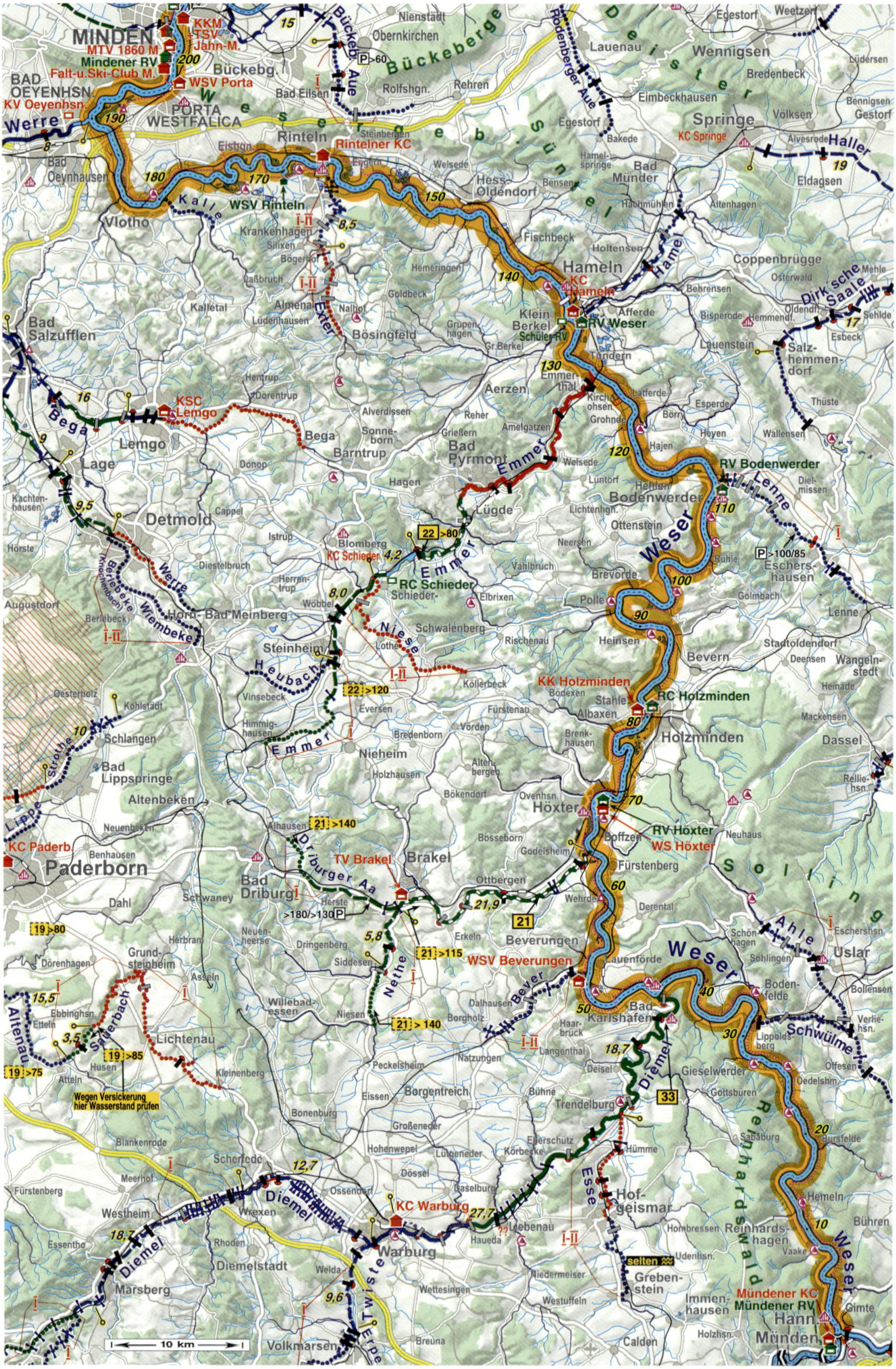

MINDEN
MTV 1860 M
Mindener RV
Falt-u.Ski-Club M.
KKM
TSV
Jahn-M.
WSV Porta
BAD OEYENHSN.
KV Oeyenhsn.
PORTA WESTFALICA
Rinteln
Rintelner KC
WSV Rinteln
Vlotho
Hameln
KC Hameln
RV Weser
Schüler-RV
Springe
KC Springe
Bad Salzuflen
KSC Lemgo
Lemgo
Detmold
Bad Pyrmont
Lügde
RV Bodenwerder
Bodenwerder
Blomberg
KC Schieder
RC Schieder
KK Holzminden
RC Holzminden
Holzminden
Höxter
RV Höxter
WS Höxter
KC Paderb.
Paderborn
TV Brakel
Brakel
Bad Driburg
Beverungen
WSV Beverungen
Bad Karlshafen
Trendelburg
Hofgeismar
KC Warburg
Warburg
Marsberg
Volkmarsen
Mündener KC
Mündener RV
Hann. Münden
Weser
Werre
Emmer
Diemel
Solling
Wegen Versickerung hier Wasserstand prüfen
10 km

Personen- und Autofähren, und auch wenn die Fähren, von denen man im Tourenverlauf so einige passiert, keine unmittelbare Gefahr darstellen, sollte man ihnen nicht in die Quere kommen und stets genügend Abstand halten.

An der Hemelner Fähre bietet der Anleger die Möglichkeit zur Einkehr im Biergarten, gegenüber am linken Ufer lädt das Restaurant Weserterrassen ein. Ein Stück weiter am niedersächsischen Ufer liegt ein schöner Rastplatz. Die aufgestellte Holzskulptur zeigt die Riesin Brama, eine der Töchter des Riesen Kruko, der einst auf der Krukenburg zwischen Bad Karlshafen und Helmarshausen wohnte, die zum Schutz des ehemaligen Benediktinerklosters errichtet worden war. Als Kruko starb, hatten seine Töchter Brama und Saba den christlichen Glauben angenommen, während die dritte Tochter Trendula den heidnischen Göttern treu blieb. Sie machte ihren Schwestern das Leben zur Hölle, so dass diese die Burg des Vaters verließen und am anderen Weserufer die Bramburg bzw. die Sababurg im Reinhardswald errichteten.

Nachdem ich den Campingplatz am Ortsende von Hemeln hinter mir gelassen habe, sind es rund fünf einsame und ruhige Kilometer auf der Weser bis zum nächsten „Gelbe Welle"-Schild am Jugendzeltplatz vor Glashütte. Hinter der nächsten Biegung erhebt sich der Doppelturm des Kloster Bursfelde. Die Benediktinerabtei Bursfelde wurde im 11. Jahrhundert gegründet. Erhalten ist die romanische Basilika, der Westflügel des Klosters wurde 1722 zum Gutshaus umgebaut. Eine Möglichkeit zum Landgang bietet der Schwimmsteg am rechten Ufer. Neben einer Besichtigung der Klosterkirche (täglich 8.00-18.30 Uhr) gibt es auch die Möglichkeit zur Einkehr im Gasthaus Zur Klostermühle. Der Campingplatz Weiße Hütte, die Hochseilfähre Oedelsheim und der beliebte Campingplatz Odelsheim sind die nächsten Stationen auf dem etwa 9 km langen Weserabschnitt bis Gieselwerder. Der Schwimmsteg zum Anlegen findet sich vor der Brücke am linken Ufer. Direkt davor liegt direkt am Weserufer der Campingplatz am beheizten Freibad (von Mai bis Anfang September ist der Eintritt für Campinggäste frei).

Im Ort kann man im kleinen Supermarkt den Proviant auffüllen, und es warten gleich zwei liebenswerte Museen auf einen Besuch. Im

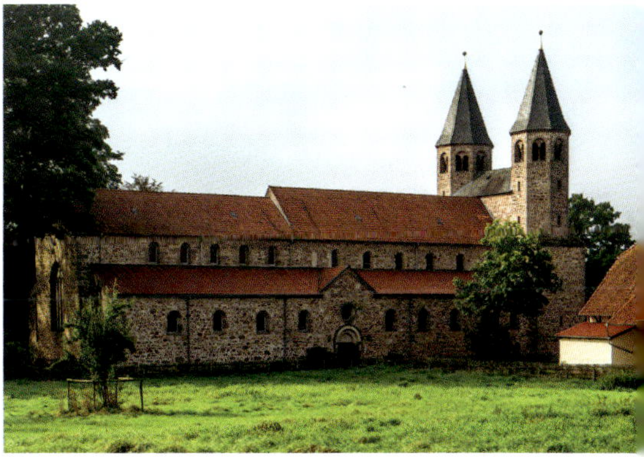

Kloster Bursfelde von aussen ...

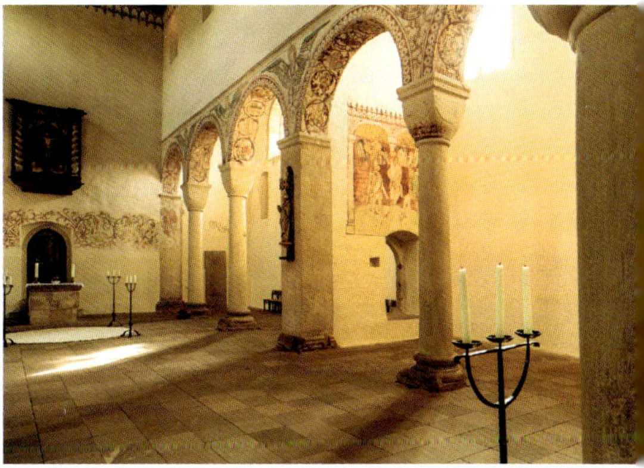

... und von innen.

Schiffermuseum (Mai bis Sept., So 14.00-17.00 Uhr) erfährt man viel Wissenswertes über die Schifffahrt auf der Oberweser, und das am westlichen Ortsrand gelegene Freilichtmuseum Mühlenplatz (im Sommer täglich 10.00-18.00

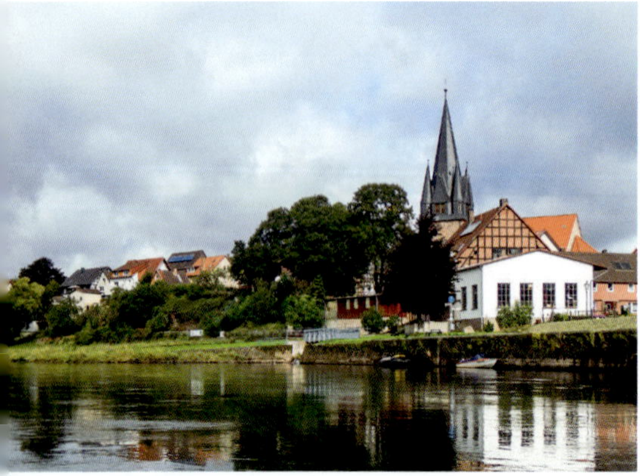

Gieselwerder vom Wasser aus gesehen

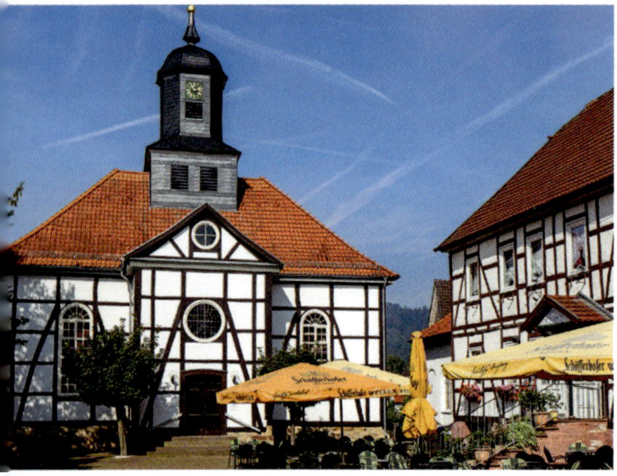

Christuskirche Gieselwerder

Uhr) zeigt unzählige, maßstabsgetreue Mühlen, Burgen und andere bedeutende Gebäude der Region.

Vorbei an der Weserfähre von Lippoldsberg bei Flusskilometer 31 geht es nach Bodenfelde mit einem schönen Rastplatz am Schwimmsteg. Seit 1896 Jahren wird hier Holz aus dem Solling zu Holzkohle verarbeitet und das Profagus-Werk ist eine der letzten deutschen Grillkohlefabriken, in dem pro Jahr aus 100.000 Tonnen Buchenholz Grillkohle gemacht wird.

5 km weiter kreuzt die blumengeschmückte Fähre in Wahmbeck meinen Weg. Eine Möglichkeit zum Anlegen und zum Besuch des Hotels Otto oder des Gasthauses Zum grünen Kranz bietet der Schwimmsteg am rechten Ufer.

8,5 km weiter ist die barocke Hugenottenstadt Bad Karlshafen erreicht. Sie wurde 1699 von Landgraf Karl von Hessen-Kassel gegründet und setzt, obwohl sie nie ganz fertig gebaut wurde, einen willkommenen Kontrapunkt zum sonst im Wesertal allgegenwärtigen Fachwerk.

Zentraler Punkt der am Reißbrett geplanten Stadt ist das Hafenbecken, in dem allerdings nie ein Schiff anlegte. Geplant war ein Kanal durch das Diemeltal Richtung Kassel. Da die besten Waren aber in den Speichern der Mündener Kaufleute blieben, fühlte sich die Residenzstadt Kassel benachteiligt und man begann 1722 den Bau eines Kanals, der Kassel unter Umgehung Hann. Mündens mit der Weser verbinden sollte. Schon bald aber mussten die Konstrukteure feststellen, dass die Wassermenge der Diemel nicht für eine schiffbare Tiefe ausreichte. Der Kanalbau kam zum Erliegen.

Direkt hinter dem künstlich angelegten Hafenbecken thront das ehemalige Packhaus, das heute das Rathaus der Stadt beherbergt, mit einem mächtigen Walmdach und zentralem Dachreiter. Über die Geschichte der Hugenotten in Frankreich und Deutschland informiert auf zwei Etagen das Deutsche Hugenotten-Museum.

Wer hier am Campingplatz anlegt, kann sich für die ersten Kanuetappen in der Wesertherme belohnen. Die Innen- und Außenbecken bieten Solewasser unterschiedlicher Konzentration, und es gibt eine weitläufige Saunalandschaft mit einem am Weserufer vertäuten Saunaboot.

Hinter Bad Karlshafen verläuft die Weser zu Füßen der Hannoverschen Klippen, die rechts rund 75 m hoch aufragen. Oben bietet die Aussichtsplattform Weser-Skywalk einen weiten Blick über das hessische, das ostwestfälische und das niedersächsische Weserbergland.

1 km weiter bringt zwischen Mitte April und

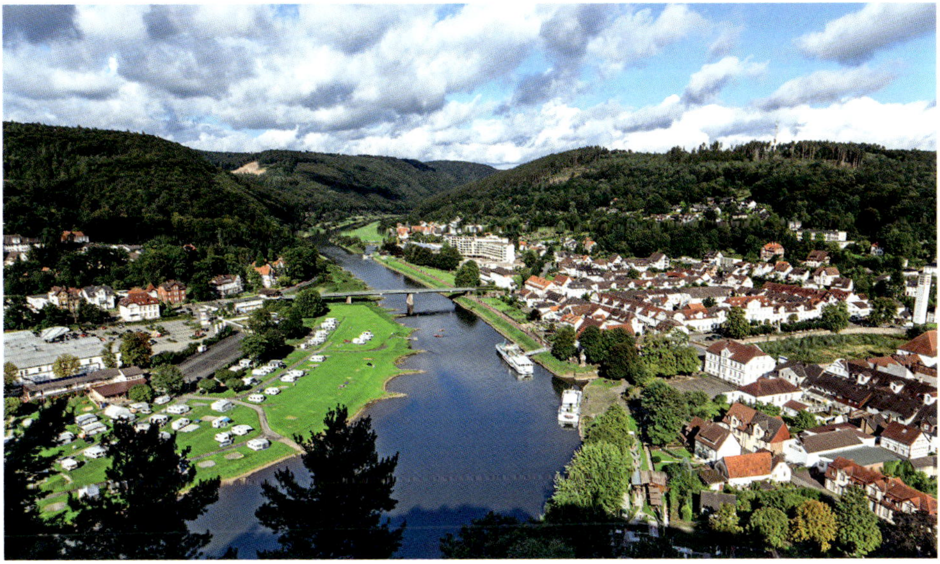

Bad Karlshafen

Mitte Oktober eine Weserfähre vor allem Radler auf dem Weserradweg von Würgassen nach Herstelle, die sich Burg und Kloster des alten Fischerdorfes anschauen wollen. Die Fähre wurde vermutlich im 15. Jahrhundert als Tiefseilfähre eingerichtet, mit zunehmendem Schiffsverkehr jedoch 1902 durch eine Hochseilfähre abgelöst. Der Schwimmsteg ist am rechten Ufer vertäut, gegenüber bietet das Gasthaus Zur Fähre eine Pausen- und Übernachtungsmöglichkeit.

Beim Weiterpaddeln ziehen am rechten Ufer die Überbleibsel des Kernkraftwerks Würgassen vorüber. Es ging 1971 in Betrieb und war das erste rein kommerziell genutzte Atomkraftwerk der Bundesrepublik. Als der TÜV 1994 bei einer Routineinspektion Haarrisse in einem Stahlzylinder am Reaktorkern entdeckte, verlangten die Behörden einen Austausch des Zylinders und kündigten ein neues Genehmigungsverfahren an. Da das den Betreibern zu teuer war, wurde 1995 die Stilllegung beschlossen. Von 1997 bis 2014 wurde das Kernkraftwerk zurückgebaut.

Zwei Kilometer weiter, etwa bei Weser-km 52, ist der Schwimmsteg am Bootshaus des Wassersportvereins Beverungen (Gastronomie, Zeltmöglichkeit und Übernachtung im Mehrbettzimmer) erreicht, schräg gegenüber eröffnet der Campingplatz Yachthafen Dreiländereck eine weitere Option zum Zeltaufbau.

An der Mündung der Bever beginnen am linken Ufer die Fachwerkgiebel der Häuser von Beverungen und es lockt der Biergarten am Restaurant Altes Fährhaus. Kurz darauf überspannt die Straßenbrücke zwischen Beverungen und Lauenförde die Weser. Schwimmstege gibt es an beiden Ufern; von dem auf der Beverungener Seite sind es nur wenige Schritte zum Supermarkt, um sich mit Proviant zu versorgen.

Etwa vier Paddelkilometer weiter passiere ich den Schwimmsteg in Blankenau (Landhotel Weserblick), und noch einmal 2,5 Kilometer weiter eröffnet der linksufrige Schwimmsteg hinter der Fähre in Wehrden mit dem Biergarten an der Fährklause die nächste Möglichkeit zur Einkehr. Entlang der Ufer beobachten Kühe und Pferde von ihren Weiden aus das Geschehen

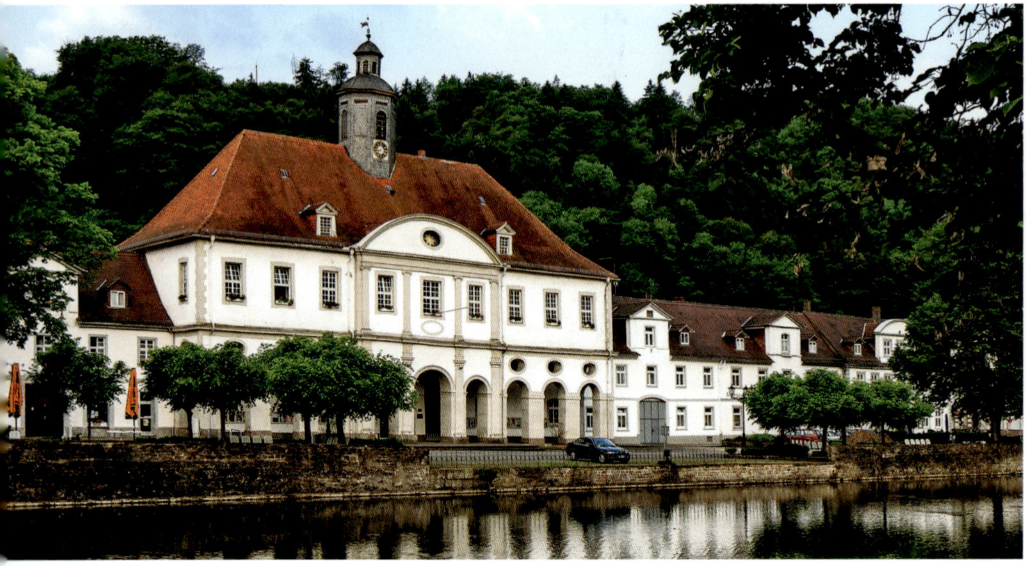

Bad Karlshafen

auf der Weser. Milan und Mäusebussard kreisen hoch in der Luft und spähen nach Beute. Nicht auf der Suche nach Beute, aber ebenfalls hoch über der Weser, thront knapp 2 Kilometer hinter Wehrden die weiße Fassade von Schloss Fürstenberg im Stil der Weserrenaissance.

Eine Möglichkeit zum Landgang offeriert der Schwimmsteg bei Weser-Kilometer 62,5, und der Spaziergang zum Schloss lohnt nicht nur wegen der dortigen Porzellanmanufaktur (neben Berlin, Meißen und Nymphenburg eine der wenigen, die von einst mehreren hundert Porzellanmanufakturen in Deutschland übriggeblieben ist) und dem angeschlossenen Porzellanmuseum, das in verschiedenen Sammlungen drei Jahrhunderte Kultur des „weißen Goldes" präsentiert, sondern auch aufgrund des spektakulären Ausblicks ins Wesertal.

In der Flussbiegung hinter der von einer Fußgängerbrücke überspannten Nethemündung lädt am rechten Ufer der Anleger von Boffzen mit kleinem Kieselstrand und großer Wiese zum Rasten ein.

Die mittelalterliche Stadt Höxter ist nun nicht mehr weit, und schon lange im Voraus ist die doppelte Kirchturmspitze der Kilianikirche zu sehen. Etwa 800 Meter vor der Brücke zur Altstadt bieten erst der Campingplatz, dann der Wassersportverein Höxter eine Möglichkeit, das Zelt aufzuschlagen.

Für den kürzesten Fußweg in die historische Altstadt macht man am besten noch ein Stück weiter beim Ruderverein fest. Kurz dahinter liegt gegenüber ein kleiner Kiosk am Fahrgastanleger, dann geht es unter der Straßenbrücke hindurch und vorbei an der Kilianikirche aus dem 11. Jahrhundert.

Die flotte Strömung trägt mich vorbei am großen Wohnmobilstellplatz, einem Militärgebiet sowie dem Höxteraner Hafen, und nach der Eisenbahnbrücke am Ende des folgenden Weserbogens lege ich links an der Betonrampe an, um dem Weltkulturerbe Schloss Corvey einen Besuch abzustatten. Wer günstig inmitten alter Gemäuer übernachten möchte, findet hier das Weser Aktiv Hotel Corvey des Kanuvermieters

Krome Kanu, wo im Garten auch im eigenen Zelt geschlafen werden kann.

Kloster Corvey gilt als die älteste Abtei Norddeutschlands, die vor über tausend Jahren von Mönchen gegründet wurde. Der 30-jährige Kriege setzte der Anlage stark zu, und im 17. Jahrhundert wurde das Kloster mit schlossähnlichem Charakter im barocken Stil wieder aufgebaut. Besonders sehenswert sind die barocke Abteikirche, Fresken aus dem 9. Jahrhundert mit antiken Motiven der Odyssee, die barocke Schlossanlage mit dem Kaisersaal, die fürstliche Bibliothek und die Grabstätte des Dichters Hoffmann von Fallersleben (Ende März bis Ende Oktober, täglich 10.00–18.00 Uhr, öffentliche Führungen durch Schloss und Kirche täglich um 11.00 und 15.00 Uhr, www.schloss-corvey.de).

Alljährlich finden von Mai bis Juni in den ehemaligen Prachträumen der Fürstabtei und in der Abteikirche die Corveyer Musikwochen statt, bei der namhafte Solisten, Instrumentalensembles und Orchester ein ausgewähltes Programm darbieten, das von Barock über die Klassik und Romantik bis hin zur Moderne reicht.

Zurück im Boot erhebt sich gut 2 km weiter am rechten Ufer der mächtige Kirchturm von Lüchtringen, dem östlichsten Dorf Nordrhein-Westfalens. Bald hinter der Straßenbrücke setzt die Weser zu einer scharfen Linkskurve an, und bei Weser-Kilometer 77 erhebt sich vor Albaxen die Tonenburg (Burghotel und Restaurant). Wer die mittelalterliche Fachwerkburg von 1315 mit Nebengebäuden aus dem 17. und 18. Jahrhundert näher in Augenschein nehmen möchte, findet in den Buhnen am Prallhang ein paar Holzstufen zum Ausstieg.

Die Silhouette des nächsten Etappenorts Holzminden wird vom kupfergrünen Turm der Lutherkirche und dem imposanten Getreidespeicher geprägt. Die Stadt war im Mittelalter Holzumschlagplatz für die im Solling geschlagenen Bäume, und zahlreiche staatliche Fachwerkhäuser aus dem 17. Jahrhundert erinnern an den einstigen Wohlstand.

Noch vor der Brücke führt eine Holztreppe am linken Ufer zum Campingplatz. Der Schwimmsteg des Kanu-Klubs Holzminden findet sich, ebenfalls am linken Ufer, hinter der Brücke. Für den kürzesten Weg in die Altstadt mache ich an den Treppenstufen am rechten Ufer vor der Brücke hinter der Zufahrt in die historische Hafen- und Werftanlage von 1837 fest. Hier kann man auch anlegen, um in einem der Strandkörbe der Hafenbar Platz zu nehmen, denn der Drive-Inn „Bitte Glocken läuten, Service ist unterwegs" richtet sich an Motorbootfahrer

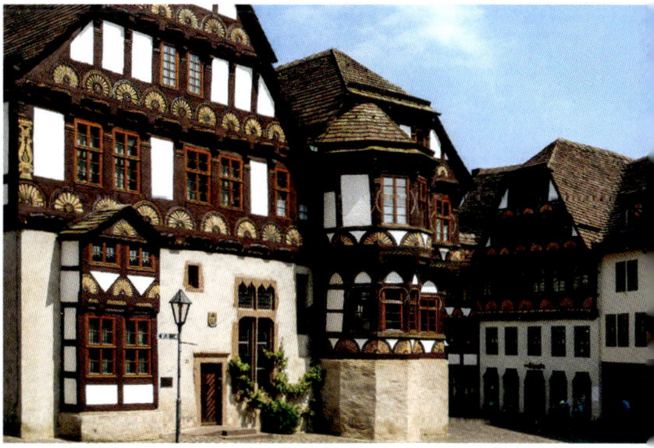

Fachwerk in Höxter

Weser-Skywalk bei Bad Karlshafen

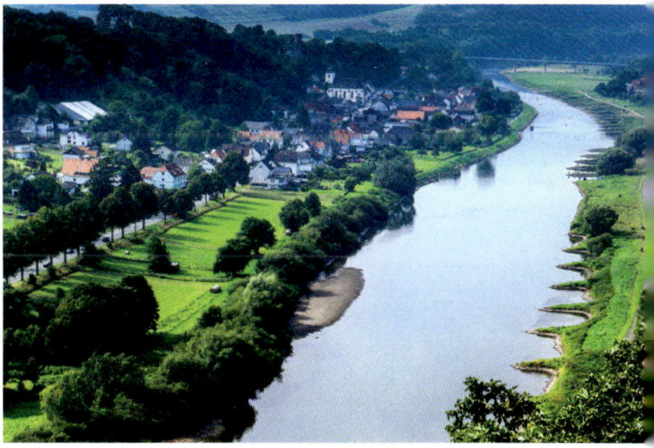

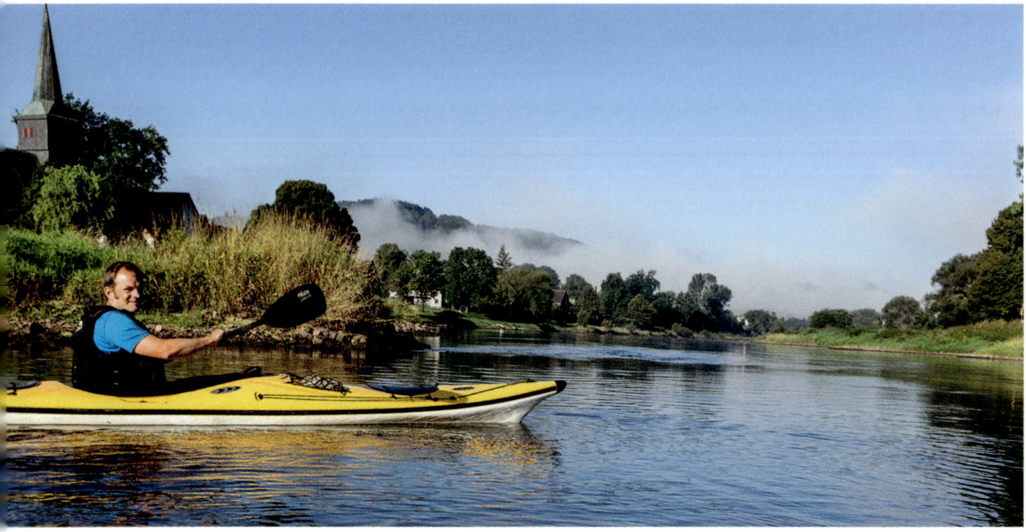

Morgenstimmung an der Weser bei Gieselwerder

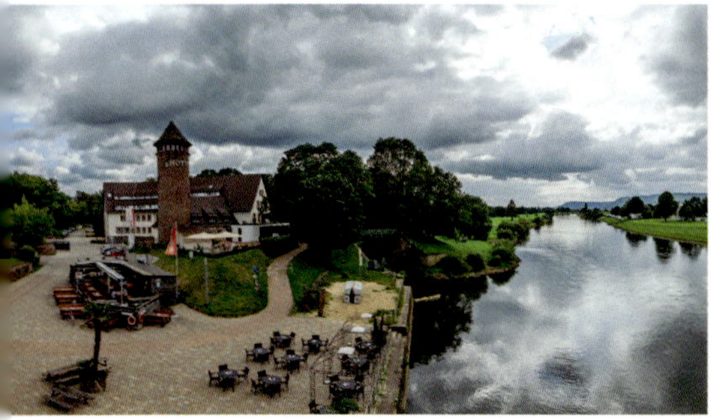

Holzminden

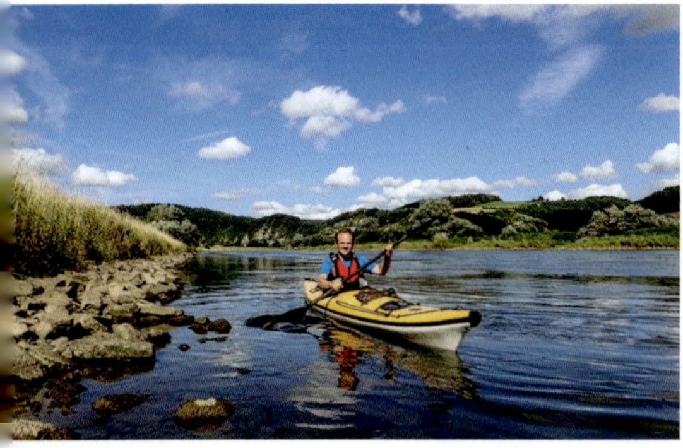

Weser bei Brevörde

und ist vom Kanu aus nicht zu erreichen. Die letzte Möglichkeit zum Zelten in Holzminden ergibt sich gut 1 km hinter der Altstadt beim Schwimmsteg des örtlichen Ruderclubs an der Straßenbrücke der B64.

Hinter Weser-Kilometer 84 weist ein Schild auf den nordöstlichsten Zipfel Nordrhein-Westfalens hin, und die Weser fließt von nun an bis Rinteln durch Niedersachsen. Das Wesertal hat sich merklich geöffnet und wird von sanften Hügeln gesäumt. Beim kleinen Dorf Forst knickt die Weser nach Westen ab und gegenüber der steilen Heinsener Klippen liegt am linken Ufer das ehemalige Schiffer- und Fischerdorf Heinsen, wo sich der paddlerfreundliche, direkt am Ufer gelegene Zeltplatz Weserbergland-Camping für eine Übernachtung empfiehlt. Der öffentliche Anleger des Dorfes findet sich hinter der freifahrenden Personenfähre, noch vor der Liboriuskirche. Im Sommer dokumentiert das kleine Museum die einstige Rolle der Weserschifffahrt (Mai-Oktober, So ab 15 Uhr), und in unmittelbarer Nachbarschaft kümmert sich ein kleines Café um das leibliche Wohl. Besonders lecker riecht es, wenn der alte Backofen wieder befeuert wird.

Im nächsten Weserbogen erhebt sich am linken Ufer die im 13. Jahrhundert errichtete Burg Everstein in Polle. Direkt zu ihren Füßen verkehrt die Hochseilfähre. Paddler sollten aufgrund der starken Strömung am Prallhang nur rechts daran vorbeifahren. Dahinter liegt der öffentliche Anleger, und beim Landgang hat man die Qual der Wahl zwischen dem Restaurant Graf Everstein, dem Hotel Zur Burg oder dem Gasthof und Campingplatz Weserterrassen. Auf keinen Fall verpassen sollte man den Abstecher zur Burgruine (täglich 10–19 Uhr) mit einmaligem Panoramaausblick über das Wesertal vom Burgturm aus. Hinter Polle beschreibt die Weser eine enge Kurve nach Brevorde; auf den Wiesen zwischen dem Wald sonnen sich die Kühe, und am Ufer machen es sich ein paar Gänsefamilien gemütlich.

Am Anleger in Reileifzen am nächsten Prallhang verbreitet ein Kiosk mit guten Sitzgelegenheiten unter Bastsonnenschirmen einen Hauch von Südsee-Atmosphäre, und in der folgenden Kurve reichen die hellen Kalksteinklippen bis ans Ufer.

Vor dem kleinen Camping Grave liegt die Solarfähre Gravena, die seit über 10 Jahren in Betrieb ist. Knapp 2 km weiter zwingen die steilen Kalksteinklippen am linken Ufer die Weser zu einer scharfen Rechtskurve. Am rechten Ufer dagegen erstreckt sich eine flache Wiesenlandschaft, und in Dölme bieten Treppenstufen die Gelegenheit, sich die Füße zu vertreten.

Gut 3 km weiter bei Breitenstein wendet sich die Weser wieder nach Norden, und die Steinstufen hinter dem Strandcafé am rechten Ufer eröffnen eine erste Möglichkeit zum Anlegen in Rühle. Der kleine Ort bietet sich insbesondere für Wanderungen in die hügelige Landschaft der Rühler Schweiz (aufgrund der zahlreichen Obstwiesen besonders idyllisch zur Zeit der Kirschblüte) und den Mittelgebirgszug Vogler an. Es folgen die Campingplätze Treffpunkt Rühler Schweiz und, 2 km weiter, Himmelspforte.

Ein Rigips-Werk markiert den ersten Vorposten von Bodenwerder. Direkt an der Straßenbrücke liegt links das Hotel Goldener Anker, und entlang der Uferpromenade lassen sich knurrende Mägen auf jedwede Art von Imbiss über Eiscafés bis hin zu Pizzeria oder Restaurant besänftigen. Ein erster Anleger findet sich gegenüber am rechten Ufer beim Ruderverein, ein zweiter Schwimmsteg am Ende der Uferpromenade am linken Ufer.

In der Kleinstadt Bodenwerder dreht sich alles um Freiherr Karl Friedrich Hieronymus von Münchhausen (1720-1797). Vor seinem Geburtshaus am Münchhausen-Platz, das heute das Rathaus beherbergt, symbolisiert ein Brunnen den Ritt des Lügenbarons auf einem halben Pferd. Hier erzählte der Gutsherr seinen Abendgesellschaften von seinen (in der Fantasie aufgeblasenen) Abenteuern in Russland, die ohne sein Wissen veröffentlicht wurden und ihn berühmt machten. Ein weiterer Münchhausen-Brunnen steht in der Fußgängerzone. Wer mehr über die Person und seine Lügengeschichten erfahren will, kann dem Münchhausen-Museum einen Besuch abstatten (Mitte März bis Oktober täglich 10.00–17.00 Uhr, im Winterhalbjahr nur nach Vereinbarung).

Unter der Eisenbahnbrücke hindurch kehre ich der Stadt den Rücken. Rechts vor der Brücke bietet der Biergarten Königszinne eine letzte Möglichkeit zur Stärkung in Bodenwerder. Hinter der Brücke liegt rechts unter der Straßenbrücke zu Füßen des Bismarckturms die Einfahrt in den Yachthafen, direkt nebenan mündet die Lenne in die Weser, die sich auf den folgenden Kilometern recht einsam präsentiert. Die Höhenzüge treten weit hinter die flachen Ufer zurück, und am Horizont sind schon die Türme des AKW Grohnde zu erahnen.

Bis dahin sind aber noch einige Kilometer zu paddeln. An der nächsten Straßenbrücke zieht

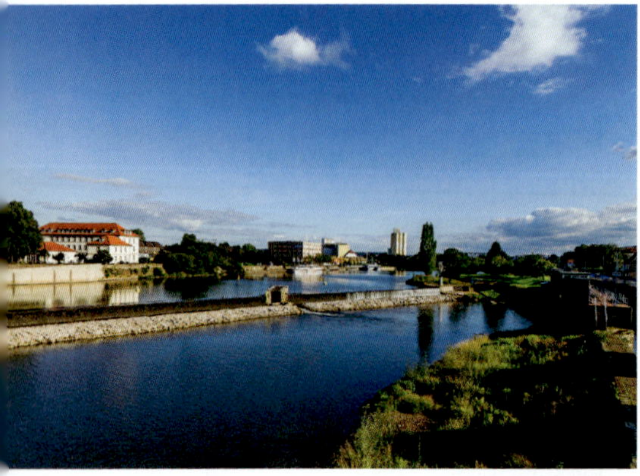

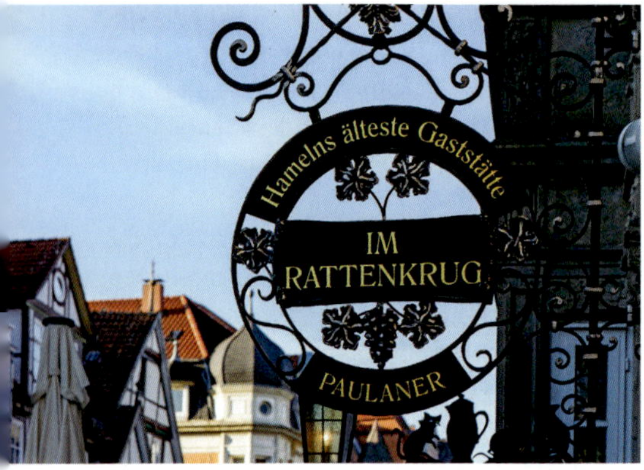

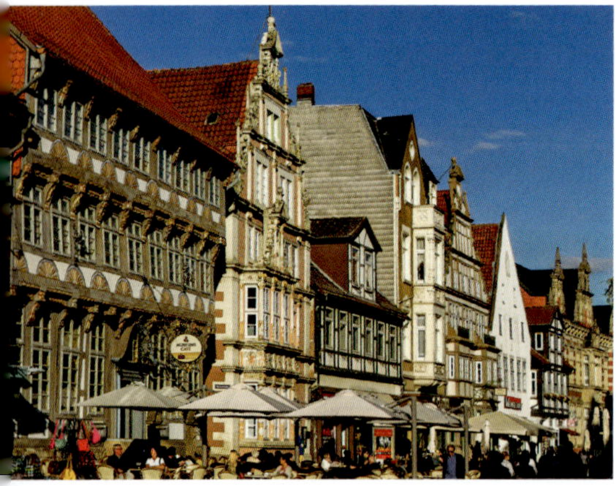

V.o.n.u.: Stadt Hameln

links das Wasserschloss in Hehlen vorüber, kurz darauf das mächtige Kalkwerk. Hinter der nächsten Biegung erinnern in der Ortschaft Hajen die Rampen an beiden Ufern an die mittlerweile stillgelegte Fähre. Am linken Ufer lädt das Gasthaus Zum Ruhberg zur Rast. Wer genug Proviant im Gepäck hat, findet ein Stück weiter am stark frequentierten Radweg auf dem alten Treidelpfad am rechten Weserufer einen schönen Rastplatz mit Schutzhütte. Nebenan erinnert die Skulptur „Hüossen“ an das einst schwere Tagewerk der Treidler, die die schweren Frachtkähne an langen Seilen stromaufwärts bis Hann. Münden ziehen mussten.

Knapp 2 km weiter ist die Grohnder Fähre erreicht. Am rechten Ufer liegt das Grohnder Fährhaus (Gastronomie, Übernachtung, Zeltmöglichkeit und Kanuverleih). Am linken Ufer ist das Schloss zu bewundern, das Mitte des 16. Jahrhunderts auf den Resten einer Wasserburg errichtet wurde. Vom Anleger hinter der Fähre sind es etwa 600 m Fußweg bis zum Dorfladen mit kleinem Café (Mo-Fr 6.30-13.30 und 15.00-18 Uhr, Mi/Sa nachmittags geschlossen, So 8.00-10.00 Uhr).

Die nächste Möglichkeit zum Anlegen bieten 2 km weiter die Steintreppen in Latferden. Kurz darauf erheben sich als Kontrast zur lieblichen Landschaft die mächtigen Kühltürme des Kernkraftwerks Grohnde in den Himmel.

An der folgenden Straßenbrücke findet sich am rechten Ufer der nächste Schwimmsteg beim griechischen Restaurant in Hagenohsen. Eisenbahnbrücke, Emmermündung, Hochspannungsleitung sowie die Holländer-Windmühle aus dem 19. Jahrhundert in Tündern sind die nächsten Stationen. Am Prallhang des nächsten Weserbogens liegt der „Gelbe Welle“-Anleger am Ohrsbergpark, einem Landschaftsgarten im englischen Stil aus dem 19. Jahrhundert mit alten Bäumen, Azaleen und Rhododendren. Auf dem Wasser ist nun der eine oder andere Ausflugdampfer unterwegs und die Strömung

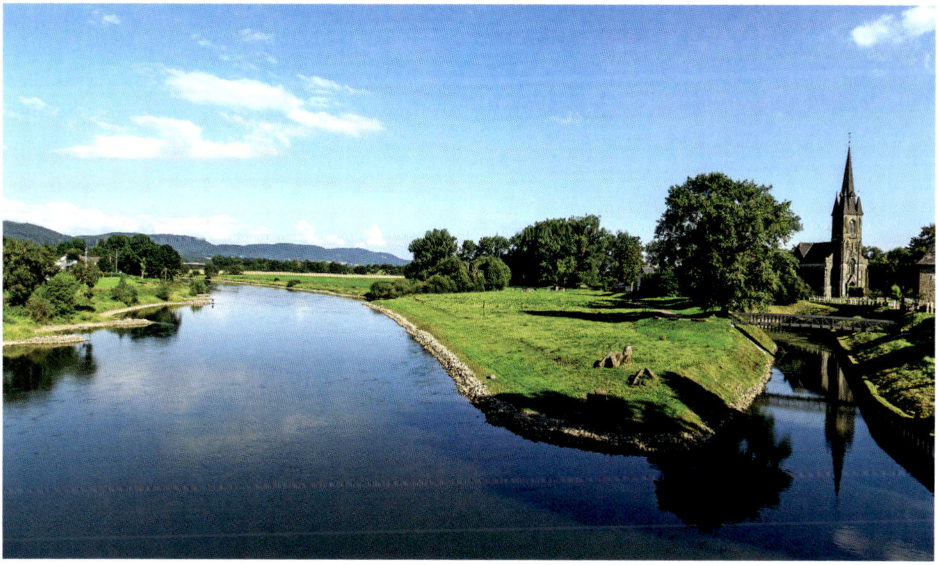

Rinteln

nimmt immer weiter ab, denn das Wehr in Hameln ist nicht mehr weit. Ein erster Vorposten der Stadt ist der Hafen des Motorboot-Clubs. Kurz darauf grüßt das Gasthaus Tündersche Warte und die Sportkameraden des Rudervereins Weser Hameln lassen am Steg ihre Boote ins Wasser. Der Sportfischerverein direkt nebenan offeriert einen Biergarten und Gästezimmer.

Hinter der nächsten Kurve breitet sich das Stadtpanorama von Hameln aus. Auf der Landspitze zwischen Weser und Hafen vor der ehemaligen Eisenbahnbrücke liegt der Steg des Kanu-Clubs Hameln. Dahinter bietet sich der Schwimmsteg hinter dem Minensuchboot Pluto für eine Kaffeepause in der ME Lounge an der Promenade an, für die Weiterfahrt halte ich mich rechts von der Schleuseninsel und finde am Ende vor dem Wehr die Einfahrt in die Bootsgasse (rechts) bzw. Umtragemöglichkeit (links).

Nachdem der Ziehschalter betätigt ist und die Ampel grün zeigt, beginnt die spritzige Fahrt durch Deutschlands älteste Bootsgasse. Einfach einfahren und das Paddel hochnehmen, die Strömung führt das Boot dann sicher mittig durch den Betonkanal.

Anschließend sind es nur noch wenige Paddelschläge vorbei an der Insel Werder und man kann für die Übernachtung entweder links beim Campingplatz oder gegenüber bei der Jugendherberge anlegen.

Von hier ist es jeweils nur ein kurzer, etwa 15-minütiger Spaziergang an der Weser zurück bis ins Stadtzentrum. Den Mittelpunkt bildet der Markt, auf den die angrenzenden Einkaufsstraßen der Altstadt zulaufen. Hier erhebt sich die frühgotische Marktkirche St. Nicolai, die Ende der 1950er Jahre neu errichtet wurde. Ein Blickfang ist gegenüber das Dempterhaus von 1607 im Stil der Weserrenaissance und das im selben Baustil erbaute Hochzeitshaus, das ursprüngliche Festhaus der Bürgerschaft. Das Glockenspiel an seiner Fassade spielt täglich um 9.35 Uhr das Rattenfängerlied und um 11.35 Uhr das Weserlied. Um 13.05 Uhr, 15.35 Uhr und 17.35 Uhr öffnet sich die Bronzetür und ein Figuren-

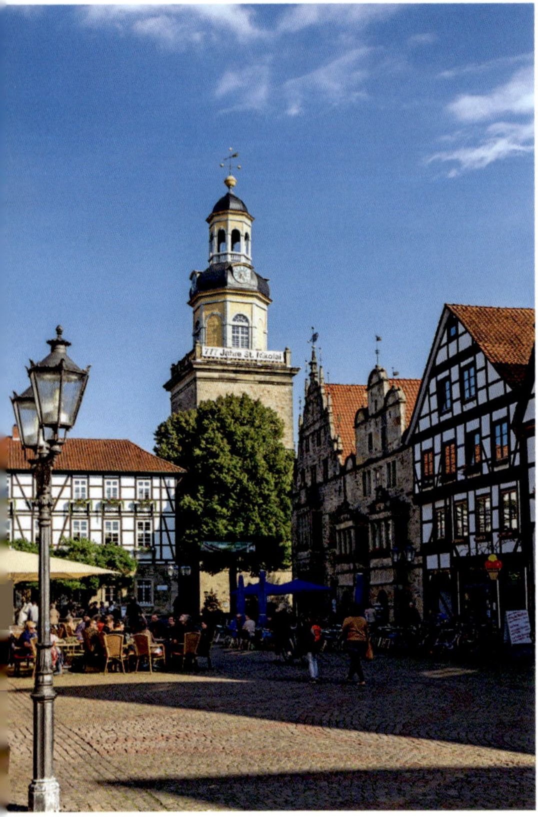

Marktplatz Rinteln

und Glockenspiel erzählt die Rattenfängersage. Ein paar Schritte entfernt in der Osterstraße zeigt das Städtische Museum im Stiftsherrenhaus (geöffnet Di bis So 11.00–18.00 Uhr) Ausstellungen zur Vor- und Frühgeschichte der Stadt und widmet sich selbstverständlich auch ausführlich der Rattenfängersage.

1284 soll es gewesen sein, als ein Flötenspieler Hameln zuerst von der Rattenplage befreite und dann, nachdem man ihn seinen Lohn verweigerte, aus Rache die Kinder der Stadt entführte. Die Sage wird heute vom Tourismus hemmungslos ausgeschlachtet, und Hameln dürfte die einzige Stadt der Welt sein, die sich die Ratte als knuffiges Wahrzeichen und Maskottchen ausgeguckt hat. So gibt es einen Rattenfänger-Brunnen, Rattenfleisch in Dosen, Marzipan-Schoko- oder Brot-Ratten, und in den Restaurants wird Rattenblut (Sekt mit Johannisbeersaft) serviert.

Hinter Hameln verändert die Weser ihren Charakter. Der Flusslauf ist jetzt gut 50 m breit und Berge sind nur noch in der Ferne zu sehen. Auf den grünen Weiden links und rechts grasen Kühe, Pferde und Schafe und hin und wieder zeigt sich ein Kormoran. Die Strömung ist wieder flotter, und etwa 2 km nach dem Start in Hameln passiere ich ein paar Treppenstufen am rechten Ufer, die zur Gaststätte Wehrberger Warte führen. Der eigentliche Ort und Pegel Wehrbergen ziehen hinter der nächsten Kurve vorüber.

Anschließend sind es gut 6 km freie Fahrt, und nach der Durchfahrt zu einem Kiessee überspannt die Bogenbrücke zwischen Fuhlen und Hessisch Oldendorf die Weser. Ein Anleger ist hinter der Brücke am linken Ufer beim Hotel Restaurant Weserterrassen zu finden.

Inzwischen sind auch die Radfahrer aufgewacht und bevölkern in bunten Horden den Weserradweg auf der rechten Flussseite. Knapp 4 km hinter Fuhlen passiere ich den nächsten Kiessee am rechten Ufer, kurz darauf folgt am gegenüberliegenden Ufer der Hafen eines Motorbootclubs. Es geht vorbei an weiteren Kiesseen, und hoch über dem rechten Ufer thront in der Ferne das Schloss Schaumburg. Dann kreuzt die Gierseilfähre in Großenwieden meinen Weg. Am rechten Ufer finden sich Kiosk, Schutzhütte und ein Kanuverleih.

Auf dem folgenden Abschnitt bieten die zahlreichen Buhnen und Ausbuchtungen mit flachen Ufern und kleinen Kiesstränden mehr als genug idyllische Pausenplätze. Auf dem Wasser ist allerdings etwas Vorsichtig geboten, denn mehrere Kiesverladestellen bringen erhöhten Frachtverkehr mit sich. Wenn die Schubkähne wenden, kann es sehr eng auf der Weser werden.

Bald erhebt sich hoch über dem rechten Ufer der „Jahrtausendblick". Die 30 m hohe Stahl-Glas-Konstruktion bietet eine einmalige Aussicht auf Rinteln und das Wesertal im Schaumburger Land und überragt die Erlebniswelt Steinzeichen (www.steinzeichen.de) auf dem Messingberg im Rintelner Ortsteil Steinbergen. Hier entstand im Zuge der EXPO 2000 aus einem renaturierten Steinbruch ein spannender Freizeit- und Familienpark, der Kindern auf spielerische Weise, z.B. mittels einer Bernstein-Schleifstation oder Goldwaschanlage, die Faszination des Rohstoffs Stein näherbringt.

Die Brücke der Bundesstraße B238 kündigt das Finale der heutigen Etappe an, und gegenüber der katholischen St.-Sturmius-Kirche lege ich noch vor dem Freibad am Schwimmsteg des gastfreundlichen Kanu Clubs Rinteln (DKV-Kanustation) an. Nachdem das Zelt aufgebaut ist, ist es nur ein kurzer Spaziergang über die historische Weserbrücke in die kleine, aber feine Altstadt mit liebenswerter Fußgängerzone und einem sehenswerten, von viel historischem Fachwerk umringten Marktplatz. Am Abend ist das Beach Café direkt am öffentlichen Anleger hinter der Brücke genau der richtige Ort, um im Liegestuhl bei einem mexikanischen Bier oder anderem Kaltgetränk den Tag ganz relaxt ausklingen zu lassen.

Am nächsten Morgen bringen mich die ersten Paddelschläge aus Rinteln heraus. Hinter dem nächsten großen Weserbogen lasse ich die Einfahrt in den Doktorsee II links liegen. Er ist der westliche von zwei ehemaligen Kiesseen, die heute mit Bootshäfen, Badestrand und Campingplatz Erholungssuchende anlocken.

An der nächsten Straßenbrücke in Eisbergen bietet das linke Ufer eine Anlegemöglichkeit mit Picknick-Platz und Schutzhütte. Anschließend geht es an dem Naturschutzgebiet Eisberger Werder vorbei, das Heimat für zahlreiche Wasservögel ist. Kurz darauf kehre ich Niedersachsen den Rücken und erreiche die Bundeslandgrenze zu Nordrhein-Westfalen. Von der Einfahrt in den Hafen des Wassersports Club Rietberg ist es nicht mehr weit bis zur Gierseilfähre zwischen Veltheim und Varenholz. Ein Anleger findet sich rechts beim Obelisken, der an die 81 toten Soldaten eines schweren Fährunglücks während eines Manövers im Jahre 1925 erinnert. Am gegenüberliegenden Ufer gibt es eine Schutzhütte.

Gut 1,5 km weiter zieht links der Zeltplatz des Westfälischen Motorbootsportclubs Dortmund vorüber. Auf der verbleibenden Strecke bis Minden sind, insbesondere an Wochenenden, viele Motorboote unterwegs und mehre Wasserskistrecken ausgewiesen, so dass man bei der Wahl der Paddelroute etwas Aufmerksamkeit walten lassen sollte.

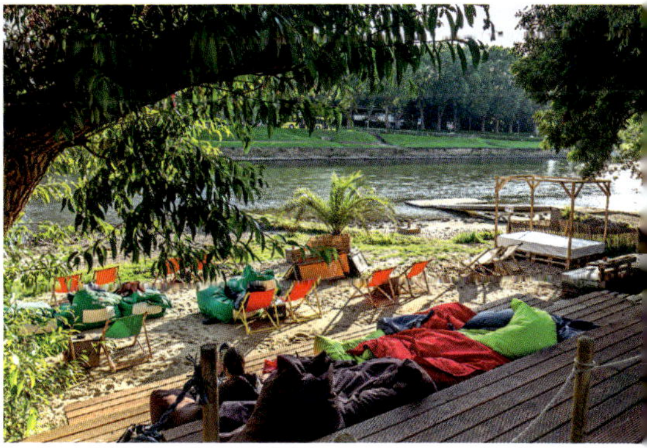

In den Sommerufern wird der Weserstrand in Rinteln zur Beach Bar

Nicht zu übersehen ist ein Stück weiter der Kühlwasserzulauf des Gemeinschaftskraftwerks Veltheim am rechten Ufer, gegenüber lässt sich am Anleger der Gaststätte Altes Fährhaus festmachen. Gut 2 km weiter stehen die ersten Wohnwagen zweier praktisch nahtlos ineinander übergehenden Campingplätze. An deren Ende, wo die Weser zur nächsten Kurve ansetzt, liegt gegenüber der dritte, deutlich kleinere Platz Naturcamp an der Weser.

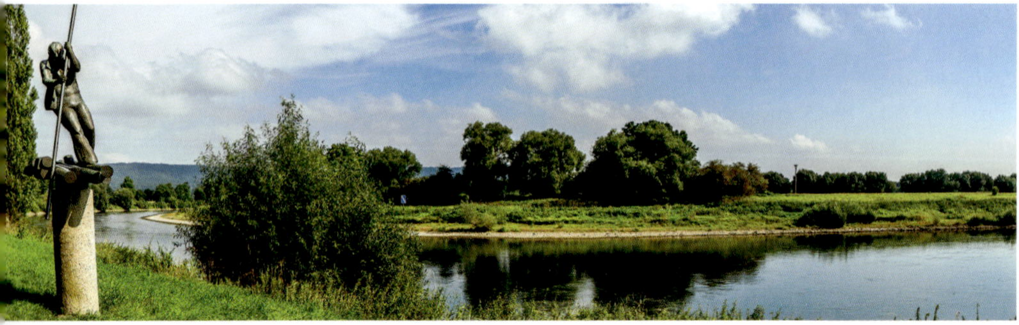

Flößerdenkmal an der Werre-Mündung in Bad Oeynhausen

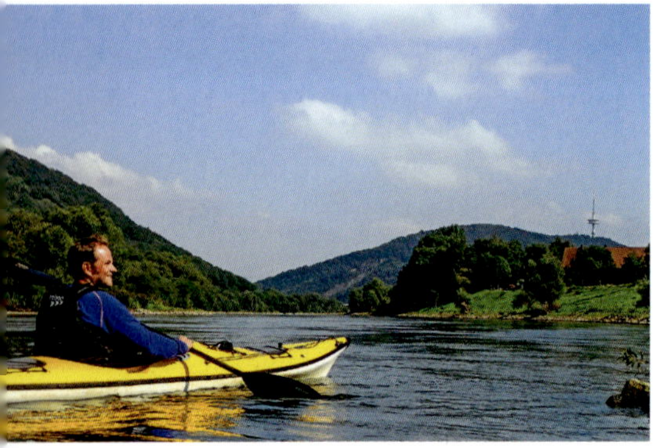

Porta Westfalica

Im Großen Weserbogen passiere ich zunächst eine Eisenbahnbrücke und knapp 2 km weiter eine Straßenbrücke. Davor liegt am linken Ufer der Kanuanleger, und durch die Fußgängerunterführung unter den Bahngleisen ist es nur ein kurzer Fußweg in die kleine, aber feine Altstadt von Vlotho.

Es folgt eine geradere Strecke, und etwa 4 km hinter Vlotho bietet der Schwimmsteg von Holtrup/Vössen die nächste Möglichkeit zum Landgang. Vor den Wohnwagen am rechten Ufer funkeln die Chromverzierungen der schnittigen Hochgeschwindigkeits-Boote, mit denen auf der vorangegangenen Wasserskistrecke im Sommer ordentlich Fez gemacht wird.

Unter der Autobahn-Doppelbrücke und wenig später einer Eisenbahn-Brücke hindurch gelange ich nach Rehm, einem Ortsteil von Bad Oeynhausen, wo hoch über dem linken Ufer der Biergarten Altes Fährhaus zur Einkehr ruft. Eine Möglichkeit zum Anlegen bietet sich aber erst ein Stück weiter am Schwimmsteg beim Gasthaus Weserhütte am Sportplatz.

Am gegenüberliegenden Ufer liegt neben der Einfahrt in den Südlichen See im großen Weserbogen die Fähre Amanda. Bei der Weiterfahrt erinnert an der Mündung der Werre (siehe Tour 5) ein Flößerdenkmal an die längst vergangene Zeit, als das entlang der Oberweser geschlagene Holz per Floß abtransportiert wurde. Etwa 800 m weiter bietet sich der Schwimmsteg am linken Ufer an, um oben auf dem schönen Rastplatz am Radweg eine Pause einzulegen.

Die Weser sucht sich nun ihren Weg in nordöstliche Richtung zur Porta Westfalica. Als letzte Höhenzüge vor dem Deich reichen von links das Wiehengebirge und von rechts das Wesergebirge bis an den Fluss. Zu Füßen des Kaiser-Wilhelm-Denkmal auf dem Wittelkindsberg geht es in die Norddeutsche Tiefebene hinein. Sowohl Weser wie auch Straße und Schiene zwängen sich durch das Nadelöhr, und quasi im Minutentakt rattern schwere Güterzüge über das rechte Ufer. Hinter dem Bahnhof liegt rechts das Vereinsgelände des WSV Porta (Zeltmöglichkeit); gegenüber bietet der Kanur-

astplatz mit Schwimmsteg & Schutzhütte eine letzte Pausenmöglichkeit vor Minden.
Jetzt beginnt der Endspurt gen Minden, und gut 1 km hinter der Straßenbrücke der B35 ist mit dem Faltboot- und Skiclub Minden (DKV-Kanustation) der erste von mehreren Kanu-Vereinen in Minden erreicht. Nachbar ist der Ruderverein, dann folgen an der Uferpromenade bei der Fußgängerbrücke der Biergarten an der Schiffmühle und das Vereinsgelände des MTV 1860 Minden.
Knapp 300 m hinter der Weserbrücke führen Treppenstufen am Ufer zu den Kanu-Vereinen TV Jahn und Kanu-Club Minden. Sie bieten den kürzesten Weg zum Bahnhof, um das Auto nachzuholen, und auch die Altstadt ist nicht weit.
Hauptsehenswürdigkeit ist der wuchtige, vom 11. bis zum 13. Jahrhundert errichtete Dom, der zu den bedeutendsten gotischen Hallenkirchen Westfalens zählt. Nur ein paar Schritte weiter steht das Rathaus aus dem 13. Jahrhundert mit sehenswertem gotischem Laubengang. Der Mindener Marktplatz mit Bauwerken aus den unterschiedlichsten Epochen von Romanik über Gotik, Weserrenaissance, Klassizismus bis hin zum Historismus und die kopfsteingepflasterten, schmalen Gassen der Ober- und Unterstadt laden am Ende einer abwechslungsreichen Paddelwoche zum Shoppen, Bummeln und Schlemmen ein.

Etappen

Hann. Münden – Gieselwerder	28 km
Gieselwerder – Höxter	40 km
Höxter – Rühler Schweiz	39 km
Rühler Schweiz – Hameln	29 km
Hameln – Rinteln	27 km
Rinteln – Minden	41 km
Gesamtstrecke: ca.	**205 km**

Befahrungsregelung:
keine Einschränkungen, es gilt die Binnenschifffahrts-Ordnung

Befahrbarkeit/Pegel: ganzjährig

Hindernisse:
Das einzige Wehr im gesamten Streckenverlauf in Hameln kann über eine Bootsgasse gefahrlos befahren werden.

Unterkunft:
Zahlreiche Campingplätze und Kanu-Vereine direkt am Weserufer. Empfehlenswerte Zeltmöglichkeiten für eine 6-Tagestour von Hann. Münden bis Minden mit gut zu bewältigenden 30-40 km-Tagesetappen sind z.B.:

1.Tag:
- Camping Oedelsheim, Tel.: 05574/94578 *www.campen-am-fluss.de*
- in Gieselwerder, Tel.: 05572/7611 *www.camping-gieselwerder.de*

2.Tag:
- Wesercamping Höxter, Tel.: 05271/2589 *www.wesercamping-hoexter.de*
- Wassersport Höxter, Tel.: 05271/2164 *www.wassersport-hoexter.de*

3.Tag:
- Campingplatz Rühler Schweiz, Tel.: 05533/2827 *www.brader-ruehler-schweiz.de*
- Campingplatz Himmelspforte, Tel.: 05533/4938 *www.camping-weserbergland.de*

4.Tag:
- Kanu Club Hameln, Tel.: 05151/24447 (Bootshaus), *www.kanu-club-hameln.de*
- Campingplatz Hameln, Tel.: 05151/67489 *www.campingplatz-hameln.de*

5.Tag:
- Rintelner Kanu-Club, Tel.: 05751/6427 (Bootshaus), *www.rkc-rinteln.de*

6.Tag:
- Kanu-Vereine in Minden: Faltboot- und Skiclub Minden, Tel.: 0571/21144 (mittwochs

16.30 - 21.00 Uhr), *www.fsm-minden.de*

- MTV 1860 Minden, Tel.: 0571/23885 *www.mtv-minden.de*
- Kanu-Klub Minden, *www.kanu-klub-minden.de*
- TV Jahn Minden, *www.jahn-minden.de*

Transfer zurück zum Einstieg:

mit dem Zug in gut 2 Stunden von Minden (Umsteigen in Hannover und Göttingen) nach Hann. Münden.

Bootsverleih:

- **Hann. Münden:** Busch Freizeit & Touristik GmbH, Tel.: 05541/12257 *www.camping-und-kanu.de*
- **Corvey (Höxter):** Krome Kanu Tel.: 05271/6946866, *www.krome-kanu.de*
- **Bad Karslhafen:** Kanu Schumacher Tel. 05675/725905, *www.kanu-schumacher.de*
- **Minden:** Bootswana, Tel.: 0571/4049398 *www.bootswana.de*

Gastronomie:

In zahlreichen Orten gibt es Einkehrmöglichkeiten direkt am Wasser, z.B. in Vaake, Gasthaus zur Fähre in Hemeln, Klostermühle in Bursfelde, Gasthaus Zum grünen Kranz in Wahmbeck, Restaurant Zum Weserdampfschiff in Bad Karlshafen, Gasthaus Zur Fähre in Herstelle, Hafenbar in Minden, Forstwirtschaft in Forst, Gasthaus Zur Weserterrasse in Polle, Strandcafé in Rühle, mehrere Restaurants an der Uferpromenade in Bodenwerder, Gasthauf Grohner Fährhaus in Grohnde, Gasthaus Tündernsche Warte in Hameln, Strandcafé in Rinteln.

Sehenswertes:

- Weserstein, alte Werrabrücke, Welfenschloss und Tillyschanze in Hann. Münden
- Deutsches Hugenottenmuseum, Aussichtsplattform Weser-Skywalk in Bad Karlshafen
- Kloster Corvey, Rathaus, St.-Kiliani-Kirche in Höxter; historische Hafenanlage, Rathaus und Marktplatz in Holzminden
- Burgruine Everstein in Polle; Münchhausen-Museum, historische Altstadt in Bodenwerder
- historische Altstadt mit Garnisonskirche, Rattenfängerhaus, Hochzeitshaus und Löwenapotheke in Hameln
- historischer Marktplatz in Rinteln
- Kaiser-Wilhelm-Denkmal in Porta Westfalica
- Schiffmühle, Dom, Rathaus, Marktplatz und Proviant-Magazin in Minden

Alternativen:

- ICF-Wesermarathon im Mai
- mehrtägige Fahrradtour auf dem Weser-Radweg, Fernwanderung auf dem Weserberglandweg
- Tierpark Sababurg
- Thermen in Bad Karlshafen und Bad Oeynhausen
- Kanutouren auf Werra, Fulda, Eder, Diemel, Werre (siehe Tour 5) oder Nethe (siehe Tour 7)
- Besucherbergwerk Kleinenbremen bei Porta Westfalica.

Auskunft:

Weserbergland Tourismus, Tel.: 05151/93000 *www.weserbergland-tourismus.de*

Buchtipps/Karten

- Tourenatlas Nr.4 Oberweser-Leine, 1:75.000, Jübermann-Verlag
- Stefan Schorr: Kanu Kompakt Weser, Thomas Kettler Verlag
- Bikeline Radtourenbuch Weser-Radweg, 1:50.000, Esterbauer
- Ulrich Tubbesing: Weserbergland. 50 ausgewählte Wanderungen, Bergverlag Rother
- Andrea Gerecke: Finales Foul (Minden-Krimi), CW Niemeyer Buchverlag

Tour 7: Nethe (Oberes Weserbergland)

Vom Ursprung in Neuenheerse südlich von Bad Driburg durchfließt die Nethe den Kreis Höxter von West nach Ost und mündet nach rund 50 km bei Godelheim von links in die Weser. Ein guter Startpunkt für eine ausgedehnte Tagestour auf der Nethe mit Weser-Finale ist das Städtchen Brakel. Die Nethe bietet alles, was einen sportlichen Kleinfluss ausmacht: Enge Kurven, den ein oder anderen spritzigen Schwall und eine flotte, z.T. fast rasante, Strömung inmitten saftig-grüner Wiesen und malerischer Hügel.

Bei Hochwasser (Pegel Ottbergen > 140 cm) können versierte Paddler schon den Oberlauf der Nethe ab Niesen in Angriff nehmen. Leichter und auch für Anfänger mit erster Paddelerfahrung geeignet ist der Unterlauf der Nethe ab Brakel. Eine gute Einsatzstelle findet sich an der Steinbogenbrücke vor dem Bootshaus der Kanuabteilung des TV Brakel (fürs Navi: Sudheim, 33034 Brakel). Sofort nach dem Ablegen hüllen uns die Bäume am Ufer in ein dichtes Grün. Der erste Eisvogel lässt nicht lange auf sich warten und schwirrt wie ein kleiner, blauer Diamant vor den Booten her.

Die Nethe ist aber nicht nur idyllisch, sondern mit ihren zahlreichen Schwällen auch aus kanusportlicher Sicht interessant, ohne wirklich gefährlich zu werden. Aufpassen, dass uns die Strömung in den engen Kurven nichts ans Ufer drückt, müssen wir aber schon, und auch die z.T. weit über das Wasser ragenden Äste der Bäume am Ufer sollten auf Abstand gehalten werden. Knapp 1 km hinter der Straßenbrücke der B64 ist auf Höhe der kreuzenden Hochspannungsleitung vor Erkeln das erste Wehr der Tour erreicht. Die Nethe rauscht nach rechts über ein Schrägwehr, das sich bei ausreichend Wasserstand gut befahren lässt. Es kann aber auch ohne großen Aufwand sowohl am rechten Ufer wie auch links über die Insel zwischen den Wehrarmen umtragen werden.

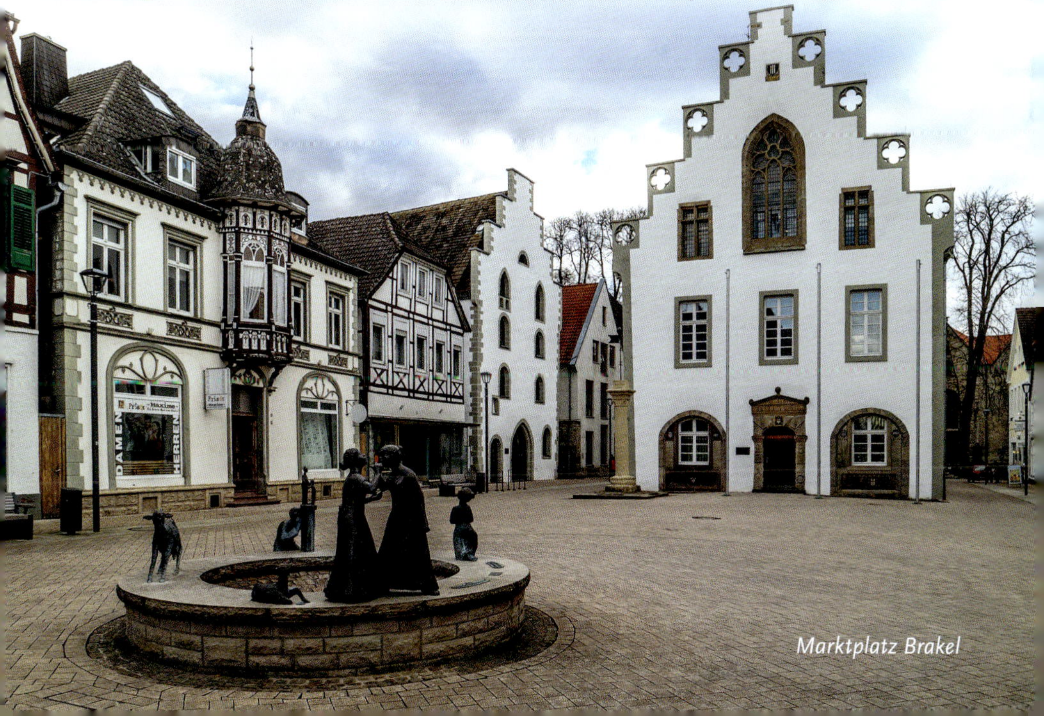

Marktplatz Brakel

Die folgende Straßenbrücke in Erkeln ist eine geeignete Einsatzstelle für Paddler, die die vorgestellte Tour um knapp 5 km verkürzen wollen. Es folgen vier hindernisfreie, windungsreiche Kilometer, bis die Nethe am Ortsbeginn von Beller nach links über ein Schrägwehr in die Tiefe rauscht. Bei guten Bedingungen können sich Geübte an der Befahrung probieren. Allerdings gilt dem Wasserstand ein besonderes Augenmerk, denn bei Hochwasser bildet sich eine gefährliche Walze. Bei Bedarf ist die Portage am linken Ufer kein Problem.

Vor der schönen Steinbogenbrücke im nächsten Ort Hembsen bietet sich am linken Ufer eine Wiese mit Rastbank zur Pause an. Danach zeigt sich die Nethe von ihrer munteren Seite und begeistert uns mit einigen kräftigen Schwällen. Hinter der Radwegbrücke wird es ruhiger. Es folgt die Staustrecke vor dem Wehr bei Bruchhausen. Noch vor dem Ort zweigt die Nethe nach links über das Wehr ab, das kurz am linken Ufer umtragen werden kann. An der folgenden Straßenbrücke kommt das Wasser vom Mühlengraben zurück und die Nethe macht sich auf den Weg nach Ottbergen. Hinter der schönen Steinbogenbrücke gibt es am linken Ufer eine hervorragende Ausstiegsstelle mit guten Parkmöglichkeiten. Ein geeigneter Endpunkt für Kanuten, denen die gesamte Strecke bis Höxter an der Weser zu weit ist. Auf der Straße sind es nur wenige Schritte vorbei am Brauereiausschank „Alte Tenne" bis zur Hauptstraße (ca. 400 m Fußweg) mit Bäckereien, Cafés und Geschäften. Noch einmal 300 m die Straße weiter ist der Bahnhof zu finden.

Nachdem wir dem Ort den Rücken gekehrt haben, führt uns die Nethe durch Wiesen vorbei am Pegel Ottbergen unter der Eisenbahnbrücke

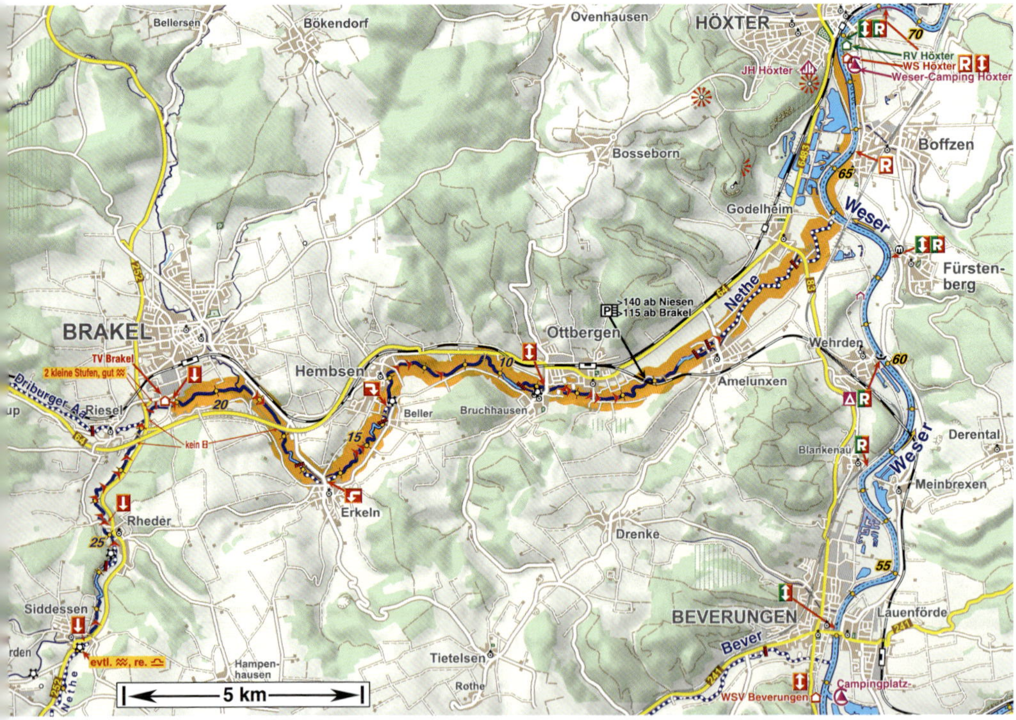

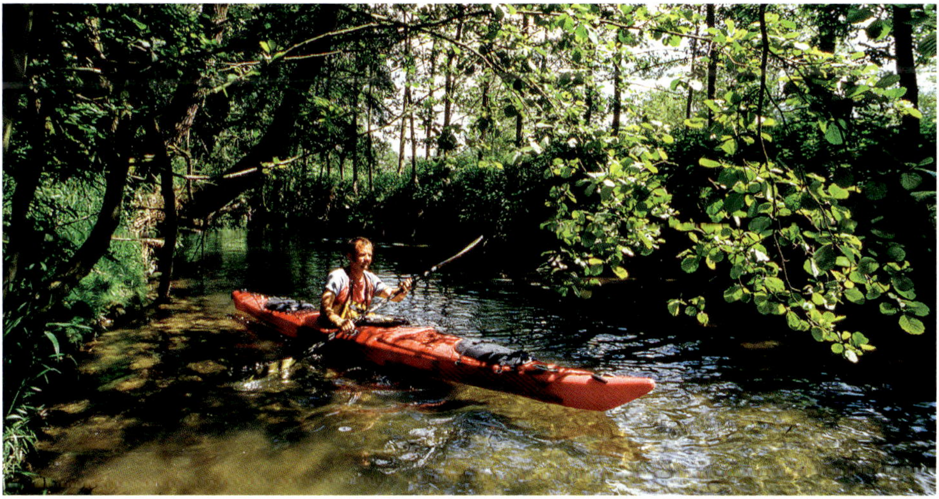

Symphonie in Grün auf der Nethe

hindurch und es folgt ein schönes Waldstück.
Der bald beginnende Stau kündigt das vorletzte Wehr der Tour in Amelunxen an. Wie bei seinen Vorgängern entscheidet der Wasserstand über die Befahrbarkeit. Bei ausreichend Wasser könnten wir mittig gut über die Schräge rutschen, doch bei niedrigem Wasserstand heißt es: an der Kante anlegen und das Boot kurz überheben; geradeaus in den Mühlengraben sollte man dagegen nicht einfahren.
Etwa 300 m hinter dem Wehr warten unter der Steinbogenbrücke zwei jeweils 50-70 cm hohe Stufen. Hier halten wir uns links, denn ganz rechts findet sich ein nicht fahrbarer Fischaufstieg. Bei ausreichendem Wasserstand stellen die Stufen kein Problem dar; wenn sie bei Niedrigwasser trockenfallen, müssen die Boote kurz übergehoben werden. Direkt dahinter wird das Wasser aus dem Mühlengraben von rechts der Nethe wieder zurückgegeben.
Hinter Amelunxen paddeln wir durch einen recht dichten Wald. Kurz nachdem sich die Landschaft wieder öffnet und die Nethe durch Wiesen verläuft, ist das unbefahrbare Wehr in Godelheim erreicht. Etwa 50 m vor dem Wehr setzen wir noch vor dem Schwimmbalken am rechten Ufer aus und schleifen das Kajak über einen Trampelpfad ins Unterwasser. Die Böschung hinab zum Wasser ist sehr steil und überall liegt Müll herum. Insgesamt ist es hier wenig einladend. Wir sehen zu, möglichst schnell weiter zu kommen.
Auch die Nethe scheint es jetzt eilig zu haben, sich mit der Weser zu vereinen, und rauscht mit munteren Schwällen nach Nordosten. Doch zu früh gefreut. Theoretisch ist der letzte Abschnitt hindernisfrei, doch gilt dies nur für wasserwirtschaftliche Bauwerke, nicht für natürliche Hindernisse. Kurz vor der Mündung in die Weser haben mehrere umgestürzte Bäume sich so ineinander verheddert, dass sie den Fluss in seiner vollen Breite versperren und das angespülte Treibgut sich in den Ästen verfangen hat. Eine undurchdringliche Barrikade, die weder unter- noch überfahren werden kann.
Zeit für eine artistische Einlage. Da die Ufer sich nicht zum Umtragen eignen und die Nethe recht tief ist, balancieren wir, begleitet vom lustigen Klimpern leerer Bierbuddeln, uns und die Kajaks über die Baumstämme. Ohne un-

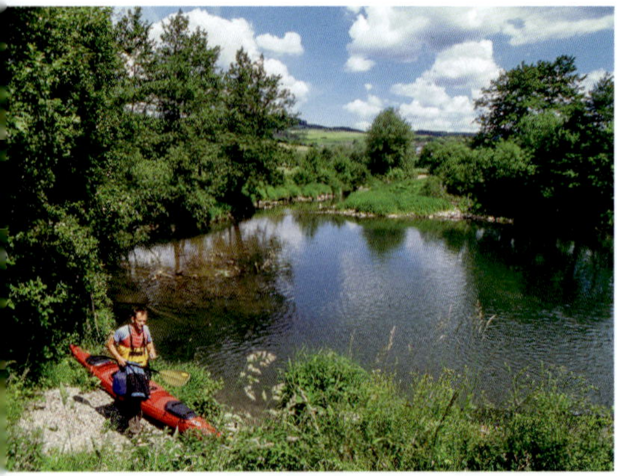

Das Wehr in Bruchhausen ist eines der ingesamt fünf Wehre

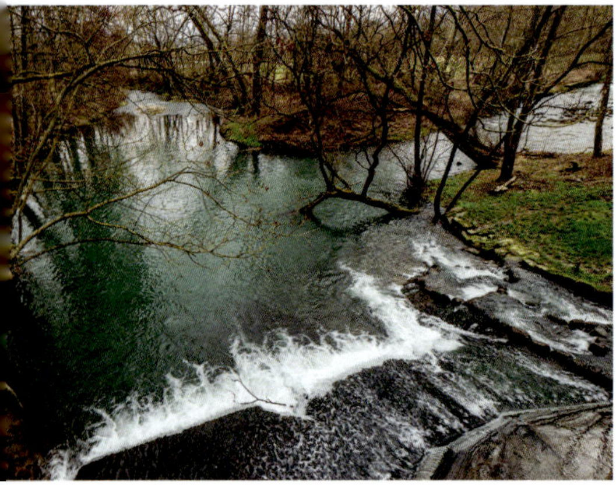

Stufe unter der Brücke hinter dem Wehr in Amelunxen

gewollt nasse Füße zu bekommen, erreichen wir die Weser bei Flusskilometer 64, und die rasche Strömung trägt uns fast von selbst die letzten 3,5 km bis Höxter, wo wir vor der Brücke zur Altstadt am rechten Ufer nacheinander die Anleger von Campingplatz, Wassersportverein Höxter und Ruderverein erreichen. Letzterer bietet sich für den kürzesten Weg über die Brücke zum Bahnhof an, um die Autos aus Brakel nachzuholen.

Etappen	
Brakel – Höxter (Weser)	ca. 33 km

Befahrungsregelung:
Oberhalb der beschriebenen Einstiegsstelle sind nur Gruppen mit maximal sechs Booten erlaubt. Auf den letzten drei Kilometern vor der Mündung (ab der Straßenbrücke der B83) gilt ein Uferbetretungsverbot. Fahrten entgegen der Strömung sind untersagt.

Befahrbarkeit/Pegel:
Für eine Befahrung ab Brakel sollte der Pegel Ottbergen mindestens 115 cm betragen. Das ist in der Regel von Mitte November bis Anfang Mai der Fall.

Hindernisse:
Auf dem beschriebenem Abschnitt ist die Nethe mit fünf Wehren verbaut, ein Teil davon ist bei gutem Wasserstand fahrbar, es sind aber auch alle Wehre leicht und kurz zu umtragen. Bei Niedrigwasser ist hinter den Wehren der Wasserstand auf 200–300 m oft nicht ausreichend, sodass getreidelt werden muss. Auf der gesamten Strecke ist darüber hinaus mit umgestürzten Bäumen zu rechnen, die eventuell eine zusätzliche Portage erforderlich machen.

Unterkunft:
- Zeltmöglichkeit am Bootshaus des TV Brakel nach Anmeldung, Tel.: 05272/9104 *www.tvbrakel.de*
- DKV-Kanustation des WS Höxter (Zeltplatz, Übernachtungszimmer im Bootshaus und Matratzenlager für Gruppen) Tel.: 05271/2164, *www.wassersport-hoexter.de*
- Campingplatz Höxter, Tel.: 05271/2589 *www.campingplatz-hoexter.de*

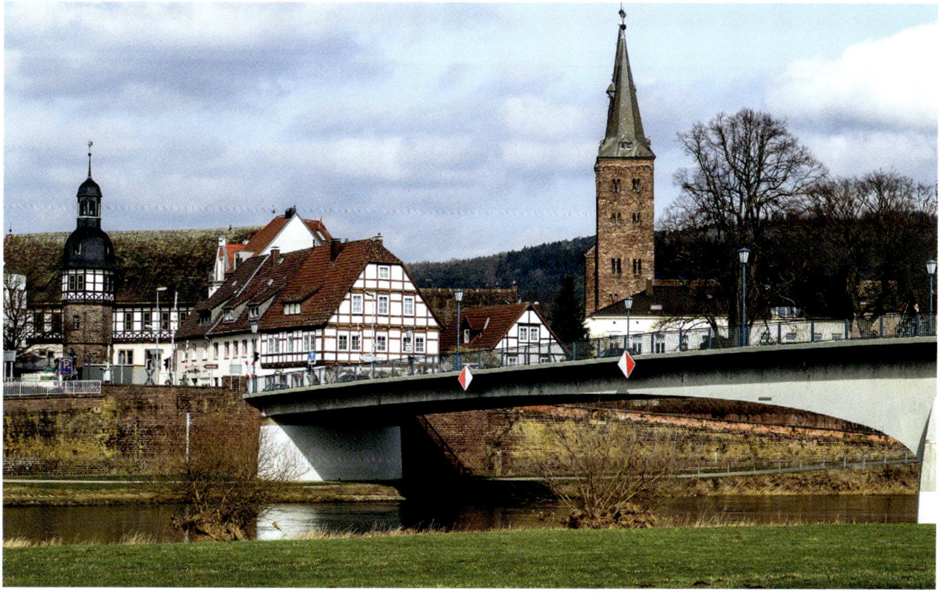

Die letzten Kilometer auf der Weser bis Höxter sind schnell geschafft

Transfer zurück zum Einstieg:
Die NordWestBahn bedient die Strecke von Höxter über Ottbergen nach Brakel im Stundentakt. Aktuelle Fahrplaninfos unter
www.nordwestbahn.de

Bootsverleih:
Weser-Erlebnis in Bodenwerder/Weser
Tel.: 05533/408464, *www.weser-erlebnis.de*

Gastronomie:
Gaststätte „Alt Brauxen" in Bruchhausen; Brauerei-Ausschank „Alte Tenne" in Ottbergen

Sehenswertes:
- Altstadt von Brakel mit Marktplatz, Rathaus, St. Michaels-Kirche, Wallanlage und Kapuzinerkirche mit ehemaligem Kloster
- Wiemersmeyerscher Hof und Privatbrauerei Meierhof in Ottbergen, Rathaus, St.-Kiliani--Kirche und Fachwerkbauten in der Altstadt von Höxter
- Kloster Corvey

Alternativen:
- Wandern auf einem der zahlreichen lokalen, gut ausgeschilderten Wanderwege (z.B. 6 Touren zwischen 12 km und 24 km in Brakel)
- Radfahren auf dem Nethe-Radweg (65 km von Bad Driburg bis Höxter) oder einem der vielen weiteren markierten Radwege
- Mountainbike-Touren im nahegelegenen Naturpark Solling; Kanufahren auf der Weser
- Badesee an der Freizeitanlage Höxter--Godelheim
- Therme in Bad Driburg
  www.driburg-therme.de

Buchtipps/Karten

- Tourenatlas Nr.4 Oberweser-Leine, 1:75.000, Jübermann-Verlag
- 3in1-Reiseführer Kulturland Kreis Höxter mit ausgewählten Rad- und Wandertouren

Tour 8: Lippe I: Paderborn-Sande – Lippstadt (Ostwestfalen-Lippe)

Die Lippe entspringt westlich des Eggegebirges bei Bad Lippspringe und strömt als typischer Flachlandfluss zwischen Münsterland und Ruhrgebiet in westliche Richtung, um bei Wesel in den Rhein zu münden. Dank umfangreicher Renaturierungsmaßnahmen begeistert der einst stark begradigte Flusslauf heute wieder mit unzähligen, abwechslungsreichen Flussschlingen in einer reizvollen Auen- und Wiesenlandschaft mit schönen Kiesbänken und einer vielfältigen Wasservogelwelt aus Reihern, Haubentauchern und Blässhühnern.

Verglichen mit anderen beliebten Paddelrevieren ist das Angebot an Einkehr- und Übernachtungsmöglichkeiten direkt am Ufer aber nicht besonders gut ausgebaut, was eine durchgehende Befahrung des mit 220 km längsten Flusses in NRW zwar nicht unmöglich, aber schwierig macht. Dieser Kanuführer stellt daher drei besonders lohnende Tagestouren vor.

Den Auftakt macht der spritzige Oberlauf mit flotter Strömung, vielen kleinen und größeren Schwällen oder Schnellen und mehreren, von erfahrenen Fahrern gut zu bewältigenden Wehren. Bei Bedarf sind die Hindernisse auch ohne großen Aufwand zu umtragen. Wer die sportliche, über 30 km lange Etappe vom Ausfluss aus dem Lippesee in Paderborn-Sande bis nach Lippstadt nicht in einem Rutsch bewältigen möchte, kann nach gut 18 km bei den Kanuten vom TUS Mantinghausen das Zelt aufschlagen und die Strecke ganz gemütlich an zwei Tagen paddeln.

Die fast 150.000 Einwohner zählende Stadt Paderborn war Kaiser-, Bischofs- und Hansestadt und ist seit 1614 Hochschulstandort. Vor oder nach der Paddeltour unbedingt zu empfehlen ist daher ein Stadtrundgang durch die sehenswerte Innenstadt mit vielen historischen Zeugnissen. Der Domplatz mit dem mächtigen,

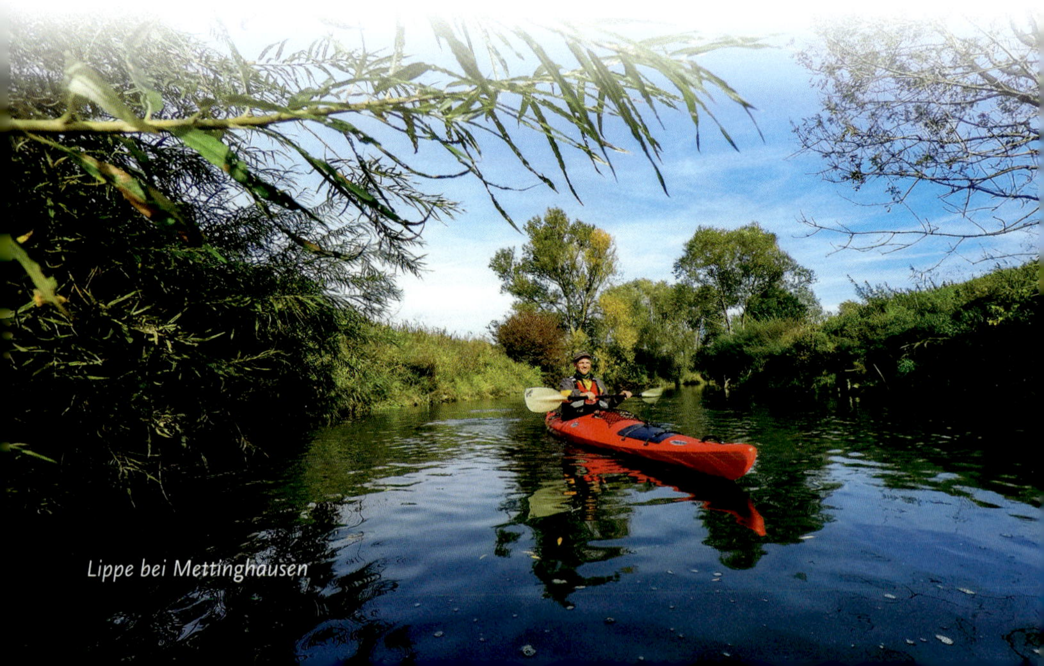

Lippe bei Mettinghausen

dreischiffigen Dom aus dem 11.-13. Jahrhundert bildet den Mittelpunkt der Altstadt, und sein 94 m hoher Westturm gilt als Wahrzeichen der Stadt. An der Nordseite des Doms finden sich die Grundmauern der karolingischen Kaiserpfalz und dahinter die rekonstruierte ottonisch-salische Kaiserpfalz aus dem 11. und 12. Jahrhundert. Unterhalb des Doms entspringt die Pader -mit nur 4 km der kürzeste Fluss Deutschlands- aus über 200 Quellen; Quellgebiet und Paderaue wurden nach dem Zweiten Weltkrieg als grüner Erholungsbereich mitten in der Stadt angelegt. Südwestlich des Doms steht in der Fußgängerzone das dreigiebelige Rathaus im Stil der Weserrenaissance.

Eine weitere bedeutende Sehenswürdigkeit auf dem Weg von Paderborn nach Sande ist Schloss Neuhaus, das ehemalige, vom 13.-16. Jahrhundert erbaute Wasserschloss der Fürstbischöfe.

Der früher in Paderborn-Sande gerne genutzte Einstieg an der Sennelagerstraße unterhalb der Staumauer am Ende des Lippesees sollte aufgrund der begrenzten Parkmöglichkeiten nicht mehr verwendet werden. Als neue Einsatzstelle ist der große Parkplatz am Dorfplatz in Sande ausgewiesen.

Einen Steg kann ich dort aber nicht entdecken, und so schiebe ich das Kajak kurzerhand an der flachen Uferböschung hinter dem Kieswerk in den Lippesee. Die rund 90 ha große Wasserfläche ist aus mehreren Kiesseen zusammengewachsen und heute ein beliebtes Wassersportrevier. Das Schließen der Spritzdecke kann ich mir allerdings sparen, denn schon nach wenigen Paddelschlägen (ca. 500 m) ist das Wehr vor der Straßenbrücke am Lippeauslass erreicht und muss kurz umtragen werden.

Anschließend wird es mit einem Schlag grün und die erste, kleine Sohlschwelle lässt nicht lange auf sich warten. Knapp 2 km weiter rauscht, vor einem landwirtschaftlichen Steg bei dem hohen Windrad auf dem Gelände der Kläranlage am linken Ufer, die nächste Schwelle.

Die flotte Strömung nimmt mich zügig mit, und knapp einem Kilometer weiter weist ein Schild auf die nächste Sohlschwelle vor der Straßenbrücke zwischen Bentfeld und Heddinghausen hin. Auch sie stellt bei normalem Wasserstand keine große Herausforderung dar. Nächste Kurve, nächster Schwall, dann bleibt es längere Zeit hindernisfrei, und die flotte Strömung schiebt mich durch einen engen Weidentunnel. Die nächste Stufe ist hinter der Anrepper Brücke erreicht.

Schon die Römer haben die Lippe genutzt, und 1968 wurde hier am linken Ufer das Römerlagen Anreppen entdeckt und während umfangreicher, langjähriger Ausgrabungen durch das Westfälische Museum für Archäologie freigelegt. Die eindrucksvollsten Funde sind im Römermuseum in Haltern am See zu bewundern, vor Ort informiert ein archäologischer Lehrpfad über die Gegebenheiten. Den Besuch muss ich allerdings auf später verschieben, da man aufgrund der Naturschutzbestimmungen an der Lippe nur an den offiziellen Kanuanlegern ein- und aussteigen darf.

Die Landschaft präsentiert sich nun offener, und ein Graureiher hält Ausschau nach Beute im glasklaren Wasser. Die nächste Minischwelle ist an der Fußgängerbrücke bei Boke erreicht, knapp 200 m in nördliche Richtung vom Ufer erhebt sich die wehrhafte Pfarrkirche St. Landolinus. Zur Besichtigung der romanischen Gewölbebasilika aus dem 12. Jahrhundert muss ich aber erst noch etwa 700 m weiter paddeln bis zum offiziellen Kanuanleger am Prallhang in einer scharfen Linkskurve.

Die zwei bis drei kleinen Schwälle hinter der nächsten Straßenbrücke zwischen Boke und Ringboke sind kaum der Erwähnung wert, und vorübergehend schließen sich die Weiden wieder zu einem grünen Tunnel, bevor die Ufer wieder freier werden und sich die Lippe als von

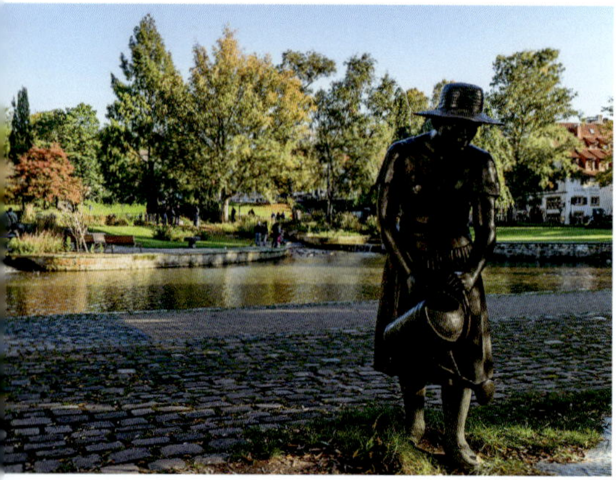

Stadtpark Paderquellen

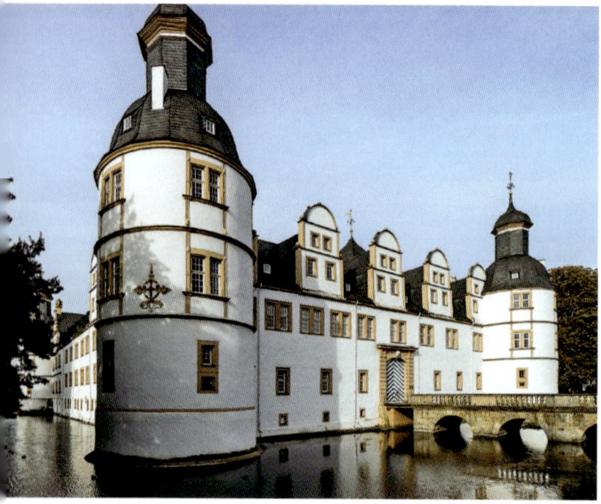

Schloss Neuhaus

Pappeln und Weiden gesäumtes Band durch Maisfelder schlängelt.

Gut 3 km weiter weist ein Schild am rechten Ufer auf das Naturschutzgebiet „Hederaue mit Thüler Moorkomplex" hin, und über die Kiesinsel im Fluss hinter der nächsten Biegung stolzieren Gebirgsstelze und Flussregenpfeifer. Einen halben Kilometer weiter mündet dann von links die namensgebende Heder. Die Lippe ist jetzt etwas breiter als zu Beginn der Tour und entlang der Ufer sind immer wieder schöne Sandabbrüche zu beobachten.

Gut 2 km hinter der Hedermündung warnt ein Schild vor dem alten Stauwehr in Mantinghausen. Links und rechts am Ufer gibt es zwar Trampelpfade, aber die Stufe ist nicht wirklich hoch, und geübte Paddler sollten das Hindernis in der Regel mittig ohne Probleme befahren können. Bei höherem Wasserstand gilt aber: Unbedingt anschauen!

Ein Stückchen weiter zieht in einer Rechtskurve das Bootshaus der Ski- und Kanufreunde Geseke am rechten Ufer vorüber, und an der folgenden Straßenbrücke zwischen Mantinghausen und Verla rauscht das Wasser über eine kräftige, aber harmlose Schwelle.

Knapp 700 m weiter kann man am rechten Ufer den kleinen Sandstrand unterhalb der steilen Böschung ansteuern, wenn man beim TUS Mantinghausen (DKV-Kanustation) das Zelt aufschlagen möchte, um die Tour auf zwei Tagesetappen aufzusplitten. Das Vereinsgelände liegt etwa 300 m vom Ufer entfernt, und obwohl das Gelände groß ist wie ein Fußballfeld, kann es an verlängerten Wochenenden wie Fronleichnam eng werden, denn der rustikale und super-gemütliche Zeltplatz ist als Basislager für Lippetouren bei Paddlern aus der näheren wie auch ferneren Umgebung beliebt.

Zurück im Boot warnt nicht einmal einen Kilometer weiter ein Schild vor dem ehemaligen Stauwehr in Mantinghausen. Es sollte vor der Befahrung unbedingt besichtigt werden, da sich bei Hochwasser ein starker Rücklauf bildet. Ist der Wasserstand ok und die Spritzdecke geschlossen, sollten versierte Paddler aber keine Probleme mit der mittigen Durchfahrt haben. Umtragen lässt sich das Hindernis auf der rechten Seite, die Ufer sind allerdings recht steil.

Etwa 500 m weiter mündet von links der Brandenbäumer Bach, und noch einmal gut 1 km weiter ist die Straßenbrücke zwischen Garfeln und Rebbeke erreicht. Rechts dahinter bietet der Kanuanleger eine gute Möglichkeit zur Pause.

1 km hinter der Straßenbrücke liegt das ehema-

lige Stauwehr Rebbeke, dass sich wie die vorangegangen Wehre mittig fahren lässt. Es ist allerdings recht steinig, und bei wenig Wasser ist etwas Materialeinsatz erforderlich.

Es folgt erst eine Fußgänger- und Radfahrerbrücke, dann die Straßenbrücke zwischen Hörste und Mettinghausen. Direkt dahinter liegt das nicht mehr aufgestaute Wehr und am rechten Ufer der Bootsanleger. Viele Kanuvermieter nutzen diese gute Einsatzstelle und schicken ihre Kunden von hier aufs Wasser. Im folgenden Abschnitt üben daher viele Paddelnovizen das Geradeausfahren, und Leihcanadier dengeln wie Flipperkugeln von Ufer zu Ufer.

Etwa 2,5 km weiter ist die neu angelegte Sohlschwelle bei Esbeck erreicht, die vorher im Abstand von 200m und 80m durch Schilder angekündigt wird. Das ehemalige Wehr ist komplett abgerissen, und auf einer Länge von etwa 200 m ragen abwechselnd vom linken und rechten Ufer lange Dämme aus groben Steinblöcken quer in die Lippe. Die leichte Kurvenfahrt ist nicht besonders schwierig und macht sogar richtig Spaß. Wer möchte, kann die Schwallstrecke aber auch am linken Ufer umtragen.

Die Strömung nimmt nun bis Lippstadt immer weiter ab. An der Straßenbrücke zwischen Lipperode und Esbeck beziffert der Wegweiser am Radweg auf dem Ufer die verbleibende Strecke bis Lippstadt auf 3 km. Dahinter versteckt sich am rechten Ufer die Burgruine Lipperode zwischen den Bäumen. Die Lippe ist nun etwa 15 m breit. Auf dem Wanderweg rechts nimmt die Zahl der Spaziergänger zu und auf dem Wasser tummeln sich vermehrt Enten und Schwäne.

Den Endspurt läutet dann die Lippebrücke der B55 ein. Gut 500 m weiter empfängt mich nach dem Unterfahren erst der Eisenbahn- und direkt im Anschluss der Fußgängerbrücke die idyllische Parklandschaft „Grüner Winkel".

Nicht einmal 400 m weiter zweigt nach links unter der Fußgängerbrücke hindurch die Alte

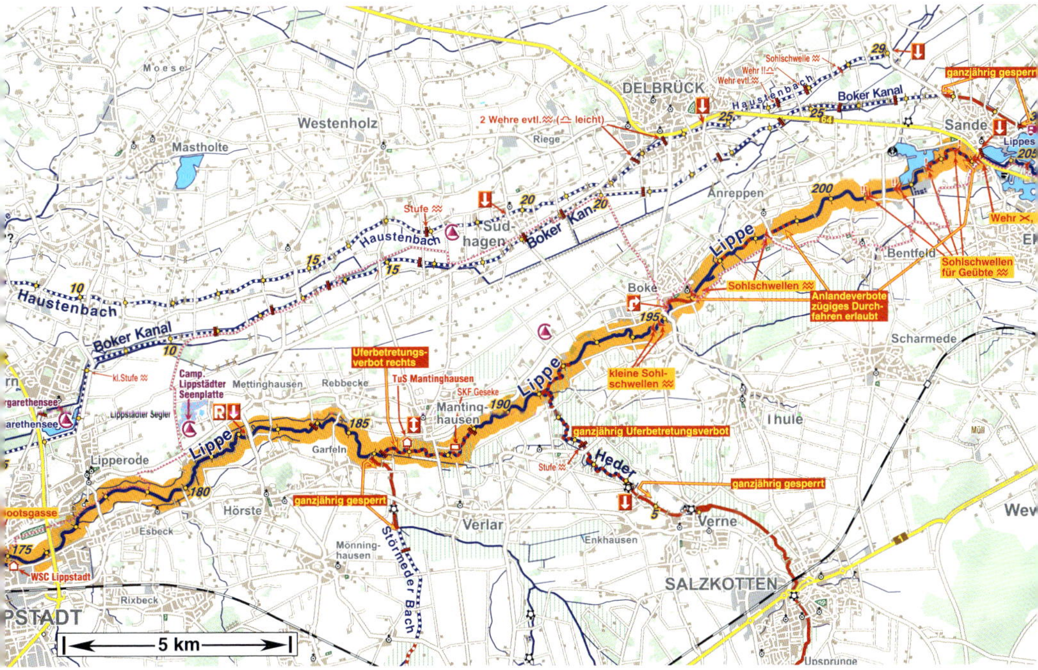

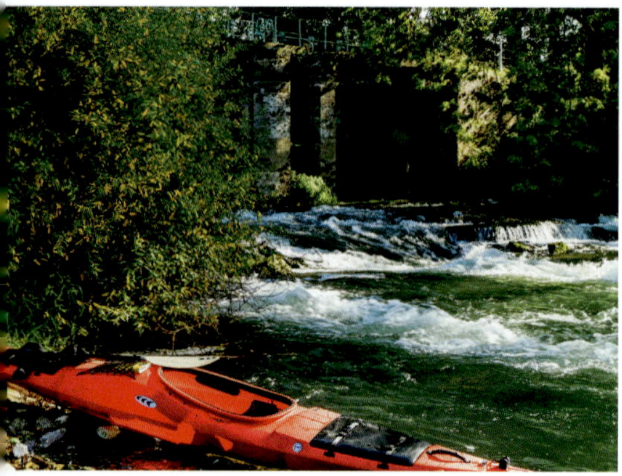

Wehr bei Mettinghausen

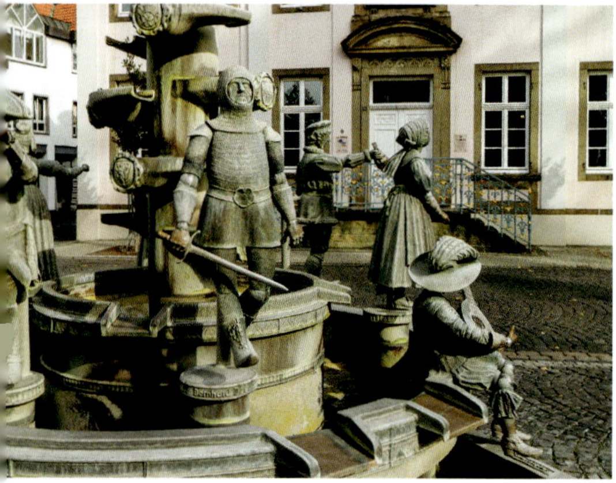

Bürgerbrunnen Lippstadt

Lippe ab, und in etwa 200 m Entfernung weisen die Slalomstangen im Fluss unmissverständlich auf das Vereinsgelände des WSC Lippstadt am linken Ufer hin, wo DKV-Mitglieder nach Voranmeldung das Zelt oder einen Wohnwagen aufstellen können.

Für das Anlegen am öffentlichen Kanuanleger fährt man weiter geradeaus und folgt dann vor der folgenden Gabelung beim Wehr (geradeaus im Mühlenarm liegt die Wildwasserslalom-Strecke) gegenüber von der Einmündung der Alten Lippe dem Wegweiser „Kanuausstieg" nach rechts in die Nördliche Umflut.

Es geht unter einer Fußgängertreppe hindurch bis zum Kiskerwehr, wo man die Fahrt am linken Ufer beenden (Parkplatz Kuhmarkt, fürs Navi: Lippertor, 59555 Lippstadt) und auf kurzem Weg durch die Fußgängerzone zum Bahnhof laufen kann. Wer noch etwas Power in den Armen hat und das „Venedig Westfalens" gerne auf dem Wasserweg durchqueren möchte, kann das Wehr über die Bootsgasse auf der linken Seite befahren und dann auf der nördlichen Umflut für etwa 1,5 km weiter paddeln. Obwohl man mitten in der Stadt unterwegs ist, ist es schön grün. Am Ende, kurz bevor die nördliche Umflut wieder auf die Lippe trifft, bietet der Kanuanleger am linken Ufer bei dem großen Park- und Wohnmobilstellplatz (Bückeburger Straße, 59555 Lippstadt) eine gute Möglichkeit, die Tour zu beenden.

Etappen
Paderborn-Sande – Lippstadt ...ca. 31 km

Befahrungsregelung:
Im beschriebenen Abschnitt dürfen die Ufer aus Naturschutzgründen vielerorts nicht betreten werden und der Ein- bzw. Ausstieg ist nur an den offiziellen Kanuanlegern gestattet.

Befahrbarkeit/Pegel: ganzjährig

Hindernisse:
Die Staumauer am Ende des Lippesees muss kurz umtragen werden, mehrere fahrbare Schwälle und Sohlschwellen, die Wehre vor und hinter Mantinghausen, das ehemalige Stauwehr in Rebbeke, das Wehr in Mettinghausen sowie die neue Sohlrampe bei Esbeck sind bei normalem Wasserstand und etwas Bootsbeherrschung fahrbar oder können kurz umtragen werden.

Unterkunft:

- Freizeit- u. Wohnpark am Lippesee am Lippesee-Nordufer, Tel.: 05254/10638 *www.lippesee-camping.de*
- Zeltwiese beim TuS Mantinghausen (DKV Kanustation), Tel.: 02948/9497541 (Bootshauswart Martin Drexelius) *www.tus-mantinghausen.de*
- Campingwiese für Zelte, Wohnwagen und Wohnmobile beim WSC Lippstadt (DKV Kanustation), Tel.: 0170/7794342 *www.wsc-lippstadt.de*

Transfer zurück zum Einstieg:

Mit dem Zug problemlos von Lippstadt nach Paderborn. Vom Hauptbahnhof mit der Linie 8 (Richtung Gesseln) bis Schloss Neuhaus und weiter mit Bus 58 nach Paderborn-Sande. Fahrtzeit gesamt ca. 1 Stunde 15 Minuten.

Bootsverleih:

- Sande: Tel.: 05254/10638 *www.lippesee-camping.de*
- Lippstadt: Gaman Kanus, Tel.: 02941/79939 *www.gamann-kanus.de*
- Kanutouren Deppe, Tel.: 02941/922490 *www.kanutouren-deppe.de*

Gastronomie:

keine Einkehrmöglichkeit direkt am Ufer
Restaurant Zum Schwanenkrug in Delbrück (ca. 500 m vom Anleger)

Sehenswertes:

- Rathaus, Dom und Innenstadt in Paderborn
- Residenzschloss Neuhaus
- Römerlager Anreppen
- Bürgerbrunnen, Marienkirche und Heimatmuseum in Lippstadt

Alternativen:

- Stadtrundgang in Paderborn
- Rundwanderung bei Lippstadt auf dem Lippeauenweg (11 km) oder Graf Bernard Weg (13 km); Klettern im PaderKletterPark oder der Kletterhalle XI.Grad
- Inlineskaten im Paderborner Land mehrtägige Radwanderung auf der Römer-Lippe-Route (>400 km von Hermannsdenkmal bis Xanten, www.roemerlipperoute.de)
- 70 km Radtour auf dem Radweg Auenland an Lippe und Ahse *www.naturerlebnis-auenland.de*
- Lippstädter Kombibad Cabrioli (Hallenbad mit Schiebedach und Außenbecken)

Auskunft:

- Touristinformation Paderborn Tel.: 05251/882980, *www.paderborn.de*
- Stadtinformation Lippstadt Tel.: 02941/58515, *www.lippstadt.de*

Buchtipps/Karten

- Stefan Schorr: Kanu Kompakt Lippe, Thomas Kettler Verlag
- TourenAtlas TA3 (Rhein-Mosel), 1:75.000 Jübermann Verlag
- Gewässer-und Radkarte Lippe, 1: 75 000, Jübermann-Verlag
- Jürgen Reitemeier & Wolfram Tewes: Schweinebande: Ein Westfalenkrimi, Piper Taschenbuch

Tour 9: Lippe II: Werne-Stockum – Lünen-Beckinghausen (Westfalen-Lippe)

Der zweite Tourenvorschlag für die Lippe stellt einen einfachen, absolut anfänger- und familientauglichen Abschnitt auf dem landschaftlich besonders reizvollen Mittellauf bei Werne vor. Unterwegs will nur eine kurze Portage über Land am Wehr bei Evenkamp gemeistert werden, ansonsten gibt es viel Grün, denn die Lippe mäandert einsam in weiten Schleifen durch verschiedene Naturschutzgebiete. Abseits des Wassers warten die sehenswerten und gemütlichen Innenstädte von Werne und Lünen auf einen Besuch.

Los geht es heute beim Schützenverein in Stockum, einem Ortsteil im Osten von Werne (fürs Navi: Werthweg, 59368 Werne). Vom großen Parkplatz ist es nur ein kurzer Weg über die Treppen am Deich und das Vereinsgelände bis zur Einstiegsstelle. Auf den letzten Metern des idyllischen Mühlenkanals schiebe ich das Kajak ins Wasser und erreiche gleich nach dem Ablegen die Lippe.

Sie gibt sich von Beginn an grün und sucht sich mit weiten Windungen den Weg nach Westen. Im Spätsommer fahren die Traktoren hinter dem Deich die Ernte ein, und es sind unzählige Schwäne, Reiher und Nonnengänse auf dem Wasser und entlang der Ufer zu beobachten. Selbst die beiden Kraftwerke - im Rücken wird im Kraftwerk Gersteinwerk Erdgas verstromt, voraus am Horizont wird im Gemeinschaftskraftwerk Bergkamen Strom aus Steinkohle produziert - die ihre schweren, weißen Wasserwolken in den blauen Himmel pusten, stören die Idylle kaum

Gut 2,5 km nach dem Start in Stockum unterfahre ich die Autobahnbrücke der A1, und bald ziehen am rechten Ufer die hübsch herausgeputzten Wohnhäuser am östlichen Ortsrand von Werne vorüber. Scheinbar jedes Wasser-

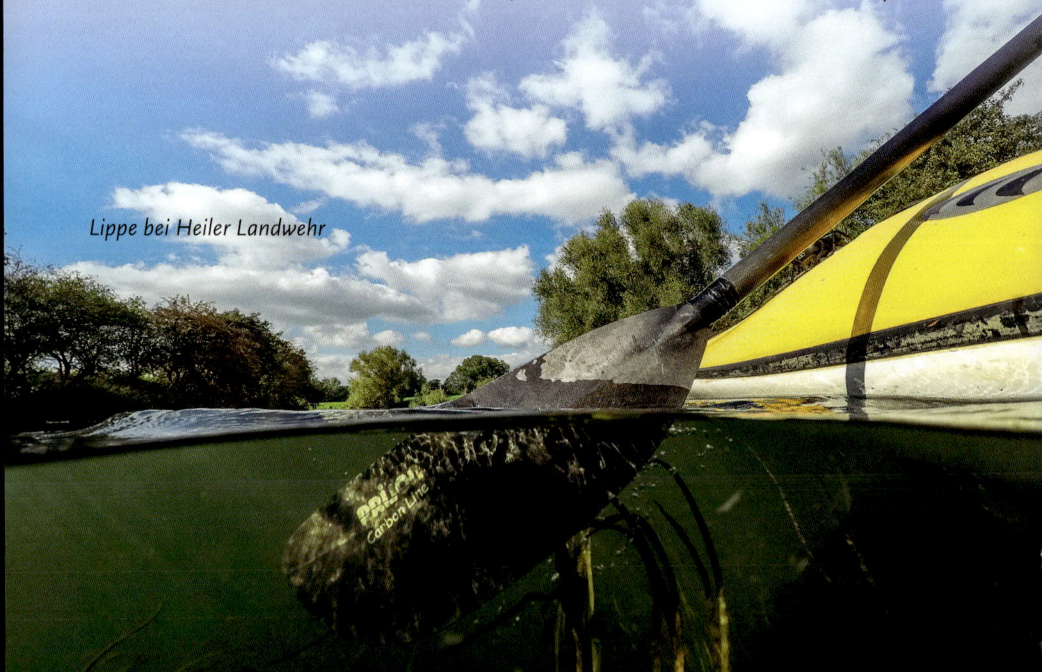

Lippe bei Heiler Landwehr

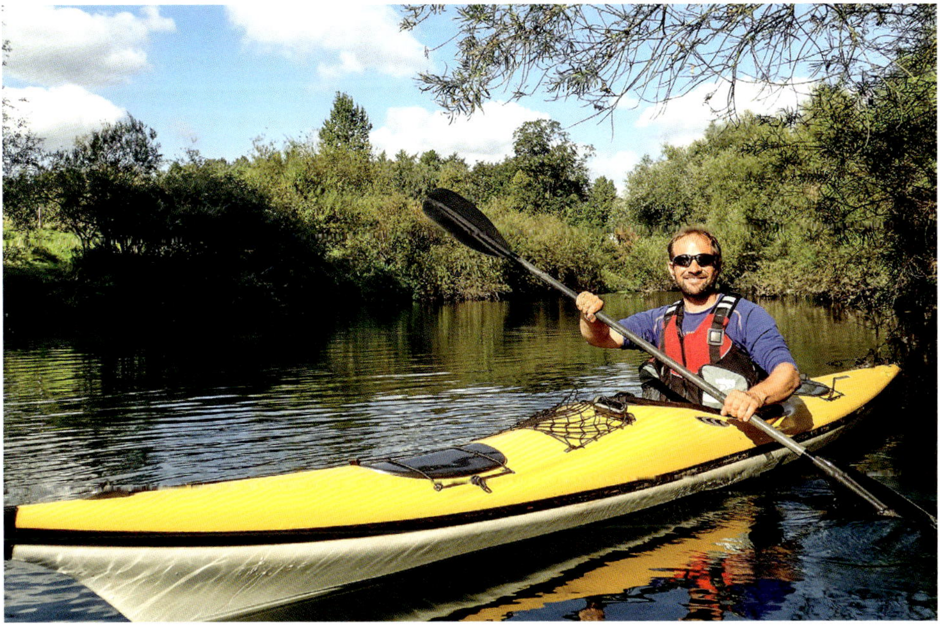

Lippeauen hinter Werne

grundstück verfügt über einen eigenen Steg. Hinter der nächsten Flusskurve steuere ich die Betontreppe am rechten Ufer an, denn ein Schild verbietet das Befahren des Schrägwehrs in Evenkamp. Die Portage ist kurz, und gleich hinter dem Wehr lassen sich die Boote am flachen Ufer ins Unterwasser schieben.

Kühe blicken mir in der ihnen eigenen, stoischen Gelassenheit hinterher, als ich die Tour fortsetze. Hinter dem nächsten Brückendoppel aus Eisenbahn- und anschließender Straßenbrücke könnte man an der Spundwand beim Lattenpegel ans linke Ufer klettern, um oben im Discounter den Proviant aufzufüllen. Auf der Straße nach rechts in nördliche Richtung wäre es ein etwa 1,5 km langer Spaziergang bis ins Zentrum von Werne. Da das erste Drittel der Strecke wenig gemütlich auf einem Gehweg neben der stark frequentierten Straße verläuft, spare ich mir den Stadtrundgang durch das sehenswerte Städtchen kurzerhand für den Abend

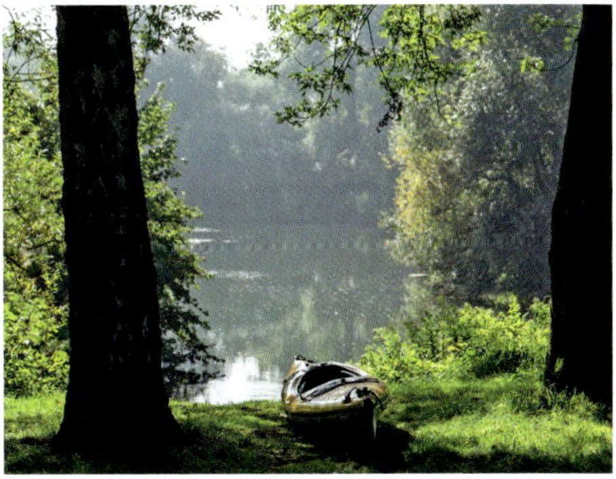

Einstieg Stockum

auf. Missen sollte man die Stippvisite aber nicht, denn neben vielen mittelalterlichen Gebäuden locken in der 30.000-Einwohner-Stadt eine kleine, aber feine Fußgängerzone zum Einkaufsbummel und unzählige Cafés, Kneipen und Restaurants, um die Paddeltour gemütlich ausklingen zu lassen.

Gut einen Paddelkilometer hinter der erwähn-

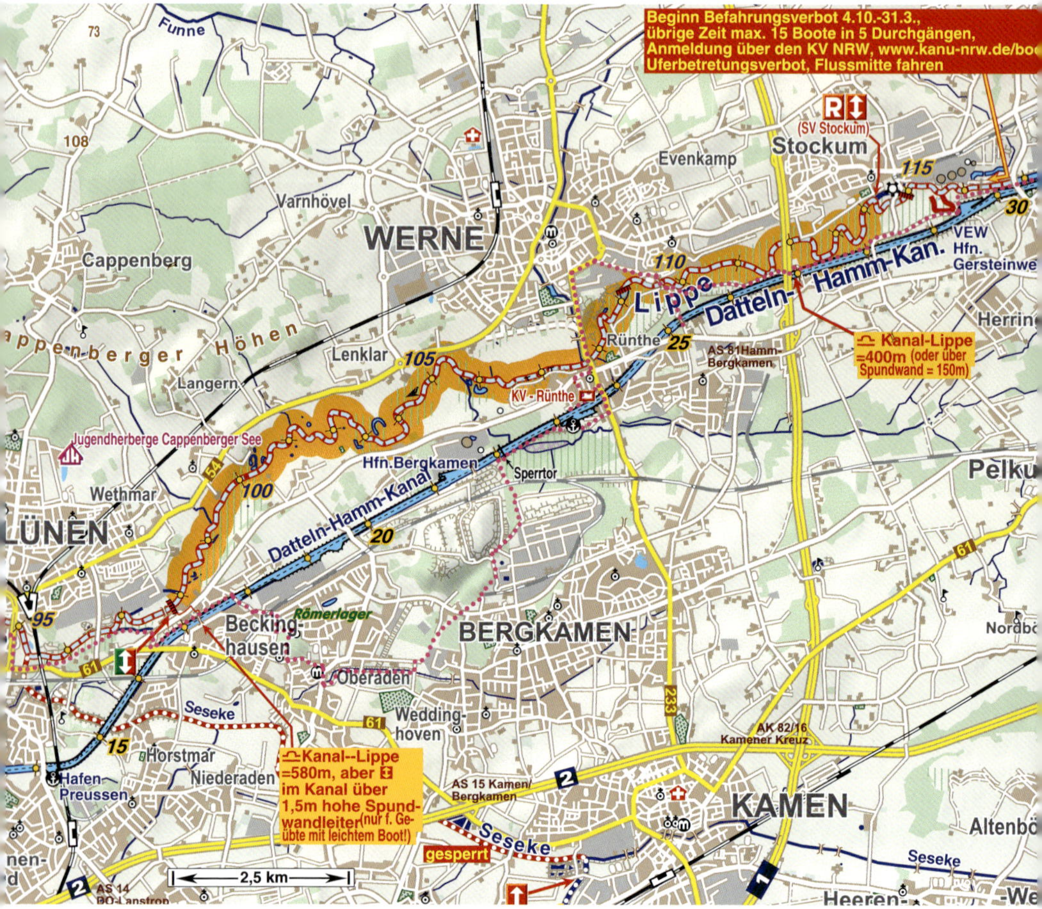

ten Straßenbrücke ziehe ich dann aber mein Boot am Holzsteg unterhalb der Treppen am linken Ufer aus dem Wasser und lege einen kurzen Spaziergang zum Aussichtsturm ein. Der Abstecher (einfacher Weg ca. 1 km) lohnt sich unbedingt, denn vom hölzernen Turm auf einer kleinen Anhöhe am Südufer der Lippe bietet sich fantastischer Blick auf die Lippeaue aus der Vogelperspektive. Wer sich für Ökologie und Naturschutz interessiert, dem sei auch ein Besuch der nahegelegenen Ökologiestation des Kreises Unna (www.uwz-westfalen.de) ans Herz gelegt. Die Räume des historischen Gutshofes von 1864 beherbergen verschiedene Naturschutzvereine und -verbände und es gibt ein umfangreiches Veranstaltungsangebot. Zu besichtigen sind u.a. ein Wildbienenlehrpfad, ein Westfälischer Bauerngarten oder ein Umweltpädagogikteich sowie wechselnde Kunstaustellungen, und im kleinen Hofladen können verschiedene regionale Produkte wie Apfelsaft, Marmelade oder Honig erworben werden.

Zurück im Boot mäandert die Lippe behäbig in schönen Kurven durch eine idyllische, renaturierte Flusslandschaft. Der folgende Abschnitt ist vom Land aus praktisch nicht zu erreichen,

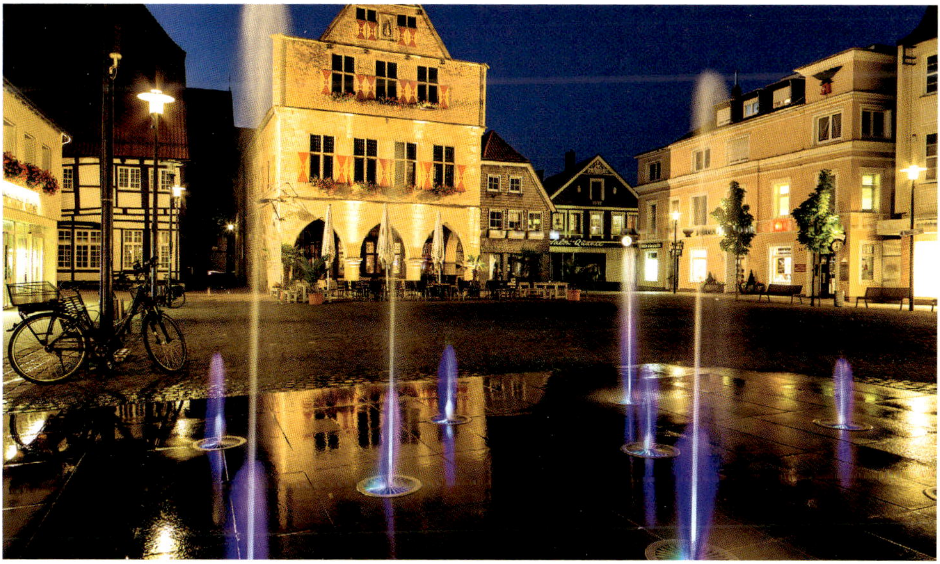

Marktplatz Werne

und die gut 8,5 verbleibenden Kilometer bis Beckinghausen sind besonders einsam. Die Chancen, Eisvögel und Graureiher zu Gesicht zu bekommen, stehen gut, und fast zu schnell ist nach etwa zwei Stunden das Wehr in Beckinghausen erreicht. Davor lässt sich bei den Treppenstufen am linken Ufer gut anlanden und auf dem großen Parkplatz (fürs Navi: An der Fähre, 44532 Lünen) lassen sich die Boote bequem auf die Autos verladen.

Bleibt nach der Tour nur noch zu klären, wo man das Lippeabschlussbier trinkt. Lieber in Lünen, in Werne oder doch besser in der Marina Rünthe am parallel zur Lippe verlaufenden Datteln-Hamm-Kanal? Denn auch die Hafenpromenade am größten Yachthafen Nordrhein-Westfalens kann mit ausgezeichneter Gastronomie aufwarten.

Etappen
Stockum – Beckinghausen .... ca. 17,5 km

Befahrungsregelung:
Auf dem beschriebenen Abschnitt im Kreis Unna durchfließt die Lippe mehrere aneinandergrenzende Naturschutzgebiete. Eine Befahrung ist nur im Zeitraum vom 1.4 bis 15.10. gestattet, und Einzelpaddler müssen sich vorher unter *www.kanu-nrw.de/bootsres* anmelden (Abschnitt 1: Kreisgrenze im Osten bis Wehr Beckinghausen, km 116 – km 97). Die ausgedruckte Anmeldebestätigung muss im Boot mitgeführt werden und ist auf Verlangen vorzuzeigen.

Befahrbarkeit/Pegel: siehe Befahrungsregelung

Hindernisse:
Das Schrägwehr Evenkamp kann kurz am rechten Ufer über die Wiese umtragen werden.

Unterkunft:
keine Zeltmöglichkeiten direkt am Fluss, Wohnmobilfahrer finden einen großen Stellplatz am Yachthafen der Marina Rünthe am parallel verlaufenden Datteln-Hamm-Kanal.

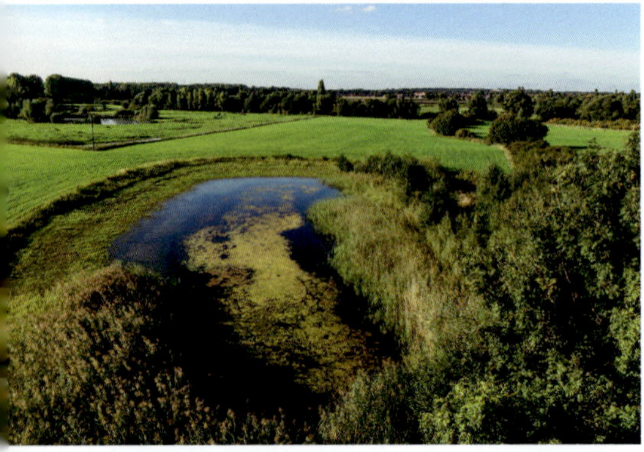

Blick vom Aussichtsturm an der Biologischen Station bei Werne

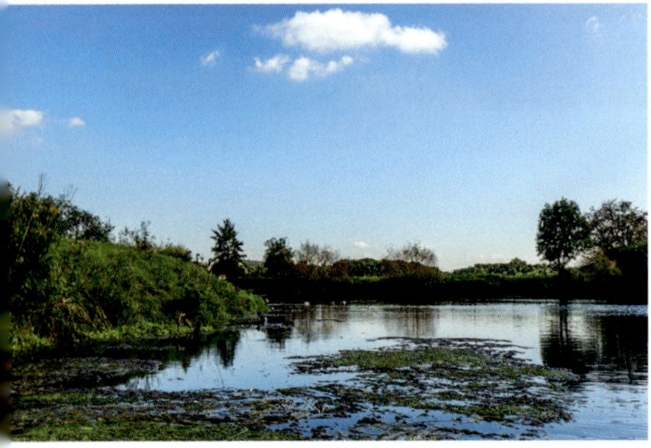

Idyllische Lippeaue zwischen Werne und Heiler Landwehr

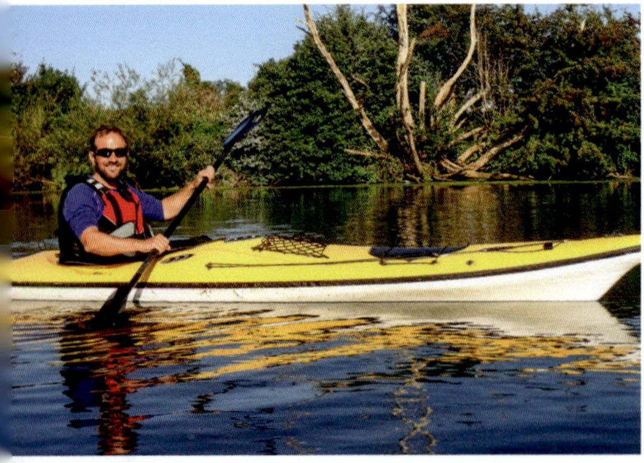

Bei Beckinghausen

Transfer zurück zum Einstieg:
mit ÖPNV praktisch unmöglich, entweder mit zweitem PKW oder per Fahrrad auf der Römer-Lippe-Route

Bootsverleih:
Lippetouristik, Tel.: 02306/781007
www.lippetouristik.de

Gastronomie:
keine Einkehrmöglichkeiten direkt am Fluss

Sehenswertes:

- Mittelalterliche Innenstadt mit altem Rathaus, Wärmehäuschen am Kirchplatz, katholischer Pfarrkirche St. Christophorus, Kapuzinerkloster, Karl-Pollender Stadtmuseum, altem Steinhaus und Gradierwerk in Werne
- Rathaus, St.Marienkirche, evgl. Stadtkirche St.-Georg mit Brunnen, Persiluhr mit Ochsengruppe, Tobiaspark und Alter Markt in Lünen

Alternativen:
Mehrtagestouren auf dem Radfernweg Römer-Lippe-Route oder der Landesgartenschauroute (ca. 145 km)

Auskunft:

- Tourist-Information Werne
  Tel.: 02389/534080, *www.werne-tourismus.de*
- Stadtentwicklung und Stadtmarketing Lünen, Tel.: 02306/1041778, *www.luenen.de*

Buchtipps/Karten

- Stefan Schorr: Kanu Kompakt Lippe, Thomas Kettler Verlag
- TourenAtlas TA3 (Rhein-Mosel), 1:75.000, Jübermann Verlag
- Gewässer-und Radkarte Lippe, 1: 75 000, Jübermann-Verlag

Tour 10: Lippe III: Von Datteln nach Dorsten (Westfalen-Lippe)

Die dritte Lippetour kann als sportliche Tagestour oder gemütliche Zweitagestour gefahren werden. Dort, wo das Ruhrgebiet in die grüne Parklandschaft des Münsterlands übergeht, fließt die Lippe mit leichter Strömung durch zahlreiche Windungen und vorbei an zum Teil steilen Uferböschungen der Mündung in den Rhein bei Wesel entgegen. Die kurzweilige Tour begeistert mit einem über weite Strecken erstaunlich einsamen Verlauf und dem ein oder anderen spritzigen Schwall.

Einen geeigneten Startpunkt bietet die Verladestelle des Lippeverbandes am linken Lippe-Ufer vor der Straßenbrücke zwischen Datteln und Olfen, direkt gegenüber vom Hotel Zur Rauschenburg (Ein-/Ausstieg Nr. 5, fürs Navi: Zum Ringofen 9, 45711 Datteln). Vom Ende der Asphaltdecke führt ein etwa 200 m langer unbefestigter Trampelpfad durch die Wiesen bis ans Ufer, wo die Kanus problemlos ins Wasser gelassen werden können.
Direkt hinter der Straßenbrücke verstecken sich am rechten Ufer die verbliebenen Grundmauern der Rauschenburg im Wald. Die einstigen Stromschnellen, deren Geräuschkulisse wohl für den Namen verantwortlich sind, sind heute nicht mehr vorhanden, und die Überreste des einstigen Wasserschlosses sind aus dem Boot praktisch nicht zu sehen.
Da auf dem folgenden Abschnitt keine Straße parallel zur Lippe verläuft, übernimmt sofort die Natur das Kommando. Es wird grün. Dicht über der Wasseroberfläche flattert ein blauleuchtender Eisvogel vor mir her. Oben in den Bäumen krächzen die Graureiher, und mit einem lauten Platsch geht nur wenige Meter vor mir ein Kormoran auf Tauchgang. Weiden neigen sich weit übers Wasser, und ein leichter Windzug lässt die Blätter der Pappeln entlang

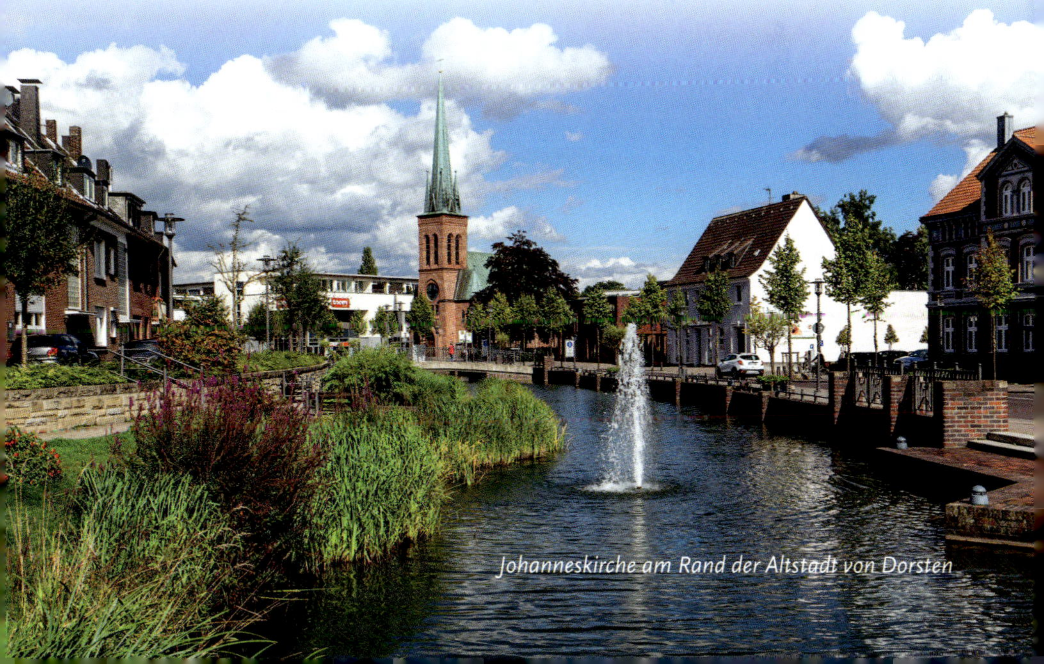

Johanneskirche am Rand der Altstadt von Dorsten

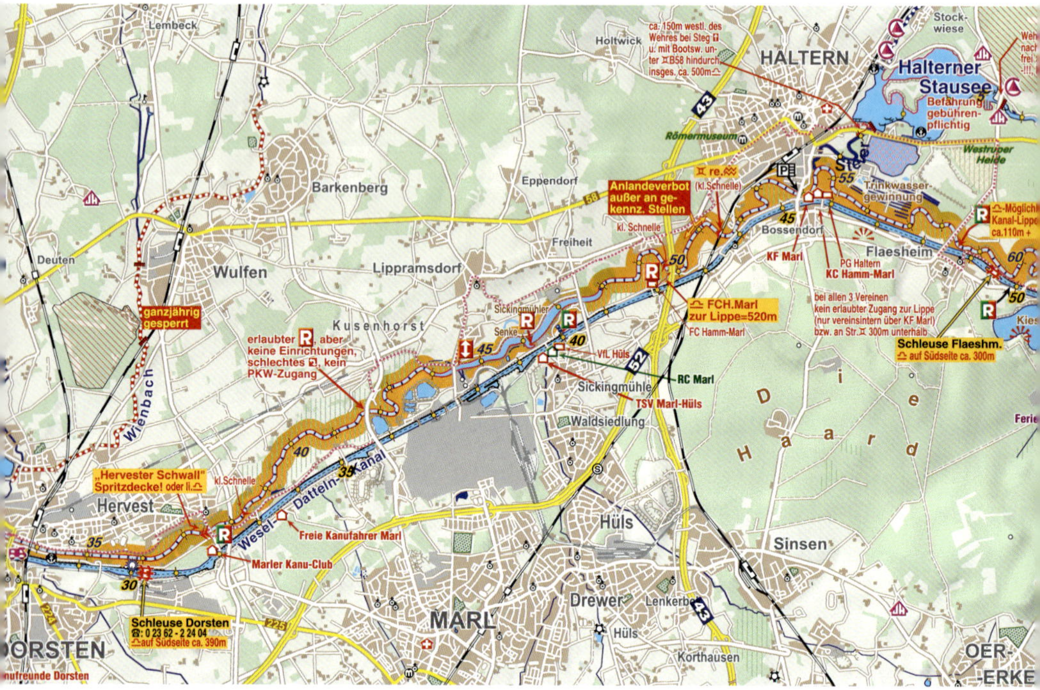

der Ufer rauschen.

Dank der flotten Strömung und vieler enger Kurven vergehen die ersten vier Tourenkilometer wie im Flug. Dann zieht zur Rechten eine mächtige Aussichtsplattform auf der Landzunge zwischen einem besonders engen Mäanderbogen den Blick auf sich. Die interessante Konstruktion aus Pflanzen und Stahl wurde 2014 aufgestellt. Die Steglauffläche selbst ist aus Stahl und wird aktuell noch von einer temporären Stützkonstruktion gehalten, die aber entfernt werden kann, sobald die Stämme der neu gepflanzten Bergahornbäume dick und stark genug sind.

In der nächsten Kurve heißt es aufgepasst und die Spritzdecke geschlossen, denn vor dem ehemaligen Adelssitz Haus Vogelsang rauscht die Lippe über einen kräftigen, etwa 200 m langen Schwall. Umtragen wäre am rechten Ufer möglich, ist aber aufgrund des Stacheldrahtzauns an der Kuhweide recht umständlich (Ein-/Ausstieg Nr. 6).

Der nächste kräftige Schwall will unter der folgenden Straßenbrücke in Ahsen bewältigt werden. Direkt hinter der Brücke ist am steilen, rechten Ufer die nächste Ein-/Ausstiegsstelle erreicht (Nr. 7, Eversumer Straße, 59399 Olfen). Etwa 500 m Fußweg entfernt liegt der etwas in die Jahre gekommene Tier- und Freizeitpark Gut Eversum.

Jetzt folgen gut zehn einsame Flusskilometer, in denen sich die Lippe fernab der Straße in vielen Schleifen und Kehren durch die grünen Wiesen des Naturparks Hohe Mark Westmünsterland windet. Bei Lippe-km 66,5 bietet der Pausenanleger (Nr. 8) am südlichen Ufer eine Möglichkeit, sich die Beine zu vertreten, ein paar Flussbiegungen weiter ragen zur Linken zwei imposanten Türme über die Bäume am Ufer. Es handelt sich um die Tore der Schleu-

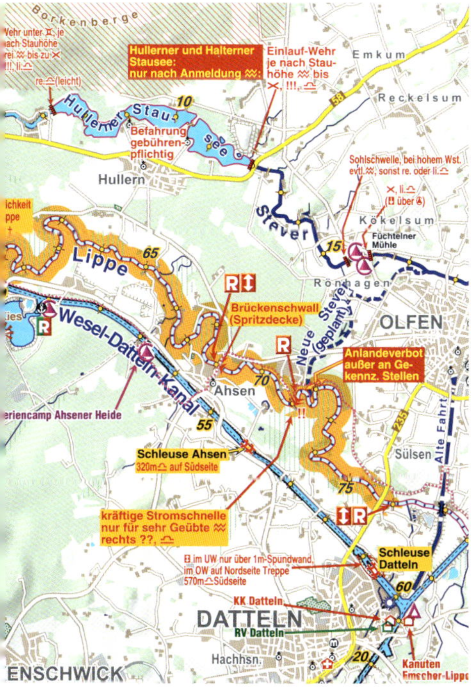

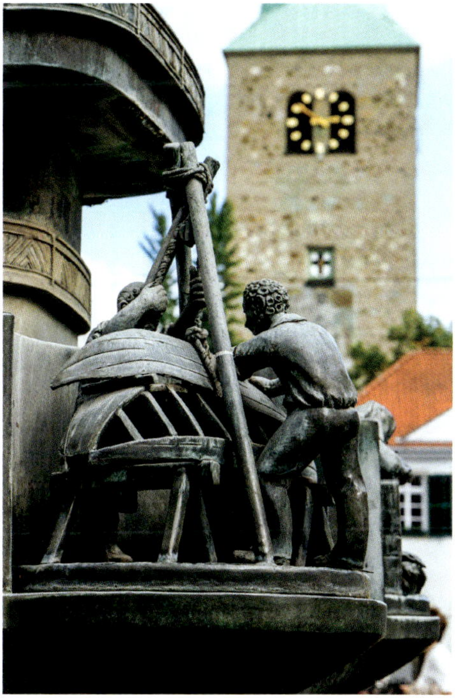

Marktbrunnen in Dorsten

se Flaesheim am Wesel-Datteln-Kanal, der die kürzeste Verbindung zwischen den niederländischen Nordseehäfen und dem Ruhrgebiet darstellt. Der Kanal ist der Lippe hier so nahe, dass man das sonore Brummen der Schiffsdiesel deutlich vernehmen kann.

Beim Weiterpaddeln versteckt sich hinter den Bäumen der Kirchturm der St. Maria in Kirche in Flaesheim und bald quert die neue, im Frühjahr 2016 eröffnete Fähre, mit der sich Radler auf der Römer-Lippe-Route ans gegenüberliegende Ufer kurbeln können. Die Anlegestelle Nr. 9 (Kanalstraße, Haltern-Flaesheim) am linken Ufer bietet die Möglichkeit, mit einer nur etwa 100 m langen Portage in den Wesel-Datteln-Kanal umzusetzen.

Auf den folgenden 4,5 Kilometern passiert die Lippe eine Straßenbrücke (Flaesheimer Damm), eine Rohrbrücke und von rechts mündet die Stever in die Lippe, dann liegt am linken Ufer vor der nächsten Straßenbrücke (Recklinghäuser Straße) der kleine Steg, über den man die Halterner Kanuvereine Kanufreunde Marl, Kanuclub Hamm-Marl (DKV-Kanustation) und der PG Nasse Brüder erreichen kann. Die Bootshäuser liegen zwischen Lippe und Wesel-Datteln-Kanal und sind komfortabler über den Kanal zu erreichen. Wer hier übernachten will, sollte daher am besten schon an der oben beschriebenen Ausstiegsstelle Nr. 9 in den Kanal umtragen.

Wer einen Spaziergang in die Innenstadt von Haltern unternehmen möchte (ca. 20 Minuten Fußweg) oder den Proviant auffüllen muss, findet knapp 1 km weiter am rechten Ufer den Anleger Nr. 10 (Zum Ikenkamp, 45721 Haltern am See) unweit des Halterner Bahnhofs.

Bei der Weiterfahrt erfordert der kräftige Schwall unter der nächsten Eisenbahnbrücke etwas

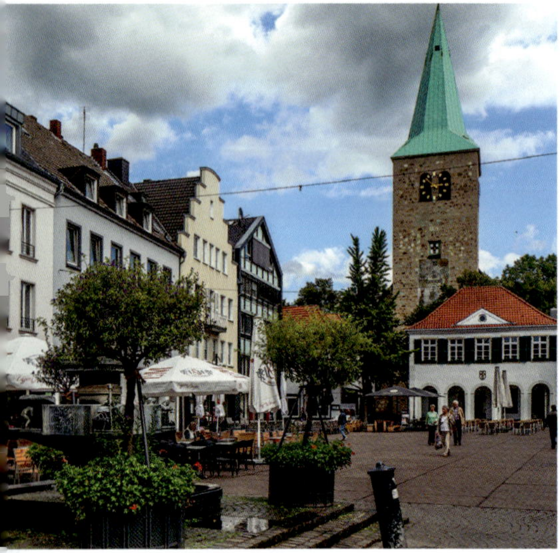

St. Agatha-Kirche am Marktplatz in Dorsten

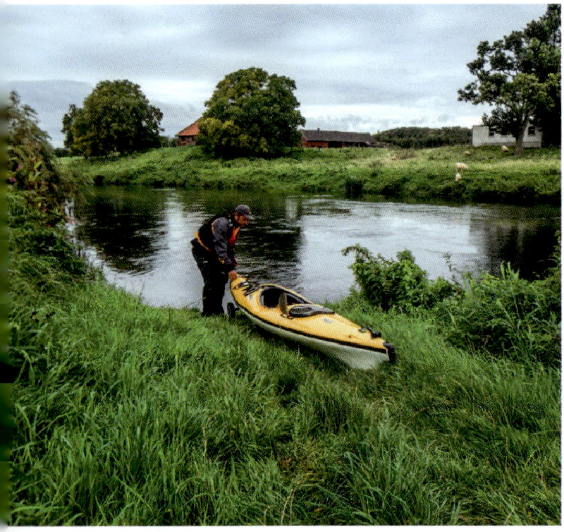

Einstieg Zum Ringofen in Datteln

Aufmerksamkeit. Knapp 2 km weiter bietet die Ein-/Ausstiegsstelle Nr. 11 am linken Ufer unter der Autobahnbrücke der A43 eine weitere Möglichkeit, in den Kanal zu umtragen (ca. 500 m). Hinter der folgenden Straßenbrücke (Lippramsdorfer Straße) erinnert am rechten Ufer der Förderturm von Schaft 8 der Zeche Auguste-Viktoria an den Bergbau im Ruhrgebiet. Sie schloss am 18. Dezember 2015 als vorletztes Bergwerk im Ruhrgebiet endgültig die Tore und beendete die 115-jährige Bergbaugeschichte in Marl.

Vor uns liegt die Sickingmühler Senke, eine breite, etwa 2 km lange Staustrecke. Da die Strömung nahezu vollständig einschläft, werden die Arme ordentlich gefordert, das gilt natürlich insbesondere bei Gegenwind.

Auch wenn auf den Deichen links und rechts Horden von Anglern, Hundebesitzern und Joggern unterwegs sind, gilt für uns Paddler weiterhin ein Anlandeverbot.

Die erlaubte Ausstiegsstelle (Nr. 12) findet sich am linken Ufer ein Stück vor der Einmündung des Sickingmühlenbachs, von der man auch in den Kanal umsetzen kann, an dessen gegenüberliegendem Südufer die Bootshäuser von VfL Hüls und TSV Marl-Hüls zu finden sind.

Voraus rückt am linken Ufer der Industriepark Marl in Blickfeld, der zu den größten Chemiestandorten in Deutschland und Europa zählt. Hervorgegangen aus dem Gelände der 1938 gegründeten Chemischen Werke Hüls sind hier heute etwa 30 Unternehmen ansässig.

Vorbei am Kühlwassereinlauf des Kraftwerks am linken Ufer und unter der Brücke der Kreisstraße 55 hindurch verengt sich die Lippe wieder auf Flussbreite und die Strömung nimmt an Fahrt auf. Hinter der nächsten engen Rechtskurve überspannt die Brücke der Wulfener Straße die Lippe (Ein-/Ausstieg Nr. 13 am rechten Ufer).

Von den Ufern schauen Kühe und Gänse dabei zu, wie die Strömung weiter zunimmt, und schnell ist die nächste Straßenbrücke (Hervester Straße) passiert. 300 m weiter ermöglicht der Anleger Nr. 14 am linken Ufer zum einen eine weitere Möglichkeit zum Umsetzen in den Kanal, zum anderen die Umtragung des folgenden Schwalls. Am linken Ufer kündigt ein Warnschilf den Hervester Schwall unter der Straßenbrücke zwischen Dorsten und Hervest (Buerer Straße) an, der zwar spritzig, bei normalem Wasserstand mittig aber gut zu fahren ist.

Die letzten Kilometer bis Dorsten sind eine Paddelautobahn im Lippe Polder Park. Von der Stadt selbst ist hinter dem hohen Deich kaum etwas zu sehen. Eine ehemalige Eisenbahnbrücke, die zweispurige neue Bahnbrücke, und die breite Straßenbrücke der B 224 sind die nächsten Stationen, bis wir hinter der Fußgängerbrücke am linken Ufer anlegen, um die Boote über die Rollen am Anleger der Kanufreunde Dorsten bequem an Land zu ziehen (Zufahrt zum Deich über Kurt-Schumacher-Straße, 46282 Dorsten). Aufgrund der strategisch wichtigen Funktion als Lippeübergang lag die heutige Kleinstadt Dorsten über viele Jahrhunderte im Herrschaftsbereich der Kölner Erzbischöfe. Um 1900 wurde Dorsten zur Bergbaustadt, was durch das Ende der Steinkohle-Subventionierung inzwischen aber schon wieder Geschichte ist. Zentrum der liebenswerten Kleinstadt ist der vom altem Rathaus und St. Agatha-Kirche umringte Marktplatz, wo sich nach dem Paddeln zahlreiche Cafés und Restaurant für das krönende Tourenfinale anbieten.

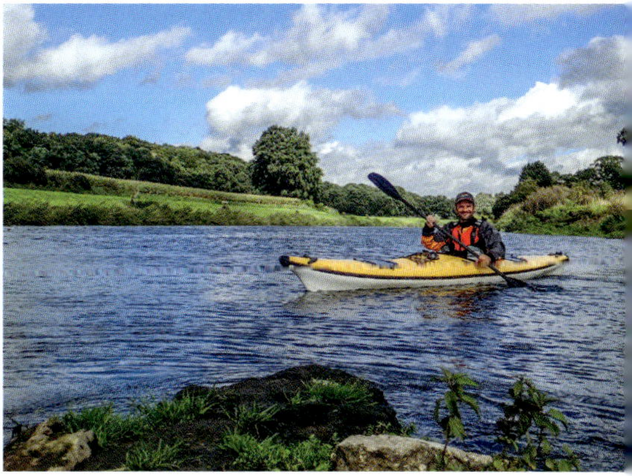

Lippe bei Bergbossendorf

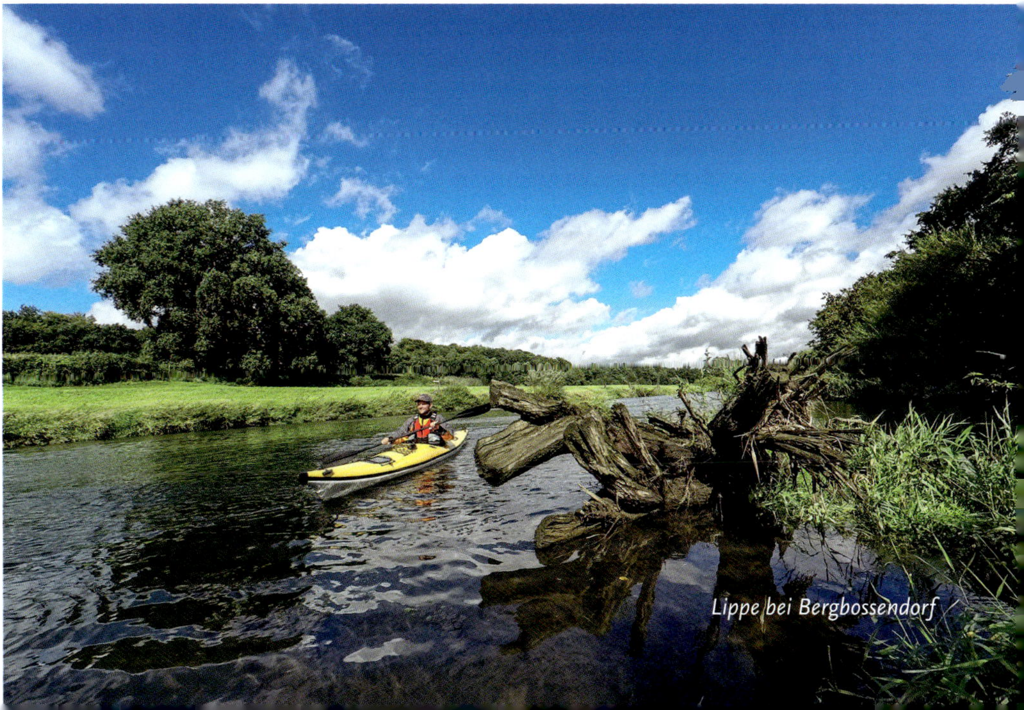

Lippe bei Bergbossendorf

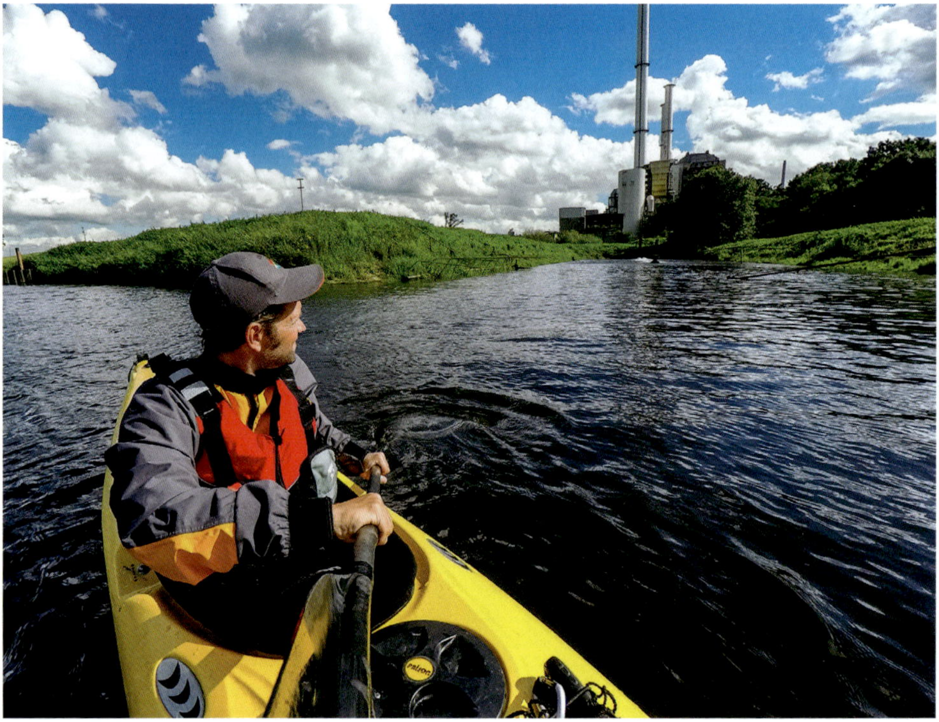

Chemiepark Marl

Etappen

Datteln – Flaesheim/Haltern am See	ca. 22 km
Flaesheim/Haltern am See – Dorsten	ca. 25 km
Strecke gesamt:	**ca. 47 km**

Befahrungsregelung:
Der vorgestellte Tourenvorschlag liegt im Naturschutzgebiet "Lippeauen" im Kreis Recklinghausen. Das Anlegen (auch zum Rasten) ist nur an den dafür vorgesehenen Stellen erlaubt. Die durchnummerierten Ein- und Aussetz- sowie Pausenstellen sind zwar in den Detailkarten zur Verordnung des Naturschutzgebiets Lippeauen akribisch eingezeichnet, vor Ort aber leider nicht immer klar gekennzeichnet.

Befahrbarkeit/Pegel: ganzjährig

Hindernisse:
Im gesamten Verlauf machen mehrere kleine, problemlos zu fahrenden Schnellen und Schwälle die Fahrt spritzig. Erhöhte Aufmerksamkeit erfordern die Schwallstrecke vor Ahsen zu Beginn und der Hervester Schwall am Ende der Tour. Beide können bei Bedarf leicht umtragen werden.

Unterkunft:
- Kanuclub Hamm-Marl (DKV-Kanustation zwischen Lippe und Weseln-Datteln-Kanal

südlich von Haltern, www.kch-marl.de
- Zeltmöglichkeit bei den Kanu-Freunde Dorsten am Ende der Tour *www.kanu-freunde-dorsten.de*

Transfer zurück zum Einstieg:
gute Bahnverbindung auf dem zweiten Teilstück zwischen Dorsten und Haltern am See, ein Transfer per ÖPNV zwischen Haltern am See und dem Einstieg in Datteln ist aber praktisch unmöglich

Bootsverleih:
- Lippe-Kanu-Touren (Ahsen – Wesel) Tel 02362/606632, *www.lippe-kanu-touren.de*
- Nordwestkanu (Flaesheim – Wesel) Tel.: 02362/706355, *www.nordwestkanu.de*

Gastronomie:
keine Einkehrmöglichkeiten direkt am Fluss

Sehenswertes:
- St.-Amandus-Kirche, Rathaus (1913) und Hermann-Grochtmann-Museum zur Stadtgeschichte in Datteln;
- historische Dreibogenbrücke Alte Fahrt des ehemaligen Dortmund-Ems-Kanals über die Stever in Olfen
- Siebenteufelsturm als letzter Rest der ehemaligen Stadtbefestigung, altes Rathaus (16. Jahrhundert) und Marktbrunnen, Erlöserkirche (1912), St. Sixtus-Kirche (1877), Heimathaus, Gänsemarkt und Römermuseum (www.lwl-roemermuseum-haltern.de) in Haltern am See; Rathaus, Chemiepark, Skulpturenmuseum Glaskasten, Stadt- und Heimatmuseum in der ehemaligen Wassermühle im Volkspark und Museum am Erzschacht in Marl
- Zechensiedlung Hervest (Gartenstadt) Marktplatz mit Stadtwaage, evangelische Johanneskirche und Jüdisches Museum Westfalen in Dorsten
- Wasserschloss Lembeck.

Alternativen:
- Naturbad in Olfen; Tier- und Freizeitpark Gut Eversum, Spaßbad Atlantis in Dorsten
- Sonderfahrten mit dem Reviersprinter (original Uerdinger Schienenbus aus den 1950er Jahren)
- mehrtägige Fahrrad-Touren auf der Römer-Lippe-Route
- zwölf Themenwanderungen über ehemalige Halden des Bergbaus im nördlichen Ruhrgebiet (www.halden-huegel-hopping.de)
- Rundtouren auf Lippe in Verbindung mit Datteln-Hamm-Kanal und Wesel-Datteln-Kanal

Auskunft:
- Tourist-Info Haltern am See Tel.: 02364/933365, *www.haltern-am-see.de*
- Stadtinfo Dorsten, Tel.: 02362/308080 *www.stadtinfo-dorsten.de*

Buchtipps/Karten

- Stefan Schorr: Kanu Kompakt Lippe, Thomas Kettler Verlag
- TourenAtlas TA3 (Rhein-Mosel), 1:75.000 Jübermann Verlag
- Gewässer-und Radkarte Lippe, 1: 75 000, Jübermann-Verlag

Tour 11: Alme (Paderborner Land)

Wasser, Wald und Wewelsburg. Sportliche Paddler mit erster Erfahrung werden die Alme lieben. Kleine Schwälle, enge Kurven und der eine oder andere umgestürzten Baum erfordern volle Konzentration und lassen keine Langeweile beim Paddeln aufkommen. Den krönenden Schlusspunkt am Ende der Tour setzt die Wewelsburg, die majestätisch über dem Almetal thront. Im Süden des Paderborner Lands am Übergang zum Sauerland bietet der linke Nebenfluss der Lippe im Frühjahr und nach ergiebigen Regenperioden ein rasant-spritziges Abenteuer mit vielen engen Windungen und Flussschleifen inmitten grüner Hügel und Wälder.

Die knapp 14 km lange Paddelstrecke von Büren nach Wewelsburg lässt sich bequem in 3 Stunden bewältigen, und so bleibt vor dem Start ausreichend Zeit für einen Stadtrundgang durch die ehemalige Kreisstadt, die sich in die Flusstäler von Alme und Afte schmiegt. Eine gute Idee, denn es gibt so manche Sehenswürdigkeit zu entdecken. Da ist zum Beispiel das ehemalige Jesuitenkolleg, heute Mauritius-Gymnasium, welches zu Beginn des 18. Jahrhunderts an Stelle der einstigen Burg der Edelherren von Büren errichtet wurde. Eigentliches Schmuckstück ist die Jesuitenkirche „Maria Immaculata", die ohne Zweifel zu den schönsten Barock-Bauwerken in ganz NRW gezählt werden darf. In direkter Nachbarschaft unterhalb der ehemaligen Stadtmauer erstreckt sich der weitläufige Bürgerpark „Almeauen", ein beliebtes, innerstädtisches Naherholungsgebiet. Hier steht das Ensemble aus Mittel- und Bohrmühle, in denen nicht nur Korn gemahlen wurde. In der Mittelmühle (heute Museum) wurden Kalkspat und weitere Gesteinsarten zu Steinmehl zerrieben, welches als Grundlage für die Farbherstellung diente. Die Bohrmühle stand bis Mitte des 18. Jahrhunderts an der Afte und verarbeitete Holzstämme zu Wasserleitungen für die städtische Wasserversorgung. Die Mittelmühle kann als Museum besichtigt werden. Rund um den Marktplatz bieten zahlreiche Cafés und Restaurants die Gelegenheit zu einer

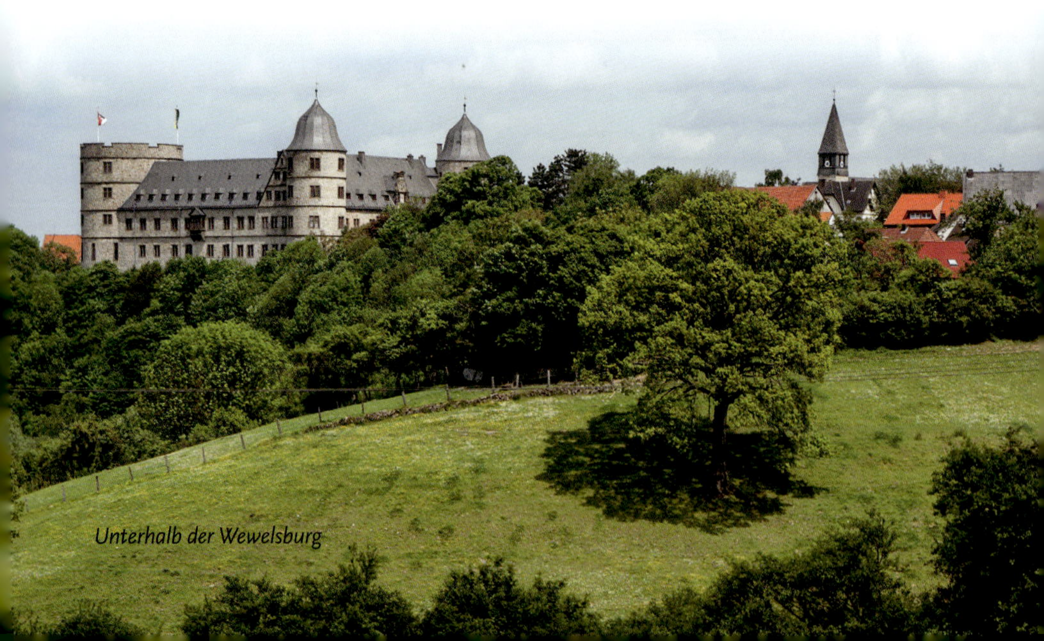

Unterhalb der Wewelsburg

letzten Stärkung vor dem Tourenstart. Eine gute Einstiegstelle für die (Halb-)Tagestour auf der Alme finden wir auf dem kleinen Parkplatz vor dem Sportplatz am Afteufer (Spielenweg 6, 33142 Büren), wo es im hinteren Teil einen flachen Zugang zum Ufer gibt.

Auf den ersten Metern geht es durch einen schmalen Tunnel im dichten Hasel- und Weidengebüsch. Zunächst ist es sehr flach. Nachdem wir unter einigen Fußgängerbrücken hindurch gefahren sind und am rechten Ufer die Schule vorbeigezogen ist, mündet die Afte in die Alme und der Wasserstand wird besser. Am Ufer ziehen die letzten Gebäude der Stadt vorüber, dann schwingt sich die Alme gesäumt von einem Galeriewald in engen Kurven durch die weite Talaue.

Bei gutem Gefälle, das Ende des Mäanderbogens liegt immer deutlich sichtbar tiefer als man selbst, schiebt uns die flotte Strömung durch einen grünen Stollen. Es ist allerdings deutlich heller als in einem Bergwerk, denn die Sonne brennt mit aller Wucht und wird von den Baumkronen weichgezeichnet. Die engen Kurven erfordern unsere volle Aufmerksamkeit, und mehr als einmal müssen wir uns ducken, um unter einem besonders tief herabhängenden Ast hindurch zu passen. Immer wieder rauscht die Alme über kleine, harmlose Schwälle. Ein erstes Mal besonders aufgepasst heißt es gut 3,5 km nach dem Start, wo unter der Fußgängerbrücke eine ordentliche Stufe wartet. Im weiteren Verlauf lichten sich die Baumreihen entlang der Ufer, und in der Ferne ruft ein Kuckuck. Auf den Weiden kauen Pferde auf Gras und versuchen mit zuckendem Schwanz, ein paar nervende Fliegen zu verscheuchen. Irgendwo tuckert ein Trecker, es riecht nach Raps, und in einiger Entfernung erheben sich sanft gewellte Hügel. Die Kühe hinter den Stacheldraht- oder Elektrozäunen scheinen an Paddler nicht gewöhnt. Fast scheint es, als schauten sie etwas ängstlich drein ob diesem merkwürdigen Gefährten auf dem Wasser.

Am Ortsbeginn von Brenken, etwa 2,5 km nach der erwähnten Stufe unter der Fußgängerbrücke, rauscht die Alme über ein Schützenwehr nach rechts in den Untergraben. Es kann gut rechtsseitig über die Wiese umtragen werden, geradeaus weiter in den Graben sollte man dagegen nicht einfahren. Das Mühlenwehr am Ende lässt sich praktisch nicht umtragen, und

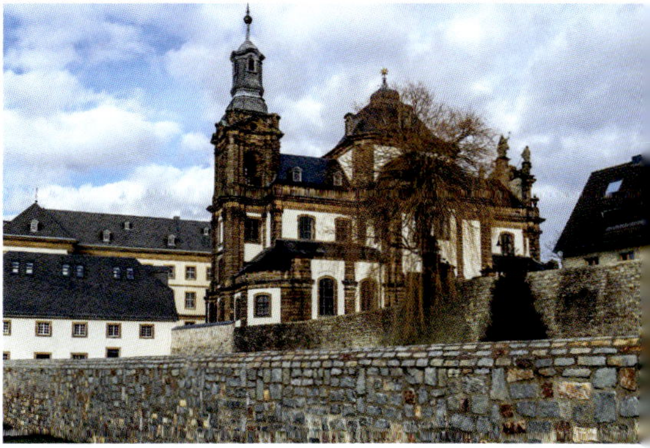

Die Jesuitenkirche Maria Immaculata in Büren ...

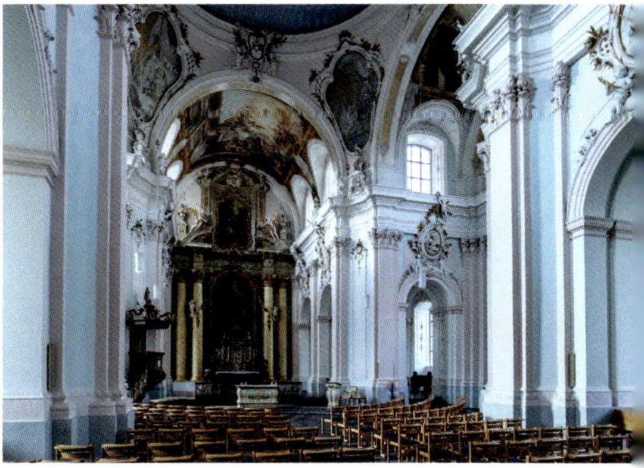

... gilt als eines der prächtigsten barocken Baudenkmäler in Westfalen.

die Strömung im Graben ist so stark, dass man nur mit viel Mühe dagegen ankommt. Wenige Meter weiter lädt vor der Straßenbrücke am

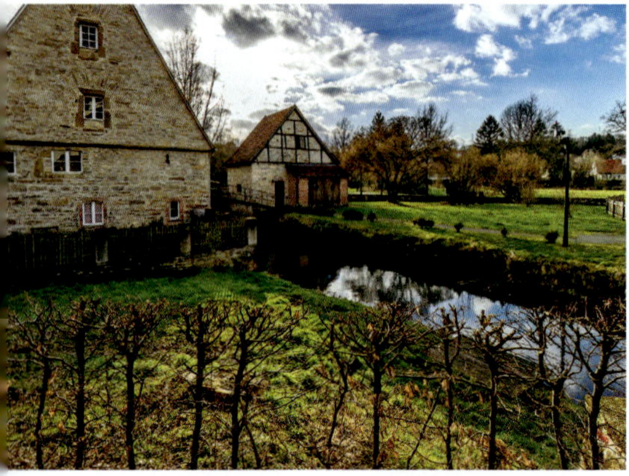

Mittel- und Bohrmühle in den Almeauen Büren

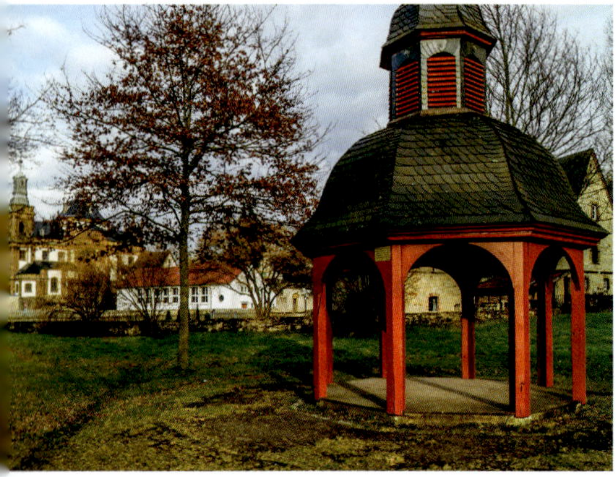

Bürgerpark Almeauen Büren

rechten Ufer ein schöner Rastplatz zu einer Pause ein. Ein paar Schritte die Straße entlang liegt der Gasthof Margarethen-Hof. Um den kleinen Hunger zu stillen, findet sich um die Ecke in der Kilianstraße 43 eine Bäckerei.

Bei der Weiterfahrt überspannen ein paar flache Hühnerleitern die Alme, und vor der nächsten Fußgängerbrücke kommt von links der Mühlengraben zurück. Etwa 500 m dahinter versperrt das nächste Wehr die freie Fahrt. Die Einfahrt in den Obergraben ist mit einem Rechen versperrt und das Ufer in Privatbesitz. Deshalb legen wir kurz vor dem Wehr am rechten Ufer an und zie-

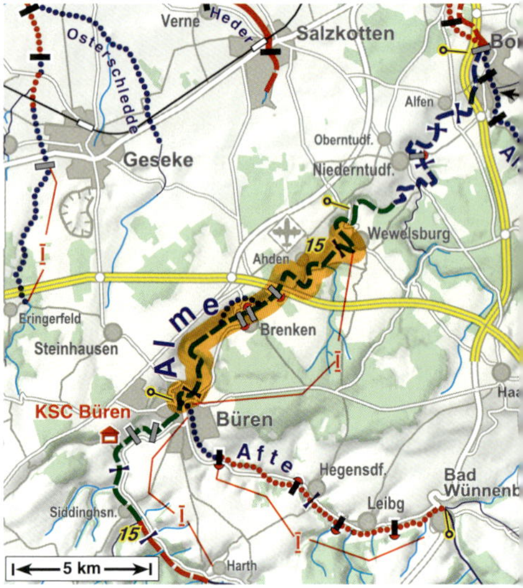

hen die Kanus kurz über die Wiese.

Auf den nächsten Metern erfordern noch einmal weit über das Wasser hängende Bäume die Aufmerksamkeit. Nachdem die A44 eine hohe Brücke über das Almetal gespannt hat, sind die Ufer offener. An der folgenden Straßenbrücke der Kreisstraße sollte man es nicht versäumen, an Land zu gehen, um einen Blick auf die kleine Kluskapelle von 1433 zu werfen.

Unterhalb der Straßenbrücke wurde die Alme jüngst renaturiert und fächert sich in mehrere Arme auf, die einige Inseln umspülen. Es ist gar nicht so einfach, die bestmögliche Durchfahrt zu finden.

Kurz darauf ist die Ortschaft Ahden erreicht, die zu den ältesten Siedlungen im Almetal gehört. Eine gute Stelle zum Beine vertreten findet sich am linken Ufer hinter der Straßenbrücke (Bäckerei).

Zurück im Boot geht es unter einer Steinbogenbrücke und einer Holzbrücke für Fußgänger aus dem Ort hinaus, und bald schiebt sich erstmalig die Wewelsburg ins Blickfeld. Die Alme fließt zwischen Büren und Brenken durch die Brenkener Bergplatte, einen Teil der Paderbor-

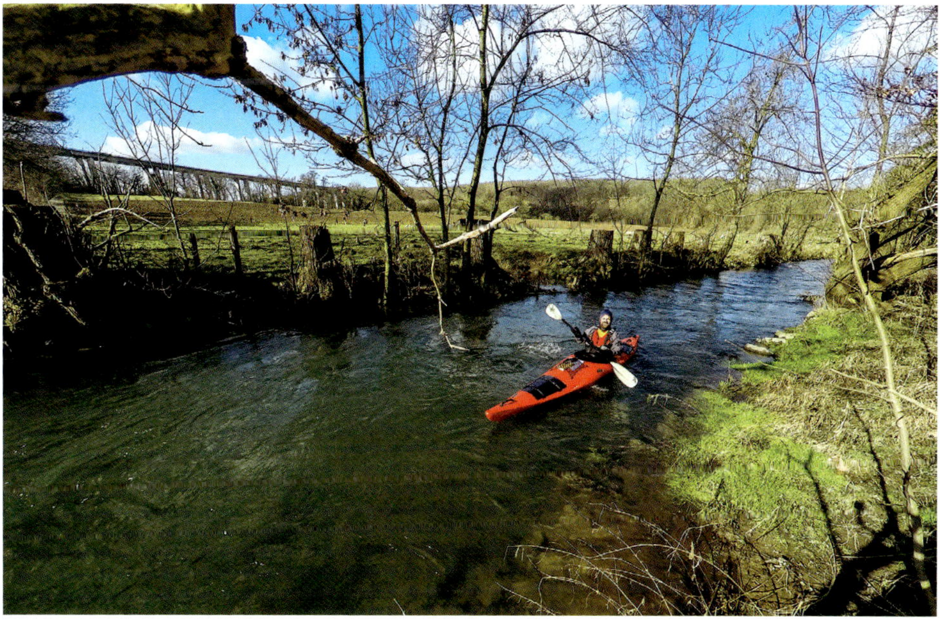

Vor Ahden überspannt die mächtige Brücke der A44 das Almetal

ner Hochfläche, die bei Geologen als Karstlandschaft bekannt ist. Ein besonders auffälliges und für Paddler folgenreiches Phänomen ist das sogenannte Bachwinden. Da ein Teil des Almewasser unterirdisch als Karstgrundwasser weiter fließt, kann es auf dem letzten Abschnitt sehr flach werden, in sehr trockenen Sommern kann der Fluss stellenweise sogar völlig trocken fallen.

Einen guten Indikator für den Wasserstand im weiteren Verlauf und damit den geeigneten Tourenendpunkt stellt die folgende, etwa 70 cm hohe Betonstufe dar. Müssen die Boote hier umgesetzt werden, weil zu wenig Wasser überläuft, so sollte man vor der in kurzem Abstand folgenden, niedrigeren Stufe in den nach links abzweigenden Obergraben einfahren und die Tour 500 m weiter an der Brücke beenden (Auf der Alme, 33142 Büren). Läuft dagegen genug Wasser über, so kann die Tour auf dem Untergraben zu Füßen der Wewelsburg fortgesetzt und um 2,5 km bis zur Straßenbrücke in Garffeln oder weitere 3,5 km bis Niederntudorf verlängert werden.

In jedem Fall nicht missen sollte man nach der Tour einen Abstecher zur Wewelsburg, Deutschlands einziger Dreiecksburg, die hoch auf einem Bergsporn über der Alme thront. Als die mächtige Rundbastion mit den etwas schmaleren Türmen von 1603–1609 im Stil der Weserrenaissance als Nebenresidenz der Paderborner Fürstbischöfe erbaut wurde, sparte man zwar mit den Formen im Detail, aber die Burg sollte ja auch nicht aus der Nähe wirken.

Heute findet sich in der dreiflügeligen Anlage neben einer Jugendherberge das Kreismuseum Wewelsburg mit dem Historischen Museum des Hochstifts Paderborn und einer Erinnerungs- und Gedenkstätte Wewelsburg 1933 – 1945.

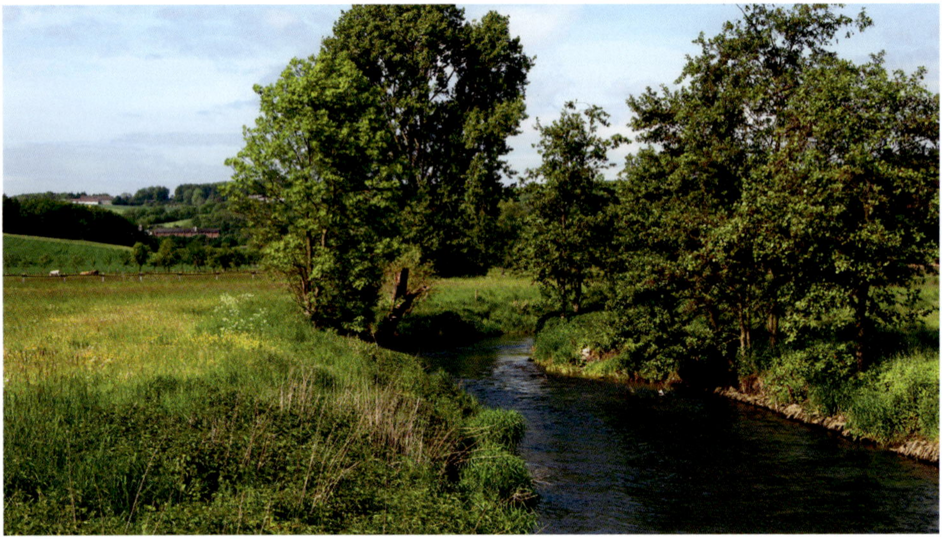

In gemütlichen Schleifen windet sich die Alme durch eine idyllische Landschaft

Etappen	
Büren – Wewelsburg	ca. 14 km

Befahrungsregelung:
Für die beschriebene Strecke bis zur Wewelsburg gibt es abgesehen vom vorgeschriebenen Mindestpegel keine weiteren Einschränkungen.

Befahrbarkeit/Pegel:
Für die Befahrung ab Büren muss der Pegel Weine mindestens 55 cm betragen. Durch die Verkarstung fällt die Alme hinter Ahden im Sommer oft trocken. *pegel.kanu-nrw.de*

Hindernisse:
Es müssen zwei unfahrbare Wehre sowie eventuell eine größere Stufe, die bei Niedrigwasser trocken fällt, umtragen werden. Ansonsten ist mit kleinflusstypischen Hindernissen zu rechnen, z.B. querliegenden Bäumen oder Stacheldrahtzäunen, die bis in den Fluss reichen können.

Unterkunft:
- kostenloser Wohnmobilstellplatz an der Afte in Büren unweit der Einstiegsstelle (Fürstenberger Straße 1a, 33142 Büren)
- Gasthaus und Pension Alte Mühle an der Steinbogenbrücke unterhalb der Wewelsburg am Ausstieg
www.wewelsburg-alte-muehle.de
- Jugendherberge auf der Wewelsburg
Tel.: 02955/6155, *www.djh-wl.de*

Transfer zurück zum Einstieg:
- am besten mit zweitem PKW oder per Rad (schöner Radweg durchs Almetal, ca. 12 km)
- mit ÖPNV möglich ab Wewelsburg, und zwar Buslinie 460 zum Flughafen Pader born-Lippstadt und weiter mit der Linie 400 nach Büren, Fahrpläne unter
www.bbh-paderborn.de

Gastronomie:
- Gasthof Margarethen-Hof in Brenken
- Gasthof und Pension Alte Mühle am Ausstieg

Sehenswertes:

- ehemaliges Jesuitenkolleg mit barocker Immaculata-Kirche, Mittel- und Bohrmühle im Almeauen-Park in Büren
- Kluskapelle in Ahden
- Kreismuseum Wewelsburg
  www.wewelsburg.de

Alternativen:

- über 250 km markierte Wanderwege im Bürener Land
- besonders schön ist der Heinberg-Weg zwischen Ahden und Brenken (Start an der Kluskapelle) mit vielen Ausblicken ins Almetal
- Radfahren auf dem Almeradweg durch das Flusstal oder auf der Paderborner-Landroute durch das gesamte Kreisgebiet Geocaching
  www.geotour-paderborner-land.de
- Rundflüge und Airport-Führungen am Flughafen Paderborn-Lippstadt
  www.airport-pad.com

Auskunft:

Touristikzentrale Paderborner Land, Königstraße 16, 33142 Büren, Tel.: 02951/970300
www.paderborner-land.de

Buchtipps/Karten

- Radwanderkarte Alme-Radweg /Altenau-Radweg. 1:50.000, publicpress
- Karl Heinz Schäfer: Die schönsten Wanderungen im Paderborner Land und Eggegebirge, „das HEFT"- Zeitschriftenverlag
- Mythos Wewelsburg. Fakten und Legenden (Schriftenreihe des Kreismuseums Wewelsburg), Verlag Ferdinand Schöningh GmbH

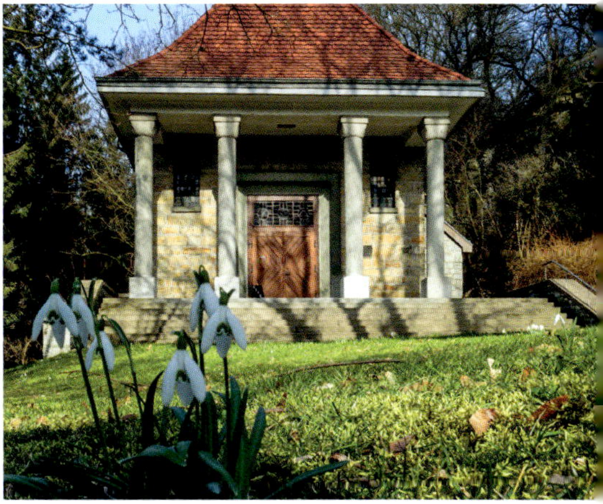

Kluskapelle Ahden

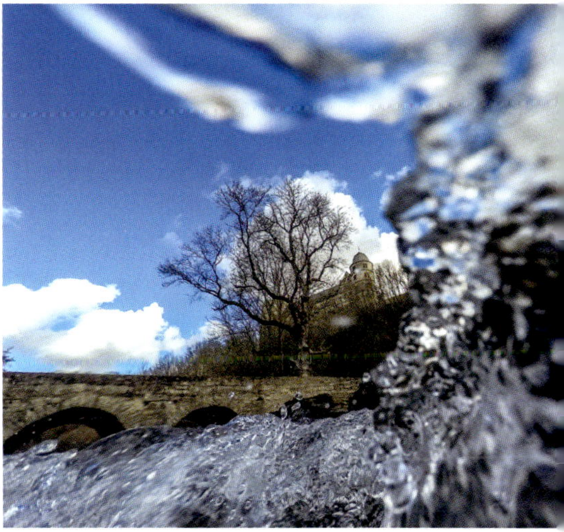

Finale unterhalb der Wewelsburg

Tour 12: Möhne (Sauerland)

Die Möhne entspringt auf etwa 400 Höhenmetern auf der Briloner Hochfläche im Sauerland und durchfließt in engen Windungen eine breite Talaue, die im Süden vom Arnsberger Wald begrenzt wird, um nach knapp 70 km als rechter Nebenfluss bei Neheim-Hüsten in die Ruhr zu münden. Bekannter als der Fluss selbst ist der 12 km lange Möhnesee zwischen Soest und Arnsberg, eine Talsperre, die zu Beginn des 20. Jahrhunderts zur Wasserregulierung der Ruhr angelegt wurde. Wer es gerne etwas anspruchsvoller mag und ein Faible für die Bewältigung von kleinflusstypischen Tücken (flotte Strömung, enge Kurven, mehrere Wehre und Strauch- und Baumhindernisse in Hülle und Fülle) mitbringt, sollte die Möhne ganz oben auf die Zu-Paddeln-Liste setzen. Während Kanutouren auf dem Möhnesee ganzjährig möglich sind, ist auf der Möhne nur im Winter Saison (Oktober bis März), und niedrige Temperaturen sind daher eher die Regel als die Ausnahme.

Unterschätzen sollte man die vermeintlich kurze Streckenlänge der hier vorgestellten Tour nicht, denn die 12 km zwischen Belecke und Niederbergheim haben es in sich. Erfahrung und Geschick in Sachen Baumverhau sollten auf jeden Fall vorhanden sein, ansonsten gibt es viel zu schleppen. Der Probsteiberg war die Wiege der Stadt Belecke, die in der 2. Hälfte des 13. Jahrhunderts gegründet wurde, und hoch auf einem Bergsporn über der Möhne thront die weiße St. Pankratius-Kirche.

Ausgerüstet mit der Kleinfluss-Grundausstattung in Form von Schwimmweste, Kopfschutz und Neoprenanzug kann es am Supermarktzentrum neben der Bundesstraße (fürs Navi: Bahnhofstraße 48, 59581 Warstein/Belecke) aufs Wasser gehen (wer eine Zugabe von sieben Kilometer mit vielen zusätzlichen Strauchhindernissen wünscht, kann auch schon an der Straßenbrücke Rüthen-Warstein starten). Am besten setzt man hinter dem letzten Supermarktgebäude in den Westerbach ein, der nach etwa 150 Metern in die Möhne mündet. So spart man sich gleich zu Beginn das nicht gerade materialschonende Blockwurf-Wehr bei

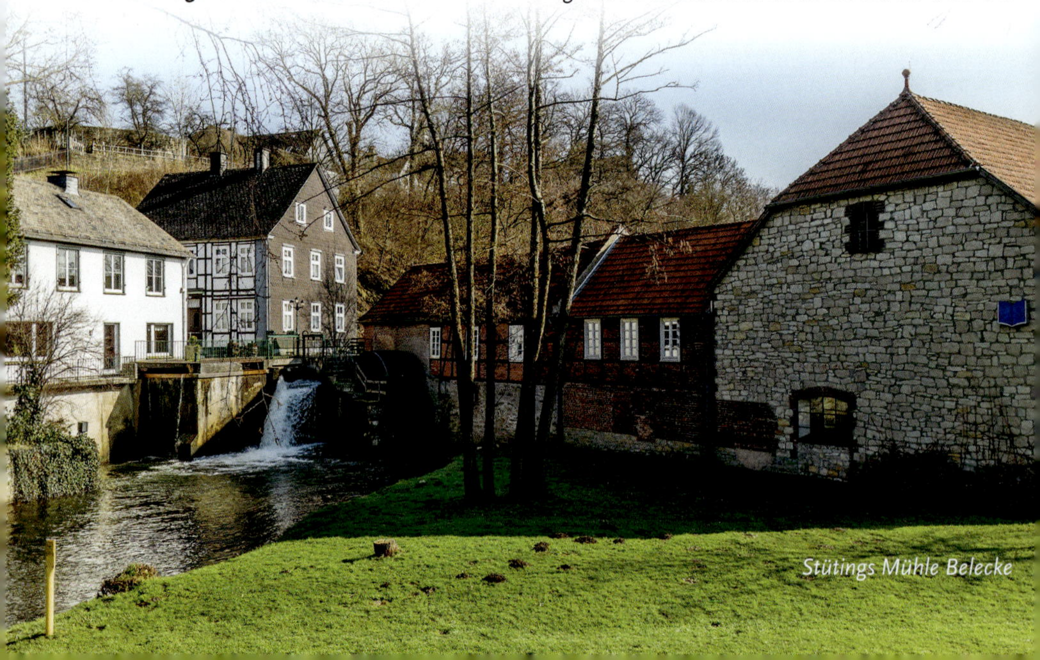

Stütings Mühle Belecke

Möhne Kilometer 39,5.

Unter der Straßenbrücke der B 55 hindurch und vorbei am Möhnepegel und den weißen AEG-Fabrikhallen am linken Ufer nimmt die Möhne an Fahrt auf. Belecke blieb bis ins 19. Jahrhundert hinein eine Ackerbürgerstadt. Erst mit den Eisenbahnlinien Lippstadt-Warstein (1883) und Soest-Brilon (1899) fand die Industrie ihren Weg ins Möhnetal.

Die Möhne taucht sogleich in einen dichten Wald ein, denn auf dem Steilufer zur Linken reichen die Ausläufer des Arnsberger Waldes bis ans Ufer. Die Möhne ist ordentlich zugewachsen, und es dauert nicht lange, bis der erste Baumverhau die gesamte Flussbreite versperrt. Etwa 3 km nach dem Start in Belecke rappelt die Möhne hinter einer Fußgängerbrücke über das Wehr Eiling, nach rechts zweigt der Mühlenkanal Richtung Sichtigvor ab.

Das Wehr wurde im Zuge der Möhne-Renaturierung in Form einer rauen Gleite aus einer Abfolge mehrere flacher Steinriegel umgebaut, um die ökologische Durchgängigkeit der Möhne für Fische wiederherzustellen. Je nach Wasserstand wird es ordentlich holprig.

Rechts hinter den Wiesen ziehen die Kirche von Mühlheim und die Häuser von Sichtigvor vorüber, und hinter der nächsten Straßenbrücke (St. Georg-Straße) kommt von rechts das Wasser aus dem Mühlengraben zurück.

Gut 500 m weiter wartet das ebenfalls jüngst umgestaltete Wehr Dassel. Auch hier werden die Bootsböden wieder von der Abfolge einer Reihe flacher Steinstüfchen in Anspruch genommen. Da die Bagger unterhalb des Wehrs ein breites Bachbett geschaffen haben und vor dem Wehr ein Teil des Möhnewassers nach links abgezweigt wird, ist es auf den folgenden 300 m selbst bei Mindestpegel sehr flach.

Bald darauf ist der Ortsanfang von Allagen erreicht. An der folgenden Straßenbrücke (Viktor-Röper-Straße) lohnt sich der kurze Abstecher zum Haus Dassel. Um 1900 baute der Mar-

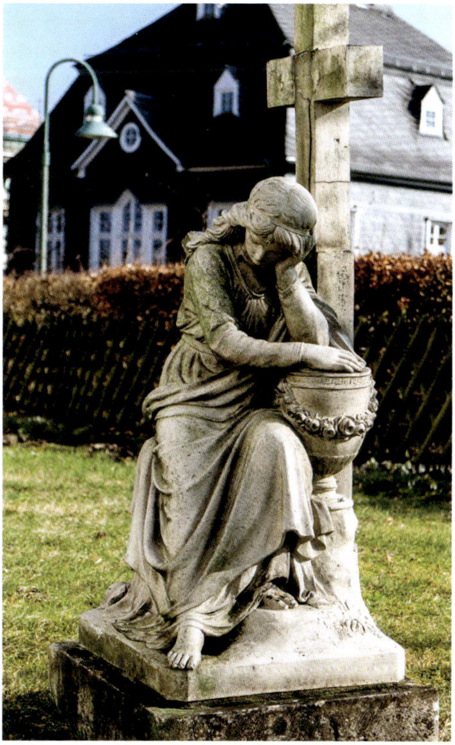

Propsteikirche St. Pankratius Belecke

morfabrikant Georg Dassel das Wohn- und Kontorhaus zu einem repräsentativen, schlossähnlichen Gebäude mit wuchtigem Turm und beidseitigen Stufengiebeln um. Heute wird es von örtlichen Vereinen genutzt und ist Sitz des Heimatmuseums. Die alten Fabrikgebäude sind inzwischen abgerissen und das Gelände wurde zu einem Park umgestaltet.

Gut 500 m weiter ist das etwa 1 m hohe Steilwehr in der Ortslage von Allagen erreicht. Achtung: Bei Hochwasser läuft man Gefahr, im Rücklauf hängenzubleiben. Da das linke Ufer recht steil ist, umträgt man am besten rechts neben dem Fischaufstieg.

Unterhalb von Allagen passiere ich die Reste einer Röhrenbrücke für die Bagger, die hier gearbeitet haben, um der Möhneaue ihr ursprüng-

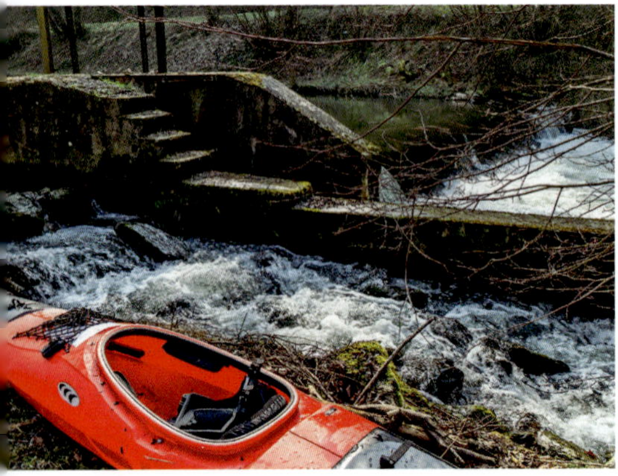

Wehr Allagen

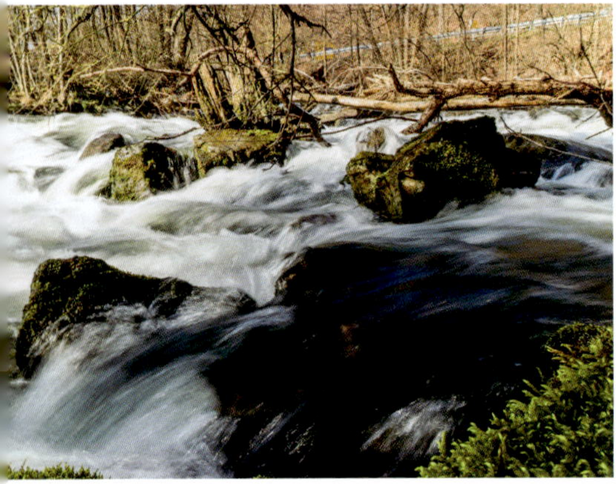

Wehr Niederbergheim

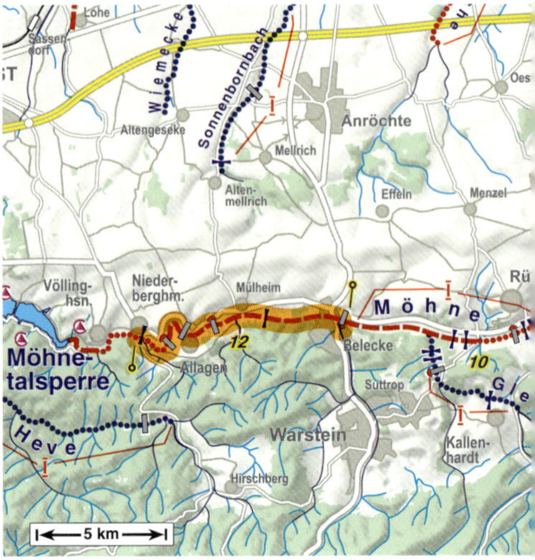

liches Gesicht zurückzugeben, und in den nächsten Jahren wird sich die karge Lehmufer-Mondlandschaft unterhalb der Bundesstraße sicherlich schnell in eine grüne Idylle mit vielen Inseln und Mäanderbögen verwandelt haben.

Knapp 2 km hinter Allagen zweigt nach links ein Graben ab, über den man bei ausreichendem Wasserstand das folgende Steilwehr umgehen kann. Noch einmal fordert uns die Möhne mit zahlreichen querliegenden Bäumen zu artistischen Einlagen heraus, und das Robben über die Stämme ist ein gutes Training für die Bauchmuskulatur.

150 m hinter der Stahlbogenbrücke der ehemaligen Bahntrasse, über die heute der Möhnetal-Radweg verläuft, erwartet uns ein 2 m hohes Wehr. Für die Portage landet man am linken Ufer davor an und setzt direkt in den zuvor erwähnte Graben ein.

Für die finale Flussschleife nimmt die Möhne gar nicht mehr richtig Fahrt auf, denn nachdem erneut eine Stahlbogenbrücke der ehemaligen Bahntrasse die Möhne überspannt hat, rauscht das Wasser nach links über ein mit großen Findlingen gespicktes Wehr. Der Kanal geradeaus führt zur historischen Wassermühle aus dem 16. Jahrhundert am Ortseingang von Niederbergheim. Nach Beendigung des Mahlbetriebs (1960) und Ende des Sägewerks (1972) wird die Wasserkraft hier seit 1983 für die Stromerzeugung genutzt. Das Gebäude beherbergt heute eine Galerie für Kunst- und Kunstgewerbe.

Die Mühle besichtigt man am besten, nach dem die Boote auf den Autos verladen sind, und umträgt das Wehr zunächst am linken Ufer über die Wiese. Wieder im Boot, ist nach wenigen Paddelschlägen die Straßenbrücke in Niederbergheim erreicht. Direkt dahinter kann

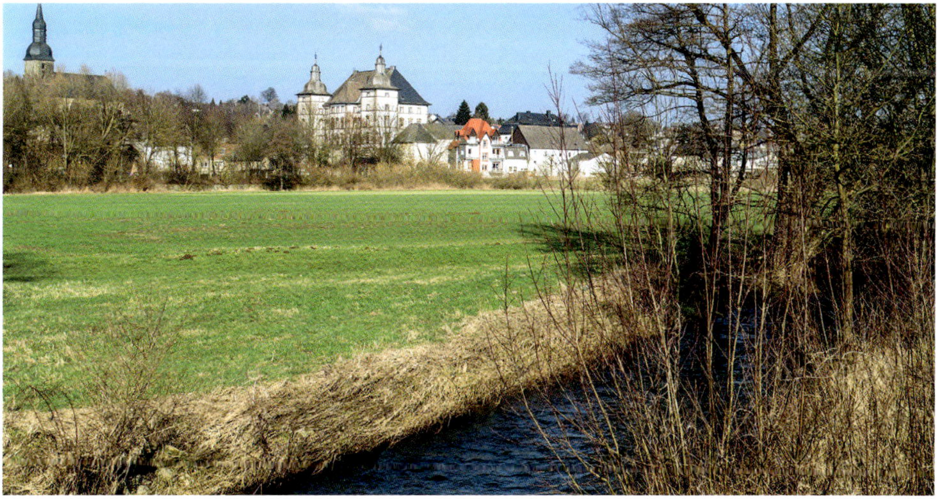

Blick von der Brücke in Sichtigvor in Richtung Mühlheim

man am Prallhang anlegen, um die Tour auf dem kleinen Parkplatz am Radweg zu beenden (fürs Navi: (Sauerlandstraße, Niederbergheim).

Wer noch nicht genug hat, kann die Tour um knapp 3 km bis Völlinghausen verlängern. Ab der Brücke dort heißt es dann aber „Weiterfahrt verboten", denn im Naturschutzgebiet „Erlenbruchwald Völlinghausen" besteht ein ganzjähriges Befahrungsverbot.

Etappen
Belecke – Niederbergheim .... ca. 12 km

Befahrungsregelung:

Befahrungsverbot für den beschriebenen Abschnitt im Sommer vom 1.4 – 31.8, gilt für die Strecke von km 58 (Heidberg) bis km 24,6 (Brücke Völlinghausen). In der übrigen Zeit ist die Befahrung erlaubt, es gilt - mit Ausnahme an den Wehren – ein ganzjähriges Uferbetretungsverbot.

Befahrbarkeit/Pegel:

Pegel Belecke mindestens 70 cm (besser sind aber 80 cm oder mehr). *pegel.kanu-nrw.de*

Hindernisse:

insgesamt 5 Wehre, die je nach Wasser- und Könnensstand z.T. befahren werden können; viele Strauch- und Baumhindernisse im gesamten Verlauf

Unterkunft:

mehrere Camping- und Wohnmobilstellplätze rund um den nahen Möhnesee

Transfer zurück zum Einstieg:

- Von Niederbergheim mit der Linie R51 (Soest-Allagen – Warstein) nach Belecke, aktueller Fahrplan unter *www.rlg-online.de*
- sehr gut auch mit dem Rad auf dem Möhnetal-Radweg, der in weiten Teilen der ehemaligen Trasse der alten Möhnetalbahn folgt.

Gastronomie:

Loagshof (Café und Restaurant im Landhaus-Stil) unweit des Ausstiegs in Niederbergheim.

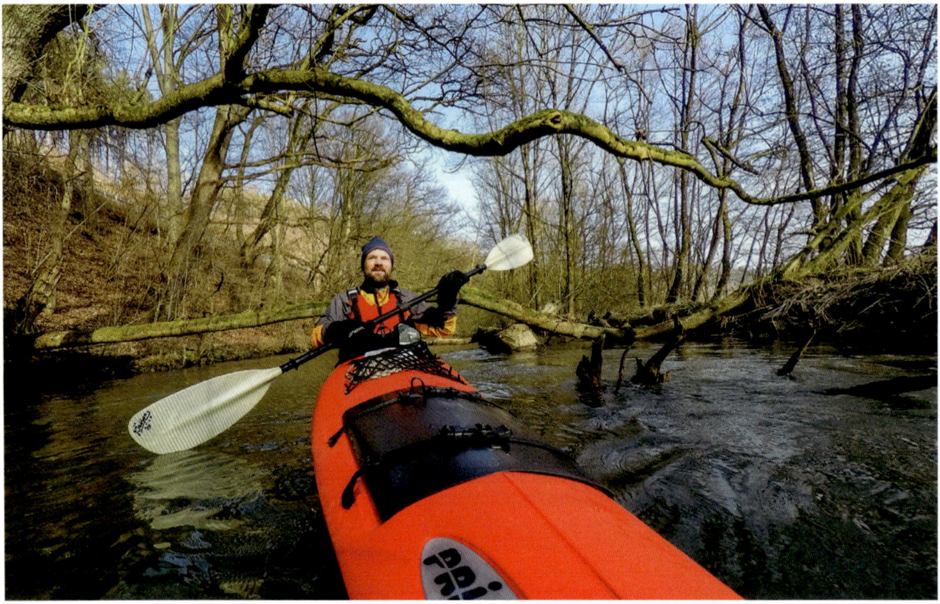

Möhne zwischen Allagen und Niederbergheim

Sehenswertes:

- Bilsteinhöhle und Warsteiner Brauerei Erlebniswelt in Warstein
- Altstadt mit St. Pankratiuskirche, Altstadt auf dem Probsteiberg, Stadtmuseum Probstei und Stütings Mühle in Belecke
- Haus Dassel in Allagen
- Alte Wassermühle in Niederbergheim

Alternativen:

- Wassersport jeglicher Art auf dem Möhnesee (eine gute Kanu-Einstiegstelle für die etwa 15 km lange Rundtour Delecke – Staumauer – Stockumer Damm – Delecke bietet die Bootsrampe neben der Brücke in De lecke, kostenpflichtiger Parkplatz)
- Mehrtageswanderung auf dem Westfalenweg, Tagestouren im Naturpark Arnsberger Wald
- Radtour auf dem Möhnetal-Radweg (alte Bahntrasse), Wildparks an der Bilsteinhöhle und in Völlinghausen
- Klettergebiet Hillenberg bei Warstein
- Internationale Montgolfiade Warstein im September (größtes jährlich stattfindendes Ballonfestival in Europa *www.warsteiner-montgolfiade.com*
- Allwetterbad in Warstein

Auskunft:

Sauerland-Tourismus, Johannes-Hummel-Weg 1, 57392 Schmallenberg, Tel.: 02974/202190
www.sauerland.com

Buchtipps/Karten

- ADFC-Radausflugsführer Alte Bahntrassen im Sauerland mit Ruhr-Sieg-Radweg, SauerlandRadring und Möhnetal-Radweg, 1:50.000, BVA Bielefelder Verlag

Tour 13: Ruhr I: Neheim - Wickede (Sauerland)

Die Ruhr ist Namenspatronin für Deutschlands mächtigsten Ballungsraum, denn hier lag die Kohle, mit der gegen Ende des 18. Jahrhunderts die Industrialisierung begann, dicht unter der Erdoberfläche. Inzwischen ist der Steinkohleabbau schon fast wieder Geschichte, denn die letzte Zeche Prosper-Haniel in Bottrop wird 2018 ihre Pforten schließen. Heute ist das Ruhrtal ein grünes Naherholungsgebiet für die Metropolregion Rhein-Ruhr, und der erste Tourenvorschlag stellt den Oberlauf der Ruhr im Sauerland vor, bevor sie das eigentliche Ruhrgebiet erreicht. Unterhalb von Arnsberg ist die Ruhr meist ganzjährig fahrbar, und die Strecke überrascht mit einigen idyllischen, renaturierten Passagen, die man so auf der Ruhr nicht unbedingt erwarten würde. Leider läuft am Wehr in Wickede nur bei Hochwasser ausreichend Wasser für eine Befahrung des letzten Tourenabschnitts über. Wer keine Lust auf einen 2 km Landtransport zum Schluss verspürt, muss die Tour dann schon auf der Hälfte am Haus Füchten beenden.

Eine hervorragende Einstiegsmöglichkeit für die kurze Tagestour auf der noch jungen Ruhr bietet das Bootshaus des Ski- und Kanuclubs Neheim-Hüsten (Dicke Hecke, 59759 Arnsberg). Dazu folgen wir der Fahrradstraße am R-Café vorbei bis zum Ende und finden neben ausreichend Parkmöglichkeiten auch einen bequemen Steg unterhalb der Slalomstrecke hinter der Straßenbrücke. Fährt man nach der Paddeltour mit dem Regionalexpress aus Wickede zurück nach Neheim, braucht man vom Bahnhof nur auf der Bahnhofstraße nach links auf der Brücke über die Ruhr zu laufen und ist in weniger als 5 Gehminuten zurück beim Auto. Paddler, die ihre Wildwasserfähigkeiten ausprobieren möchten, werden es sich sicherlich nicht nehmen lassen, die Boote zunächst auf dem Radweg ein Stück flussauwärts zu tragen, um oberhalb der Slalomstrecke einzusteigen. Hier laden ein paar Kehrwasser dazu ein, das Ein- und Ausschwingen zu üben.

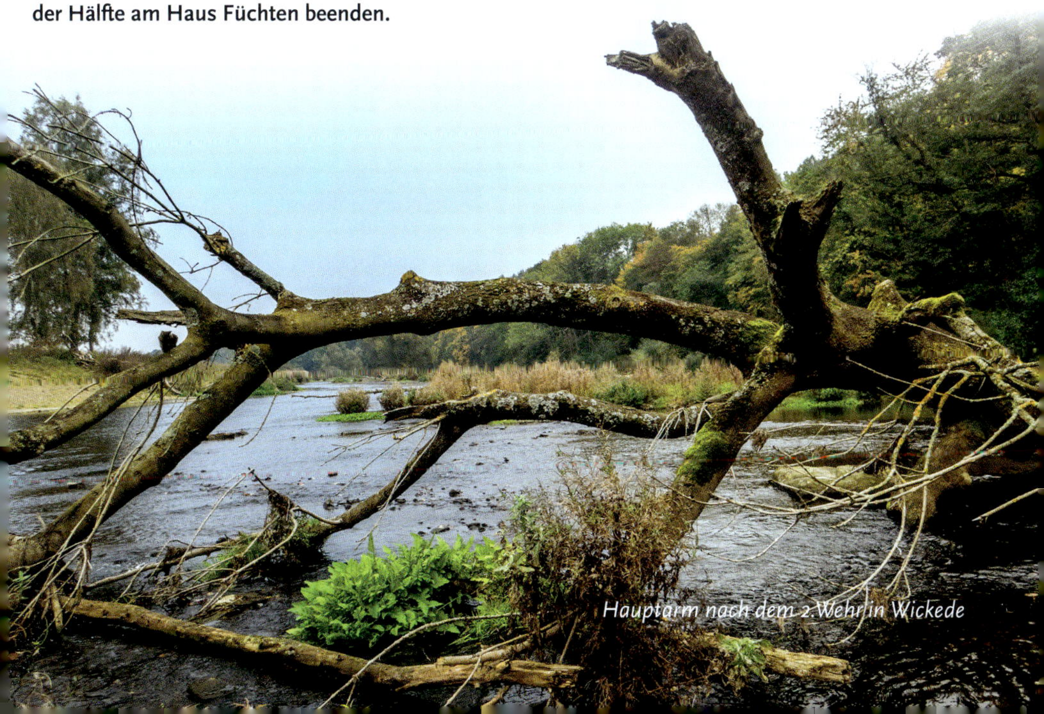

Hauptarm nach dem 2. Wehr in Wickede

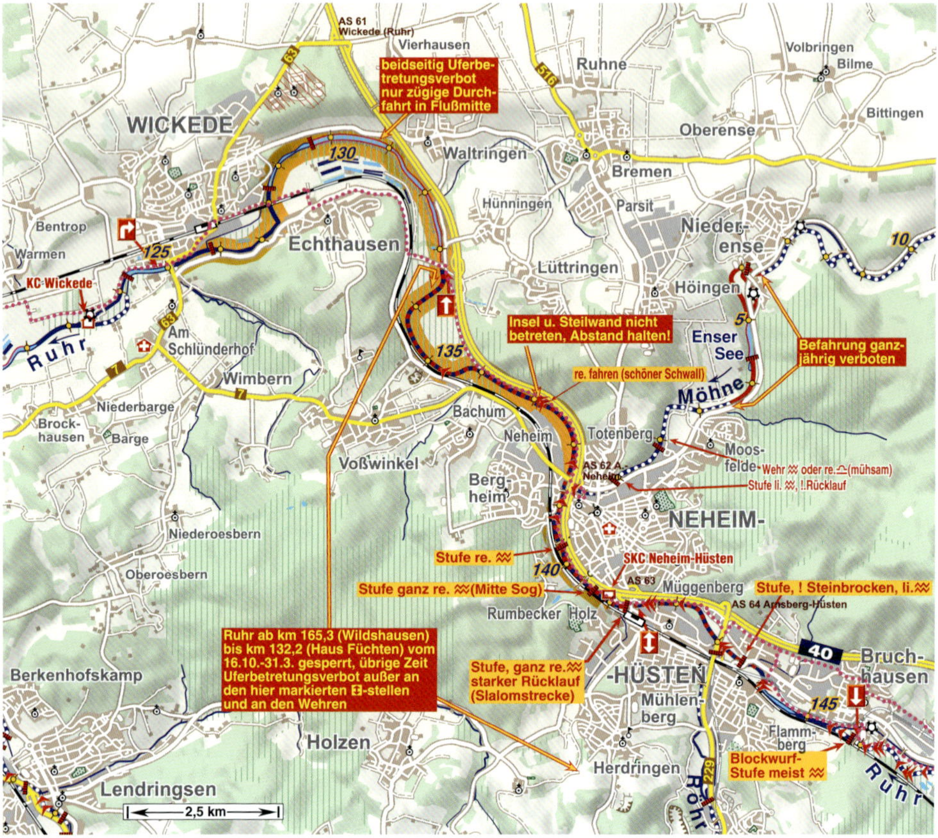

Die Slalomstrecke selbst besteht im Wesentlichen aus einer kleinen Stufe, die gut fahrbar ist (Achtung: Mit höherem Wasserstand nimmt auch der Rücklauf immer weiter zu), man kann aber auch einfach an der Treppe unterhalb des Bootshauses hinter der Slalomstrecke starten.

Am Ende des Sommers warten bei Niedrigwasser auf den ersten 800 m bis zur Fußgängerbrücke mehrere recht flache Schnellen, und man muss sehr genau auf die Wasseroberfläche schauen, um den Stromzug zu entdecken, damit man ohne aufzusetzen vorwärts kommt. Der Verkehrslärm der A40 ist noch nicht ganz verklungen, schon ist ein erster Silberreiher zu bewundern. In diesem Abschnitt wurde die Ruhr renaturiert, und der Flusslauf fächert sich in mehrere Arme auf, sodass es recht flach bleibt. Vor der zweiten Fußgängerbrücke wartet eine etwas größere Stufe, und oftmals ist es gar nicht so einfach, die richtige Durchfahrt zu finden, denn am Prallhang, wo das meiste Wasser fließt, ragen umgestürzte Bäume über die Ufer. Es folgen zwei Straßenbrücken und etwa 350 m hinter der zweiten Brücke eine weitere gut fahrbare Stufe. Die Ruhr wird nun recht breit, und obwohl die Autobahn immer in Hörweite ist, wird es ausgesprochen grün. Am Ende der folgenden Linkskurve teilt sich die Ruhr in zwei Arme, die eine Insel in der Flussmitte umfließen. Da links am Uferabbruch eine Uferschwal-

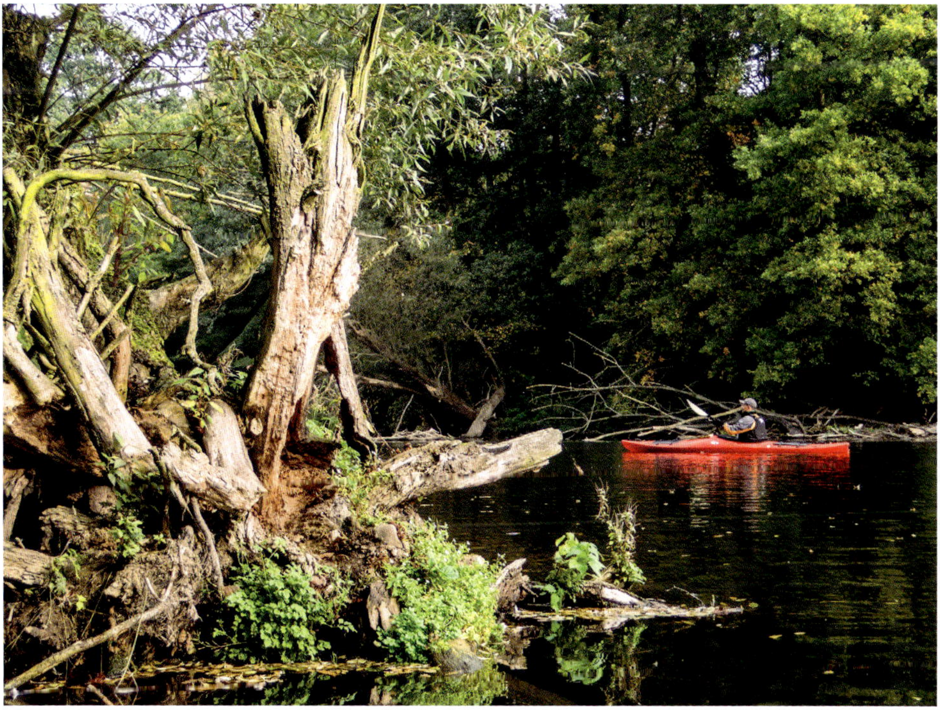

Stausee vor dem 1. Wehr in Wickede

benkolonie nistet, fahren wir zügig durch den rechten Arm. Eine Beobachtungsmöglichkeit böte der Aussichtsturm am Ruhrtalradweg, der für uns aus dem Boot aber unerreichbar ist. Die Ruhr entfernt sich nun für die Länge einer Flussschleife von der Autobahn, und die Verkehrs-Geräuschkulisse wird etwas gedämpft.

Auf dem flachen linken Ufer grasen zunächst Kühe, dann dient es zur Trinkwassergewinnung. Oberhalb der nächsten Straßenbrücke liegt am rechten Ufer eine Ein-/Ausstiegstelle (nicht direkt an der Brücke anlegen!). Haus Füchten bietet die letzte Möglichkeit zum Beenden der Tour an, wenn der ausgedehnte Landtransport hinter dem Wehr in Wicke umgangen werden soll.

Auf einer kleinen Anhöhe am rechten, östlichen Ruhrufer liegt in der Gemeinde Ense das erstmals 1298 erwähnte ehemalige, ehrwürdige Gutshaus Füchten. Die ursprüngliche Burg wurde um 1700 abgetragen und ein Schloss errichtet, das 1726 um einen Kapellenflügel erweitert wurde.

Hinter der Brücke beginnt das Naturschutzgebiet „Ruhrstau bei Echthausen". Bis zum folgenden Wehr ist nur die zügige Durchfahrt in der Seenmitte gestattet. Es darf nicht anlegt werden (ganzjährig beidseitiges Uferbetretungsverbot).

Die Ruhr umspült eine weitere Insel, und auf der seenartigen Staustrecke kommt die Strömung praktisch völlig zum Erliegen, sodass auf den nächsten Kilometern die Arm- und Rumpfmuskulatur gefordert ist. Am Ende legen wir vor dem Wehr in Echthausen am linken Ufer für die Portage an, die Umtragestelle ist ca. 250m

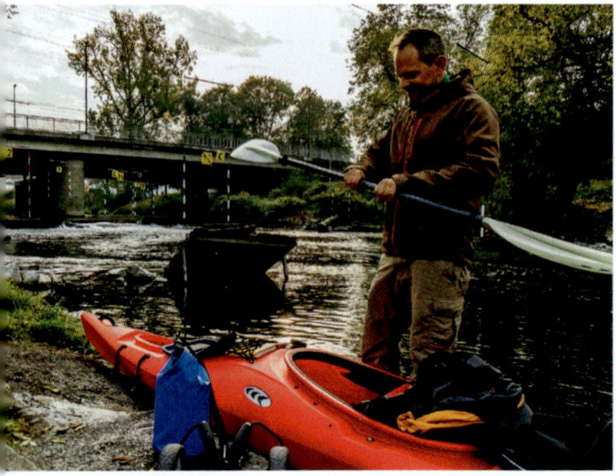

Start in Neheim

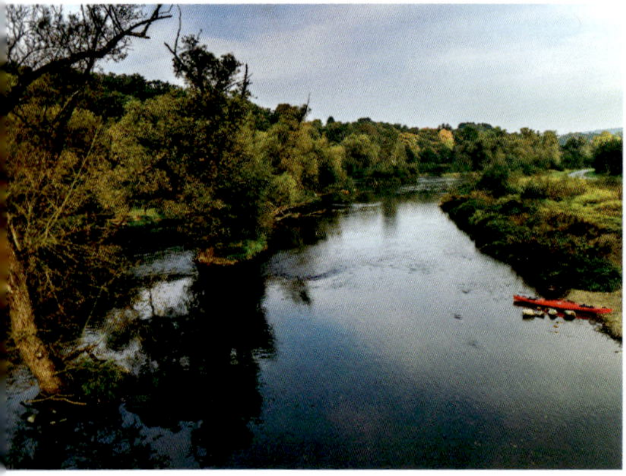

Renaturierte Ruhr bei Neheim

Stausee vor dem 1. Wehr in Wickede

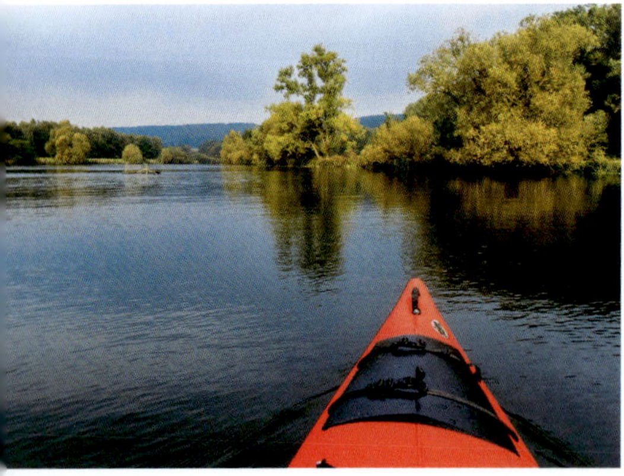

lang und mit Hinweisschildern vorbildlich markiert. Ein Bootswagen ist zu empfehlen.

Das nächste Wehr wartet nur etwa einen Kilometer weiter. Da der Obergraben nicht befahren werden darf, muss man am linken Ufer umtragen. Die Portage am Wehr ist schnell bewältigt, der eigentliche Ärger fängt erst dahinter an. Im folgenden Abschnitt wurde die Ruhr renaturiert und die Strecke hinter dem Wehr in Wickede ist meistens nicht fahrbar, da in der Regel weniger als 3 m^3/sec. durch die Schnecke des Kleinkraftwerks laufen. Nur bei starkem Hochwasser läuft genug Wasser über das Wehr. Wer nicht 2 km treideln möchte, steuert hinter dem Wehr das gegenüberliegende rechte Ufer an und setzt hinter der Bahnbrücke aus, um die Kanus auf dem Bootswagen zu verladen und über den Wanderweg auf dem rechten Ufer weiterzuschieben.

Hinter dem ehemaligen Trommelwehr in Wickede, das jetzt offen und - wenn der Wasserstand ausreicht - problemlos zu fahren ist, kommt das Wasser aus dem Obergraben zurück, und der Wasserstand der Ruhr wird wieder besser. Eine erste gute Stelle, um die Tour zu beenden, finden wir rechts hinter der Straßenbrücke am Radweg. Die Park- und Verlademöglichkeiten sind hier allerdings begrenzt, größere Gruppen paddeln daher noch etwa 500 m weiter bis zum nächsten Wehr mit besseren Parkmöglichkeiten am Ausstieg (Zufahrt zu beiden Endpunkten: Ruhrufer, 58739 Wickede (Ruhr).

Etappen

Neheim – Haus Füchten	8,5 km
Haus Füchten – Wickede	8 km

Befahrungsregelung:

Befahrungsverbot vom 16.10. bis 31.03. BV bis Haus Füchten (Ruhr-km 133,4), in der übrigen Zeit erlaubt, aber Uferbetretungsverbot; die

Uferschwalbenkolonie bei km 137 ist mit größtmöglichem Abstand zügig zu passieren; ganzjähriges Uferbetretungsverbot für den Ruhrstau bei Echthausen (km 133,4 Haus Füchten - km 129,2 Wehr Echthausen).

Befahrbarkeit/Pegel:
In der Regel ist die Ruhr ab Neheim ganzjährig befahrbar, hinter dem Wehr in Wickede reicht der Wasserstand in der Regel nicht für eine Befahrung aus.

Hindernisse:
Die Wehre in Echthausen und Wickede müssen umtragen werden. Ein Bootswagen ist erforderlich. Wer sich den zwei Kilometer langen Landtransport am Schluss ersparen möchte, muss die Tour schon am Haus Füchten beenden.

Unterkunft:
Kanu-Club Wickede/Ruhr, Am Kraftwerk 3
58730 Fröndenberg-Warmen,
www.kanu-club-wickede.de (ca. 1 km ruhrabwärts hinter dem letzten Wehr am Tourenende)

Transfer zurück zum Einstieg:
Von Wickede unproblematisch mit dem Regionalexpress in weniger als 10 Minuten nach Neheim-Hüsten (Fußweg zum Einstieg < 5 Minuten). Muss die Tour bereits am Haus Füchten beendet werden ist ein zweites Auto erforderlich, alternativ mit dem Fahrrad auf dem Ruhrtalradweg zurück zum PKW

Bootsverleih:
- Christian Becker Möhnesee (Gruppenangebote), Tel.: 02925/2011
  www.becker-möhnesee.de
- Lippetouristik (geführte Touren)
  Tel.: 02306/781, *www.lippetouristik.de*

Gastronomie:
In unmittelbarer Nähe zum Einstieg lockt der Biergarten mit Ruhrblick am Café-Restaurant „R“, im weiteren Verlauf aber keine Einkehrmöglichkeit direkt am Ufer, daher Tourenproviant nicht vergessen.

Sehenswertes:
- Altstadt von Arnsberg; Haus Füchten
- Kunst- und Lyrikweg an der Ruhr in Wickede

Alternativen:
- Wandern auf dem Naturerlebnisweg im Waldreservat Moosfelde östlich von Neheim (ca. 7km)
- Fahrradfahren auf dem Ruhrtalradweg
- Wildwald Vosswinkel mit Klettergarten (www.wildwald.de)
- Freizeitbad Nass in Arnsberg-Hüsten
- beheiztes Freibad in Wickede
- Stadtrundgang durch die historische Altstadt von Arnsberg
- Wassersport auf dem Möhnesee
- im Winter Skifahren im Sauerland
  www.wintersport-arena.de

Auskunft:
Sauerland-Tourismus, Tel.: 02974/202190
www.sauerland.com

Buchtipps/Karten

- Tourenatlas Nr. 3, Rhein-Mosel und Nebenflüsse, 1:75.000, Jübermann-Verlag
- Wassersport-Wanderkarte WW2, Deutschland West mit Karte der Ruhr 1:75.000, Jübermann Verlag
- Bikeline Radtourenbuch RuhrtalRadweg. Vom Sauerland an den Rhein, Karten 1:50.000, Esterbauer
- Maike Förster: Sauerland macht lustig (Lieblingsplätze), GMEINER-Verlag
- 219,3 kilometer im fluss – Das Ruhr-Buch, Hellblau-Verlag

Tour 14: Ruhr II: Fröndenberg – Schwerte (Sauerland)

Der zweite Tourenvorschlag für die Ruhr stellt einen weiteren Abschnitt des Oberlaufs am Ausklang des Sauerlands vor, bevor das Ruhrgebiet erreicht wird. Hier durchfließt die recht naturbelassene Ruhr in schönen Flussschleifen eine ruhige Landschaft zwischen dem Haarstrang im Norden und den Höhenzügen des Sauerlandes im Süden. Schon seit Ende des 19. Jahrhunderts spielt die Ruhr eine wichtige Rolle bei der Trinkwasserversorgung des Reviers, denn mit der Bevölkerungsexplosion im Zuge der Industrialisierung reichten die vorhanden Grundwasserbrunnen und Quellen für die Wasserversorgung nicht mehr aus. Daher entstanden zahlreiche Wasserwerke, an denen vorgereinigtes Wasser aus der Ruhr versickert, um die Grundwassermenge zu erhöhen. Die Staustufen der Wasser- und Kraftwerke sind gut zu umtragen. Die Strömung ist auf der gesamten Strecke nur mäßig, der Fluss durchgehend breit und die vorgestellte Strecke daher auch für Anfänger gut geeignet.

Fröndenberg blickt auf eine wahrhaft „heiße“ Geschichte zurück. Über hundert Jahre prägte die Produktion von Ketten die Industriegeschichte der Stadt. Sie begann gegen Ende des 19. Jahrhunderts, als geschweißte Ketten sowohl für den Schiffs- als auch den Bergbau in großen Stückzahlen benötigt wurden. Bis ins 20. Jahrhundert war neben der industriellen Produktion in Fabriken auch die Heimarbeit verbreitet, und so loderten auf vielen Höfen rund um Fröndenberg die Schmiedefeuer. Durch den Strukturwandel ist die Kettenindustrie zu Beginn des 21. Jahrhundert nahezu vollständig aus Fröndenberg verschwunden, die Erinnerung an den einst wichtigen Wirtschaftszweig wird aber in dem 1999 eröffneten Kettenschmiedemuseum lebendig gehalten. Untergebracht in dem ehemaligen Magazingebäude einer Papierfabrik zeigt es die verschiedensten Geräte und Maschinen, und an jedem 1.Sonntag im Monat gibt es Vorführungen über einem originalen

Frostiger Spätwintermorgen auf der Ruhr

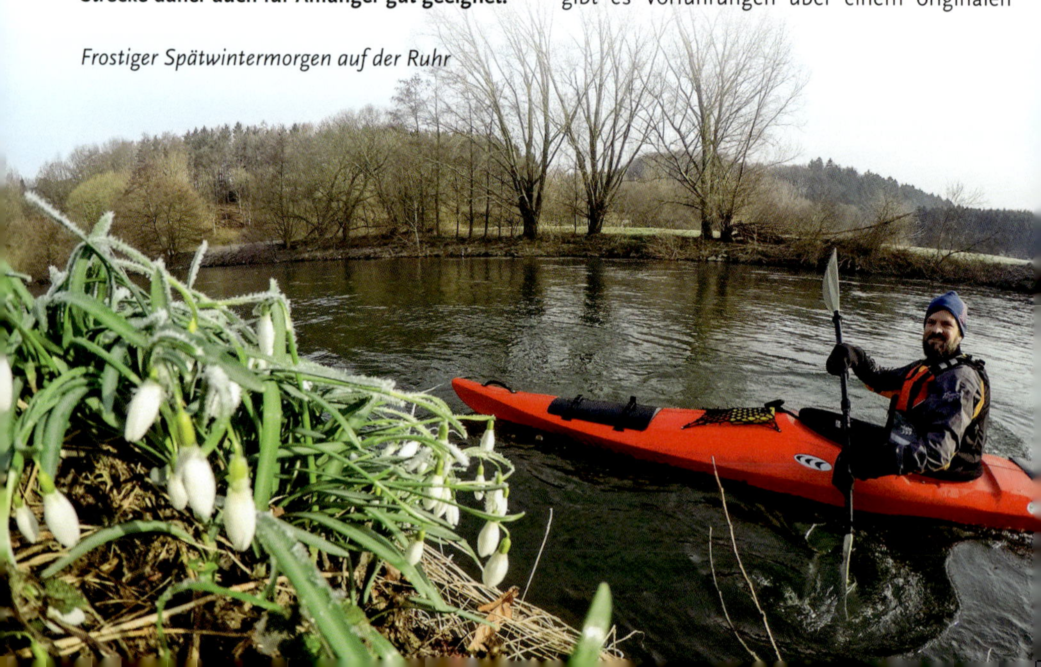

Schmiedefeuer von 1910 zu sehen. In unmittelbarer Nachbarschaft zu dem Backsteingebäude im Landschaftspark am Ruhrufer erinnert der Fröndenberger Trichter an die Papierproduktion. Einst diente er der Rohstoffrückgewinnung aus den Abwässern.

Eine gute Anlaufstelle für den Tourenstart ist das Bootshaus des Kanuclubs Menden an der Straßenbrücke über die Ruhr zwischen Fröndenberg und Menden gegenüber von der Tankstelle (Navi: Fröndenberger Straße 290, 58706, Menden). Das Ufer ist hier frei zugänglich, die Parkmöglichkeiten unter der Brücke am Ufer sind aber begrenzt. Der Bahnhof ist mit einem kurzen Spaziergang in etwa 10 Minuten gut zu erreichen.

Da man direkt am Zusammenfluss von Kraftwerk- und Wehrkanal einsetzt, ist die Strömung beim Ablegen zunächst recht flott. Hinter der Eisenbahnbrücke liegt am rechten Ufer das Vereinsgelände des KC Fröndenberg, und kurz darauf mündet von links die Hönne in die Ruhr. Hinter dem rechten Ufer erhebt sich der Turm der St. Marienkirche auf einer kleinen Anhöhe über die Innenstadt von Fröndenberg. Die Ruhr ist etwa 40 m breit und von Beginn an recht idyllisch. Auf den Bäumen entlang der Ufer zeigen sich Grau- und Silberreiher, und es ist das Geschnatter von Enten und der bellende Ruf der Nonnengänze zu vernehmen. Ansonsten ist es erstaunlich ruhig, und für kurze Zeit schwimmt sogar ein Bisam neben der Bootsspitze her. Die zum Tourenstart recht lebhafte Strömung schläft schnell ein, und nach etwa drei Paddelkilometern taucht hinter einer weitgezogenen Rechtskurve am rechten Ufer das weiße Gebäude am Wehr in Halingen auf. Beim Weiterpaddeln rückt die blaue Brücke über das Wehr ins Blickfeld. Zum Umtragen legen wir direkt vor dem Absperrbalken am linken Ufer an und folgen der ausgeschilderten Umtragestrecke (ca. 150 m).

Die zwischen 1912 und 1914 angelegte Staustufe an der Ruhr zwischen Fröndenberg und Halingen diente und dient in erster Linie zur Trinkwasserwassergewinnung, gleichzeitig wurde ein Kraftwerk mit zwei Wasserturbinen errichtet, mit deren Energie die Kolbenpumpen angetrieben wurden, um das gewonnene Trinkwasser in die Hochbehälter zu pumpen. Es war bis in die 1970er Jahre in Betrieb, bis ein neues Pumpwerk gebaut wurde.

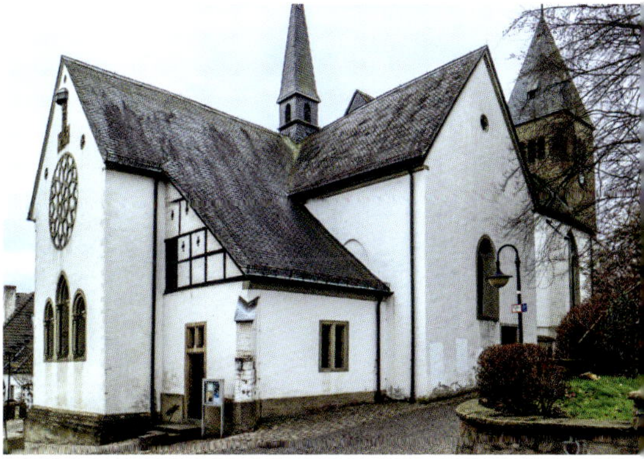

Stiftskirche Fröndenberg

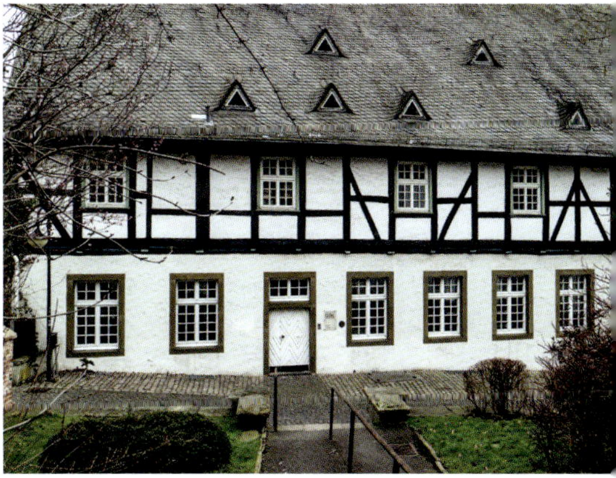

Äbtissinnen Stiftsgebäude Fröndenberg

Gut 30 Jahre später erfolgte im Zuge des Ausbaus der erneuerbaren Energien als zentrale Säule der Energiewende eine Rückbesinnung auf die Wasserkraft, und die Wasserwerke West-

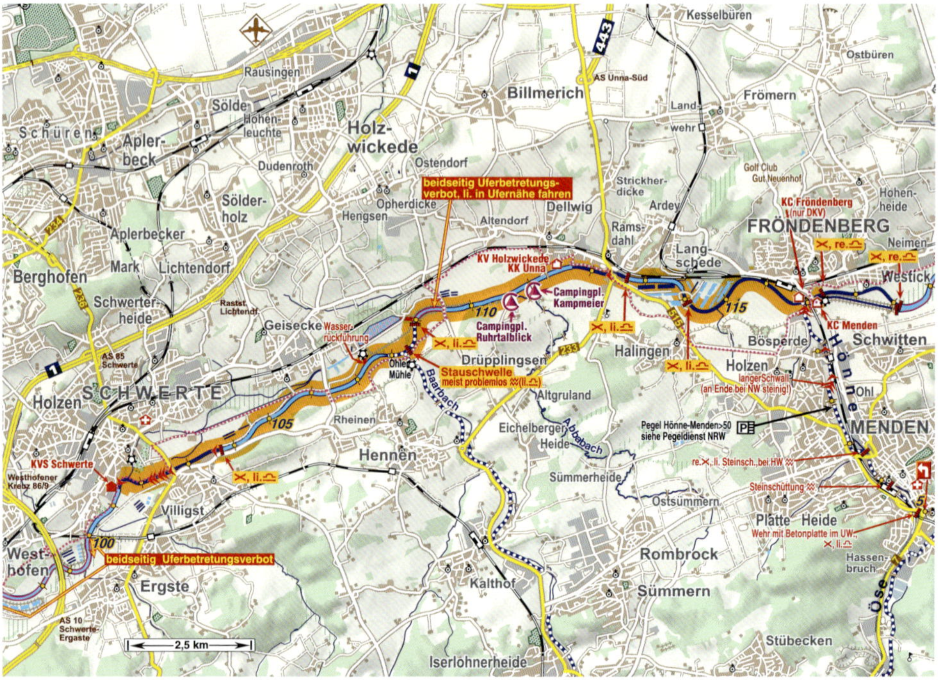

falen rüsteten 2008 das ehemaligen Kraftwerksgebäude zu einem neuen Laufwasserkraftwerk um, das pro Jahr im Schnitt 1,6 Millionen Kilowattstunden Strom liefert.

Wieder im Boot nimmt die Strömung gar nicht erst richtig Fahrt auf, denn schon einen Kilometer weiter ist das nächste Wehr am Wasserwerk Halingen/Langschede erreicht, wo seit 1888 das gereinigte Ruhrwasser über große Becken in den Untergrund sickert, um das Grundwasser anzureichern.

Gegenüber der Lagerhallen des Stahlhandels setzten wir etwa 50 m hinter dem Warnschild „Achtung Kraftwerkanlage in 100 m Entfernung. Betreten verboten" am linken Ufer direkt vor dem Balken aus, um kurz zu umtragen.

Die Betontreppen im Unterwasser des Wehrs liegen direkt in der Strömung, wer es beim Wiedereinstieg etwas ruhiger bevorzugt, trägt noch 50 m weiter und kann dann am flachen Ruhrufer gut einsetzen.

Bei der Weiterfahrt ziehen am rechten Ufer eine paar weitere Fabrik- und Lagerhallen vorüber, es geht unter der Straßenbrücke der B233 hindurch, und bald sind die Ufer wieder grün.

Nachdem sich der Ruhrtalradweg vom rechten Ufer entfernt hat, passieren wir eine Rollenrutsche für den spritzigen Einstieg in die Ruhr und die quer über den Fluss gespannten Slalomstangen vor den Geländen und Bootshäusern der Vereine KV Holzwickede und KK Unna.

Kurz darauf winken uns ein paar Fußgänger von der Brücke über die Ruhr zu, und am linken Ufer reichen die Parzellen der Dauercamper auf den beiden benachbarten Campingplätzen bis ans Ufer. Während das bewaldete, linke Ufer nun etwas höher aufragt, sonnen sich am gegenüberliegenden Ruhrufer die Gänse auf den flachen Wiesen.

Dort, wo zur Linken der Steilhang endet, ist die

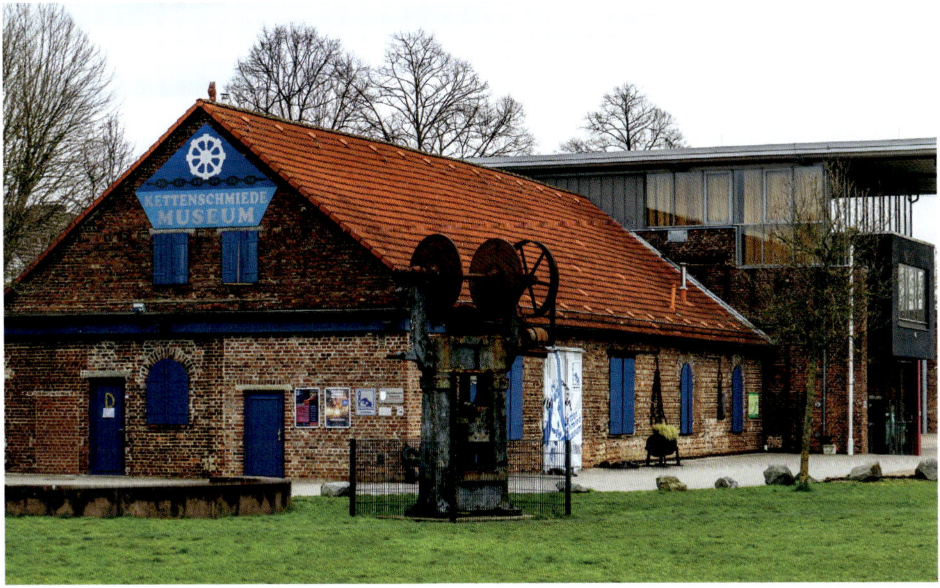

Kettenschmiedemuseum Fröndenberg

nächste Brücke erreicht (Ruhrstraße). Auf dem folgenden Abschnitt bis zum nächsten Wehr besteht ein ganzjähriges Uferbetretungsverbot und wir dürfen nur links fahren.

Knapp 1 km weiter legen wir gegenüber vom nach rechts abzweigenden Kanal zum Stausee Hengsen am linksufrigen Steg an, um das Wehr zu umtragen. Das Wasserkraftwerk versorgt Teile von Dortmund und Iserlohn sowie Holzwicke und Schwerte mit Trinkwasser.

Bald nach dem Wiedereinstieg mündet hinter einer von rechts in die Ruhr ragenden Betonstufe der Baarbach in die Ruhr. Behäbig wälzt sich die Ruhr zwischen den Deichen für einen Kilometer vorwärts, bis von rechts das Wasser aus dem Stausee zurückgeführt wird.

Vor der nächsten Straßenbrücke (Zum Wellenbad/Ruhrtalstraße) blickt aus dem Garten des Gutshofs Wellenbad eine steinernder Moai-Kopf auf die Ruhr, als wären wir auf den Osterinseln unterwegs. Die Sommerterrasse des Restaurants liegt direkt am Ufer und serviert saisonale Gerichte von mediterran bis zur „jungen“ deutschen Küche.

Im weiteren Verlauf tritt erstmals eine stärker befahrene Straße ans linke Ufer, denn das Etappenziel Schwerte ist nun nicht mehr weit. Vor dem Finale muss aber noch das Wehr am Wasserwerk Villigst am linken Ufer umtragen werden. Die letzten zwei Kilometer trägt uns die flotte Strömung fast von selbst und es wird noch einmal richtig spritzig. Hinter der Brücke der B236 rauscht die Ruhr über zwei je nach Wasserstand mehr oder weniger stark ausgeprägte Schwälle, und in der folgenden Kurve kündigen die im Fluss hängenden Slalomstangen den Kanu- und Surfverein Schwerte an (Detlef-Lewe-Weg 1, 58239 Schwerte). Hier können wir die Boote bequem aus dem Wasser ziehen, und der Bahnhof zum Nachholen des Autos liegt nur etwa 1,5 km entfernt.

Auf dem Ufer-Wanderweg gelangt man ruhraufwärts zur Rohrmeisterei. Das rote Ziegelbauwerk wurde ursprünglich als Pumpstation für

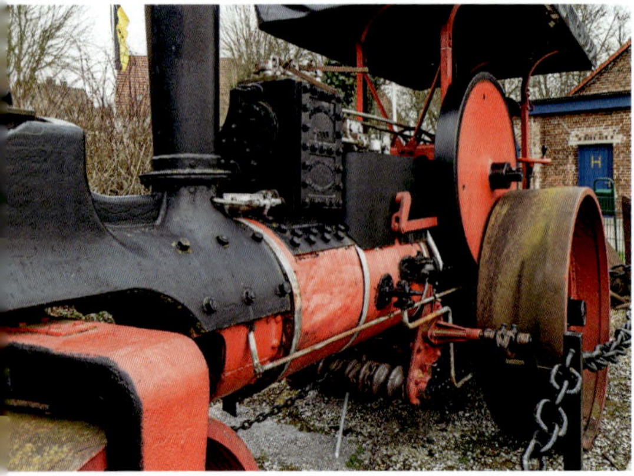

Kettenschmiedemuseum Fröndenberg

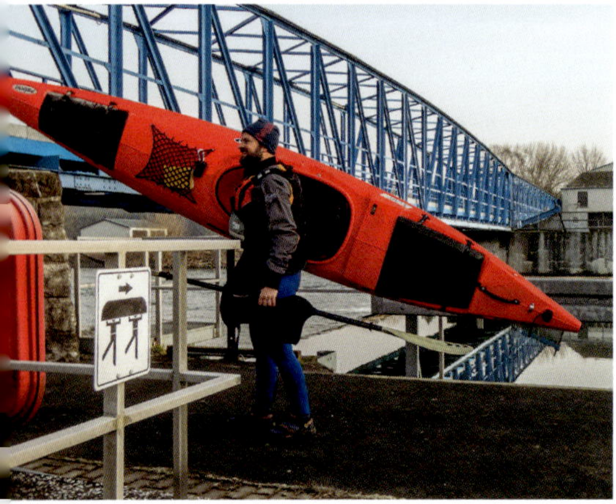

Die Portagen an den Wehren sind schnell bewältigt

die Trinkwasserversorgung gebaut und von 1924 bis 1976 von den Dortmunder Stadtwerken genutzt, um Wasserrohre zu lagern und in Stand zu setzen. Nach langem Leerstand hat sich die Rohrmeisterei als Kulturzentrum in Schwerte etabliert und bietet neben zahlreichen Veranstaltungen auch eine hervorragende Gastronomie im stimmungsvollen Ambiente eines Industriedenkmals.
Von der Rohrmeisterei ist es nur ein kurzer Spaziergang bis zum Marktplatz im Zentrum der Altstadt von Schwerte. Das gotische Rathaus von 1547 beherbergt neben der Touristinformation das Ruhrtalmuseum mit einer Ausstellung zur Regionalgeschichte. Direkt nebenan erhebt sich die evangelische St. Viktor-Kirche mit einem sehenswerten Antwerpener Schnitzaltar aus dem 16. Jahrhundert.

Etappen
Fröndenberg – Schwerte .... ca. 17 km

Befahrungsregelung:
Auf der Staustrecke vor dem Stausee Hengsen (Ruhr-km 109,4 – km 108,9) ist das Betreten des Ufers verboten und die Befahrung nur auf der linken Flussseite erlaubt.

Befahrbarkeit/Pegel:
Die Strecke ist ganzjährig fahrbar.

Hindernisse:
Die insgesamt vier Wehre zwischen Fröndenberg und Schwerte müssen umtragen werden. Die Portagen sind allesamt kurz und recht einfach zu bewältigen, zur Not geht es auch ohne Bootswagen.

Unterkunft:

- Das Neue Hotel am Park, Ruhrstraße 16 58730 Fröndenberg, Tel.: 02373/174050 *www.das-neue-hotel-am-park.de*
- KC Fröndenberg (Zeltmöglichkeit für DKV-Mitglieder), Tel.: 02373/71177 (Bootshaus), *www.kc-froendenberg.de* Übernachtungswünsche vorab per E-Mail: bootshauswart@kc-froendenberg.de oder 02373-1746517
- KV Holzwickede *www.kanu-verein.de*
- KK Unna *www.kku49.de*
- bei Dellwig, gegenüber bei Drüpplingsen Campingplatz Kampmeier *www.campingplatz-kampmeier.de*

- Ruhrtalblick *www.ruhrtalblick.de*
- Kanu- und Surf-Verein Schwerte (DKV Kanustation), *www.kvs-schwerte.de*

Transfer zurück zum Einstieg:
stündlich mit dem Sauerlandexpress in knapp 10 Minuten von Schwerte nach Fröndenberg

Bootsverleih:
Kanucamp Schwerte, Tel. 02304/61699
www.ruhr-kanu.de

Gastronomie:
- Haus Ruhrbrücke in Fröndenberg (im Sommer tgl. ab 17.30 Uhr, So. 11.00-15.00 Uhr, Di. Ruhetag), www.hotel-haus-ruhrbruecke.de
- Gutshof Wellenbad (im Sommer Mo-Fr ab 17.00 Uhr, Sa/So 12.00-15.00 und ab 18.00 Uhr, www.gutshof-wellenbad.de
- Gaststätte im Bootshaus beim KC Schwerte (Di. Ruhetag)

Sehenswertes:
Kettenschmiedemuseum (Sa/So 10.00 - 16.00 Uhr), Marienkirche, Stiftskirche und Äbtissinnen-Stiftsgebäude in Fröndenberg; Ruhrtalmuseum *www.ruhrtalmuseum.de*, Kulturzentrum Rohrmeisterei und historische Altstadt in Schwerte

Alternativen:
- Fahrradfahren auf dem Ruhrtalradweg
- Fernwanderung auf dem Westfalenwanderweg zwischen Westfälischer Bucht und Sauerland, 216 km, *www.westfalenwanderweg.de*
- zahlreiche markierte lokale Rad- und Wanderwege rund um Fröndenberg und Schwerte
- Kletterwald Freischütz bei Schwerte (März – Oktober, *www.kletterwaldfreischuetz.de*

Auskunft:
- Tourist-Information Fröndenberg
  Tel.: 02373/976444, *www.froendenberg.de*
- Touristik-Information Schwerte
  Tel.: 02304/104777, *www.schwerte.de*

Buchtipps/Karten

- Tourenatlas Nr. 3, Rhein-Mosel und Nebenflüsse, 1:75.000, Jübermann-Verlag
- Wassersport-Wanderkarte WW2, Deutschland West mit Karte der Ruhr 1:75.000, Jübermann Verlag
- Bikeline Radtourenbuch RuhrtalRadweg. Vom Sauerland an den Rhein, Karten 1:50.000, Esterbauer
- Maike Förster: Sauerland macht lustig (Lieblingsplätze), GMEINER-Verlag
- 219,3 kilometer im fluss – Das Ruhr-Buch,Hellblau-Verlag

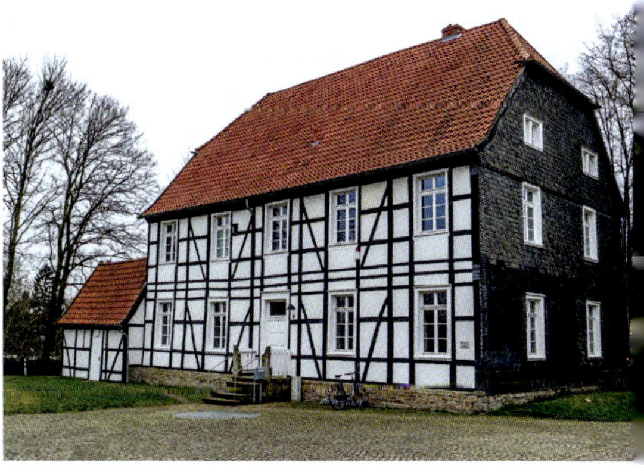

Wuckenhof Schwerte

Tour 15: Ruhr III: Wetter – Essen (Ruhrgebiet)

Die Kleinstadt Wetter, malerisch zwischen Ruhr und Harkortsee gelegen, ist das Tor zum Sauerland oder Ruhrgebiet - je nachdem, in welche Richtung man schaut. Die Zeit, in der Kohleförderung und Stahlproduktion das Ruhrgebiet ausmachten, sind dabei längst passé. Das „neue" Ruhrgebiet ist eine spannende Mischung aus Natur-, Kultur- und Freizeitlandschaft. Die Namenspatronin macht da keine Ausnahme. Die Ufer der Ruhr sind weitgehend unverbaut, und stellenweise erscheint die Flusslandschaft sogar nahezu urwüchsig. Dennoch laden immer wieder historische Altstädte mit guter Gastronomie, hochkarätigen Museen und weiteren Sehenswürdigkeiten zum Landgang ein. An mehreren Wehranlagen sorgen Bootsrutschen für ein spritziges, aber ungefährliches Vergnügen und ersparen lästige Portagen. Last but not least ermöglichen die zahlreichen Kanu-Vereine und Campingplätze eine sehr individuelle Etappeneinteilung. Das alles macht den Mittel- und Unterlauf der Ruhr zum idealen Wanderfluss für die ganze Familie.

Der ruhige Zeltplatz des Kanu-Clubs Wetter am Ostufer des Harkortsees in Hagen-Vorhalle (fürs Navi: Brockhauser Straße, 58089 Hagen) ist genau der richtige Ort, wenn man die Mehrtagestour auf der Ruhr ganz in Ruhe beginnen möchte. Wer es dagegen gar nicht abwarten kann, aufs Wasser zu kommen, wählt für den Einstieg besser den Parkplatz der Firma Demag oberhalb der Straßenbrücke zwischen Wetter und Oberwengern (Wasserstraße 6A, 58300 Wetter) und spart sich so die Portage am Kraftwerkswehr am Ausgang des Harkortsees.

Beim Start vom Steg am Zeltplatz ist am gegenüberliegenden Seeufer das Bootshaus des KC Wetters auszumachen, darüber erhebt sich die Altstadt mit dem weithin sichtbaren Schloss. Wir richten die Bootsspitzen links davon aus und paddeln in südwestliche Richtung auf das Seeende zu.

Hier flattern die Sonnenschirme auf der Terrasse des Restaurants Friedrich am See sowie die blauen und weißen Fahnen des Ruhrverbands im Wind. Wir nehmen die DLRG-Station als Orientierungspunkt, um unter Bahn- und Straßenbrücke hindurch rechts in den Obergraben einzufahren.

Am Ruderclub Mark mit einem schönen Biergarten wenden wir uns dem linken Ufer zu, um am Steg vor dem Kraftwerk Harkort anzulegen. Die Portage führt zunächst am Zaun vor dem

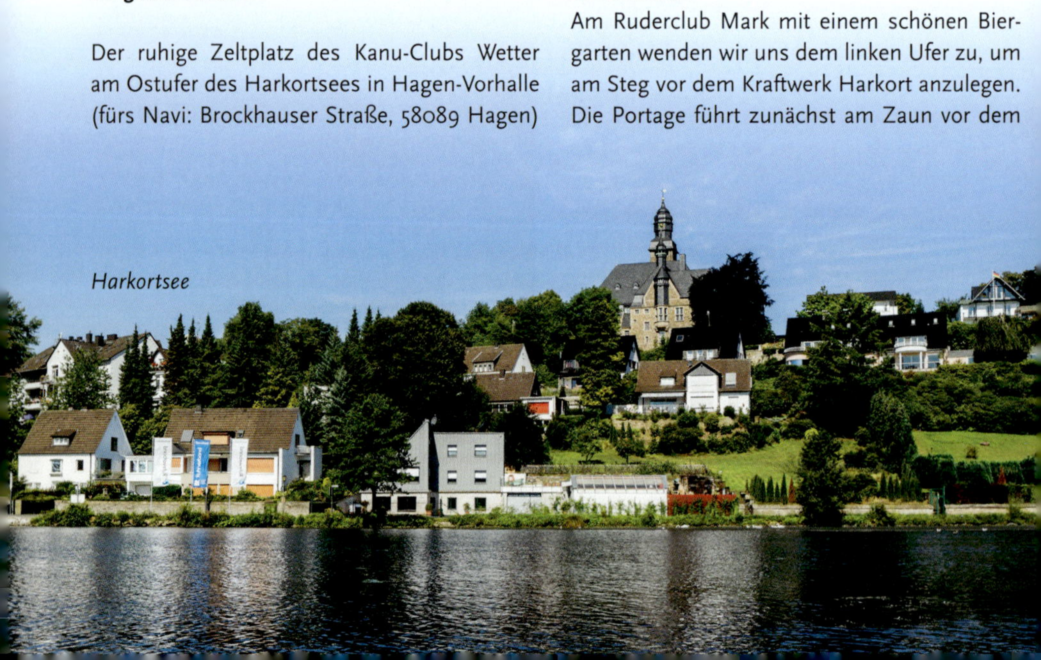

Harkortsee

Gelände nach links und dann auf dem Weg am Fischaufstieg entlang nach rechts ins Unterwasser.

Sofort sind die Ufer wieder grün und die Ruhr fließt ruhig und breit dahin. Vor der ersten Straßenbrücke zieht rechts der zu Beginn als alternativer Startpunkt erwähnte Parkplatz vorüber, hinter der zweiten Brücke folgt ein kleiner Schwall. Von rechts dringt gedämpft das Rattern der Eisenbahn und Verkehrslärm an unsere Ohren, dann stehen schon die ersten Kühe entlang der Ufer.

Bei Wengern beschreibt die Ruhr eine leichte Rechtskurve und vor uns liegt die gerade, breite Staustrecke vor dem Wehr in Witten, und am Horizont erhebt sich das 21m hohe Berger-Denkmal, ein Aussichtturm südöstlich der Wittener Innenstadt. Hinter ein paar Kleingartenparzellen herrscht am rechten Ufer ein liebenswert-buntes Durcheinander aus Kajaks, Zelten und Wohnwagen an den Bootshäusern der Kanufreunde Witten und des Kanu Klubs Neptun.

Gegenüber liegen an einem Seitenarm der DLRG-Wachturm sowie der Campingplatz Steger (Biergarten) dahinter haben wir die freie Wahl, ob wir links oder rechts an der Ruhrinsel vorbeipaddeln.

Etwa 200 m hinter der Insel liegt zu Füßen des bereits erwähnten Berger-Denkmals das Wittener Wehr. Wir legen rechts hinter der Wehrkrone an und umtragen die Boote kurz über den Pfad auf der Insel.

Direkt hinter dem Wehr überspannt das beeindruckende Ruhr-Viadukt mit 20 Bögen und einer Länge von 800 m den Flusslauf. Dahinter versammeln sich am linken Ufer vier Kanu-Vereine, die teilweise mit einer Gaststätte locken. Die Möglichkeit zum Zeltaufbau oder Übernachtung im Bootshaus bietet u.a. der Kanu-Ski-Club Witten.

Knapp 2 km hinter der Straßenbrücke der Ruhrstraße eröffnet der Schwimmsteg am linken Ufer vor der Fußgängerbrücke eine Zeitreise in die Anfangstage des Ruhrbergbaus. Hier lag die Steinkohle so dicht unter der Erdoberfläche, dass sie leicht abgebaut werden konnte. Später wurden die ersten Schächte in die Tiefe gegraben. Heute ist die Zeche Nachtigall ein Indus-

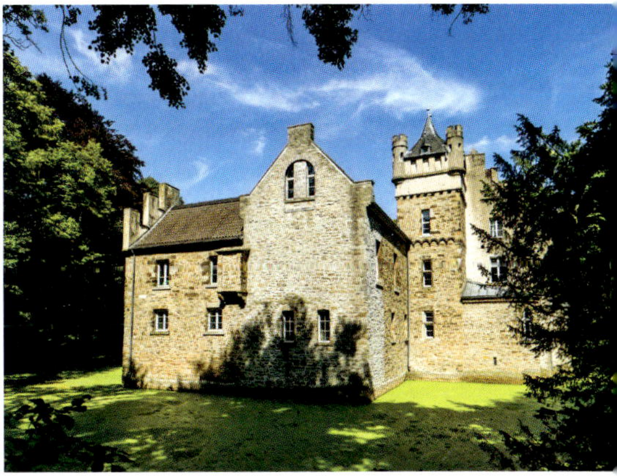

Wasserschloss Werdringen

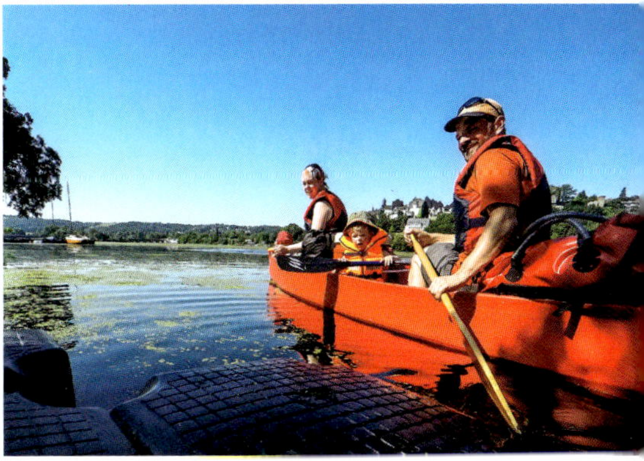

Harkortsee

triemuseum. Bei einem geführten Rundgang geht es mit Helm und Grubenlampe hinab in einen echten Steinkohleflöz des Besucherbergwerks. Nach dem Ausflug in die Unterwelt kann man sich im Kaffee-Gärtchen „Auf Nachtigall“

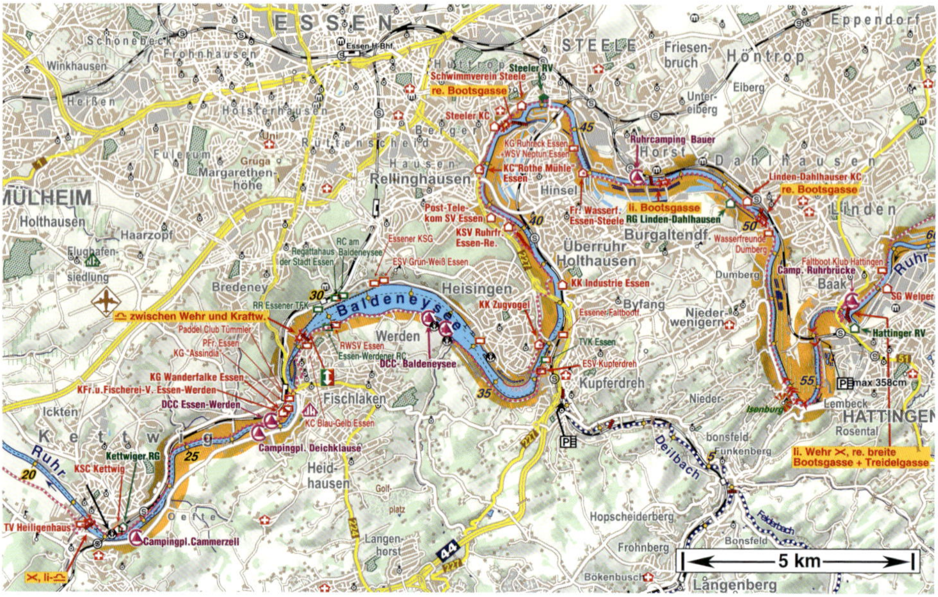

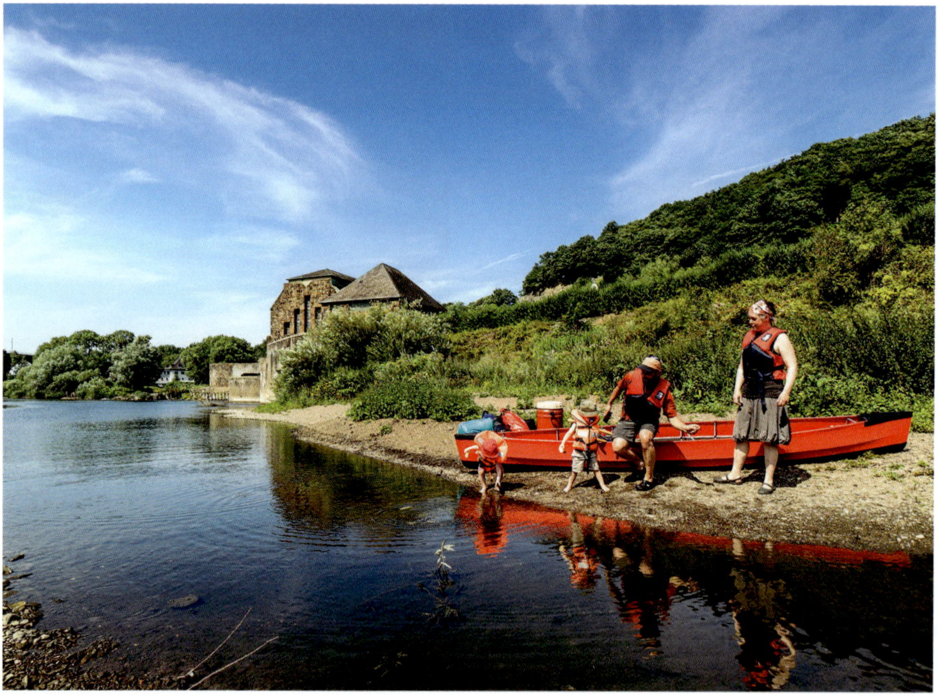

Ruhrviadukt in Witten

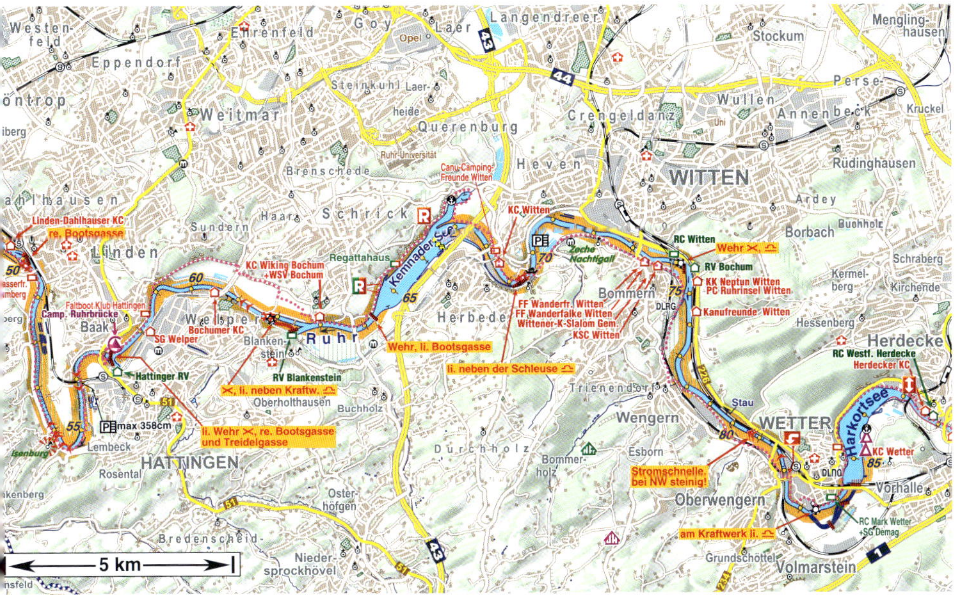

mit hausgemachtem Kuchen stärken. An Sommersonntagen verkehrt auch eine Schmalspurbahn in das nahegelegene Gruben- und Feldbahnmuseum Zeche Theresia mit rund 90 kleinen Lokomotiven und etwa 200 Waggons.

In der folgenden Ruhrbiegung, wo am linken Ufer das Trinkwasser für Witten gewonnen wird, kommt uns das Ausflugsschiff MS Schwalbe entgegen, das zwischen Kemnader See und Witten-Bommern hin und her fährt.

Kurz darauf kreuzt die Fähre Hardenstein unseren Weg. Sie setzt die Radwanderer auf dem Ruhrtalradweg von der Burgruine Hardenstein aus dem 14. Jahrhundert am linken Ufer zur Schleuse Herbede über. Direkt dahinter halten wir uns rechts. Sportboote werden nicht geschleust, die benachbarte Bootsgasse ist bis auf Weiteres gesperrt. Auf dem Plattenweg neben der Bootsgasse ist die Portage aber schnell erledigt. Wer Lust auf eine Kleinigkeit zu Essen, einen heißen Kaffee oder ein Kaltgetränk verspürt, kann nach der Portage am gegenüberliegenden Ufer vor dem Schleusentor

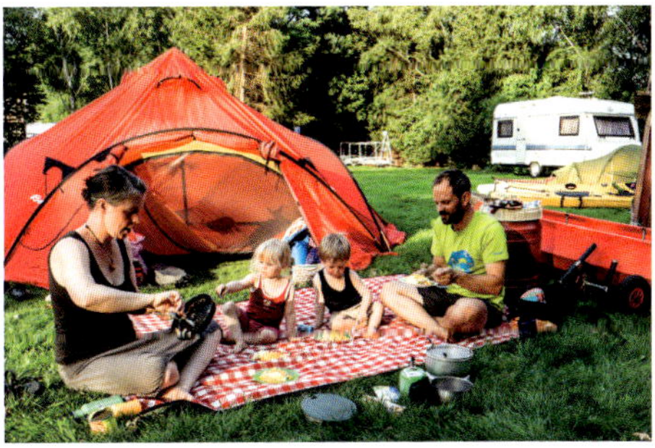

KC Witten

festmachen, um im Biergarten am königlichen Schleusenwärterhaus einzukehren.

Bei der Weiterfahrt ist direkt nach dem Wiedereinstieg bei hohem Wasserstand Vorsicht geboten, denn dann drückt von links eine starke Querströmung durch das Wehr.

Vor der nächsten Fußgängerbrücke liegt am rechten Ufer der Steg des gastfreundlichen Kanu-Clubs Witten. Wenn das Zelt auf der großen Wiese hinter dem Bootshaus aufgebaut ist, kann der Campingkocher ohne Probleme kalt

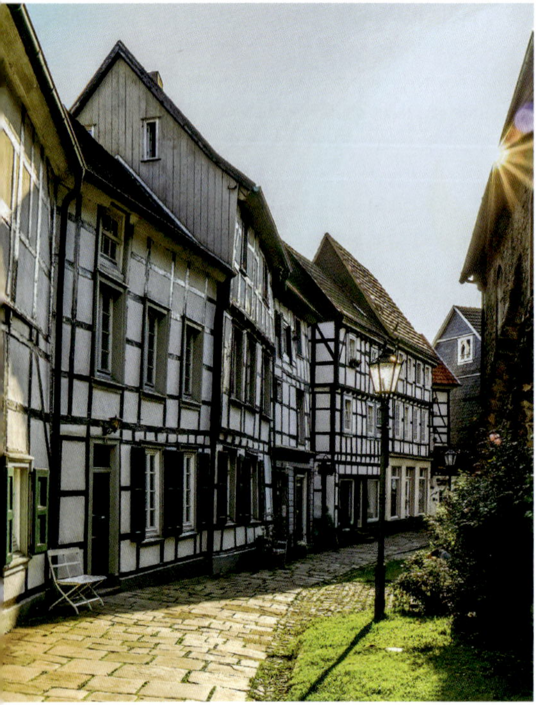

Liebevoll restauriertes Fachwerk in der Altstadt von Hattingen

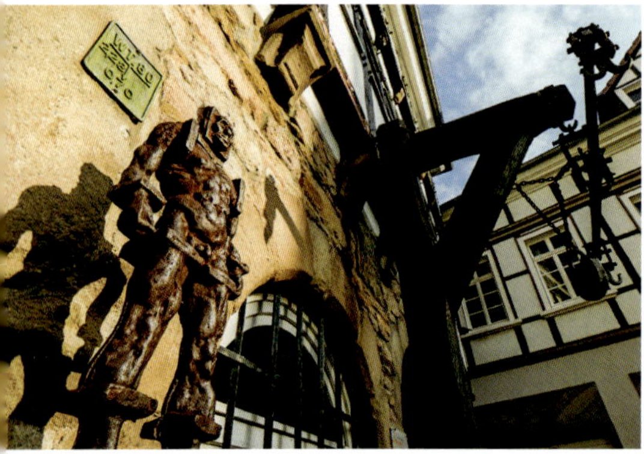

Kein Galgen, sondern eine Waage: Das Alte Rathaus war ursprünglich eine Markthalle für den Fleischverkauf.

bleiben, denn nur wenige Schritte entfernt lockt das Restaurant Picasso mit großer Terrasse und spanischer Küche. Der Weg über die Lakebrücke ans gegenüberliegende Ufer führt direkt zum ehemaligen Zollhaus mit großem Biergarten direkt am Ruhrufer.

Nachdem wir am nächsten Morgen zuerst eine Straßen- und dann die Autobahnbrücke passiert haben, beginnt der Kemnader Stausee. An der kleinen Insel zu Beginn des Sees halten wir uns rechts, da die Befahrung des Schutzgebietes am linken Ufer im ausgetonnten Bereich bis zu den gelben Bojen untersagt ist. Der See ist, wie auch der Baldeneysee am Ende der Tour, ein beliebtes Wassersport-Eldorado. Neben Gänsen und Schwänen pflügen zahlreiche Rennpaddler durchs Wasser. Das Nordufer des Sees gehört bereits zum Stadtgebiet von Bochum, und zu Beginn des letzten Seedrittels laden die Kemnader Seeterrassen neben der DLRG-Station zur Pause ein.

Die Bootsgasse am Stauwehr finden wir ganz links, und hinter der nächsten Straßenbrücke flankieren rechts der WSV Bochum, die DKV-Kanustation des Kanu-Clubs Wiking Bochum und das Gasthaus Zur alten Fähre die Ruhr.

An der folgenden Gabelung halten wir uns rechts und paddeln für gut 600 m im Schleusenkanal weiter, um links in der kleinen Bucht vor dem Kraftwerkskanal auszusetzen. Anschließend tragen wir die Boote kurz geradeaus am Kraftwerk Blankenstein vorbei (nicht nach rechts über die Brücke laufen) und können an dem kleinen Kieselstrand unterhalb gut wieder in die Boote steigen, um die Tour fortzusetzen. Hinter der nächsten Straßenbrücke (Kosterstraße) liegt am linken Ufer das Vereinsgelände des Bochumer Kanu-Clubs mit großer Zeltwiese. Obwohl die Strömung fast zum Erliegen kommt, sind die verbleibenden drei Kilometer bis Hattingen schnell gepaddelt. Vor dem Wehr oberhalb der Straßenbrücke bietet sich der Campingplatz am rechten Ufer an, um die Tagesetappe zu beenden. Vom hier ist es nur ein kurzer Fußweg in den historischen Ortskern mit einer Vielzahl bergischer Bürger- und Fachwerkhäuser aus dem 16. bis 18. Jahrhundert. Einen Besuch wert ist auch das Industriemuseum Henrichshütte. In der ehemaligen Eisengießerei lernen wir, womit die Menschen im Ruhrtal ursprünglich ihr Geld verdienten und bekommen eine anschauliche Vorstellung davon, wie früher Erz und Kohle gefördert und Koks, Eisen und Stahl produziert, gegossen, gewalzt und geschmiedet wurden. Über 150 Jahre lang prägte das Hattinger Hüttenwerk Stadt, Landschaft und Menschen.

Am nächsten Morgen starten wir vom trotz der Stadtnähe erstaunlich ruhigen Campingplatz und genießen das spritzige Erlebnis in der Bootsgasse des modernen Wehres. Beim Bau wurde an alles gedacht, und am rechten Rand gibt es drei Bahnen: in der Mitte den Fischaufstieg, links davon eine Bootsgasse und rechts die Treidelgasse. Die Einfahrt in die Bootsgasse ist gut sichtbar ausgeschildert. Anders als in den übrigen Bootsgassen gibt es keine eingebauten Leitbleche, sodass man die Bootsspitze selbst auf Kurs halten muss. Dafür ist der Kanal aber auch breiter. Spritzdecke schließen nicht vergessen, je nach Wasserstand bilden sich recht hohe Wellen!

In den Hochwasserschutzbuhnen am rechten Ufer sonnen sich Schwäne, Enten, Graureiher, Gänse und Haubentaucher und die blühenden Schwertlilien sorgen für gelbe Farbtupfer.

Nachdem wir die Brücke der S-Bahn-Trasse hinter uns gelassen haben, setzt die Ruhr zu einer engen Kurve an und fließt hinter dem Scheitelpunkt mit einem DLRG-Häuschen am linken Ufer weiter nach Norden. Hoch darüber thront die Burgruine Isenburg aus dem Jahre 1200, einst die Residenz der Grafen von Isenberg, mit einem weiten Blick über das Ruhrtal.

Die Strömung ist nun recht flott, und es gibt sogar ein paar kleinere Schwälle. Am linken Ufer rollen die Radler über den Leinpfad, auf dem einst kräftige Kaltblüter die Ruhrkähne stromaufwärts ziehen mussten. Nach dem Ausbau der mittleren Ruhr in der zweiten Hälfte des 18. Jahrhunderts war die Schifffahrtstraße bis Witten der wichtigste Transportweg für Kohle. Mit dem Bau der Eisenbahnstrecke verlor die Schifffahrt immer weiter an Bedeutung und wurde 1889 schließlich ganz eingestellt. Auf dem rechten Ufer weiden urig anmutende Gallowayrinder, und gegenüber machen Schilder auf die Einkehrmöglichkeiten in Ufernähe aufmerksam: Erst das Gasthaus „Zum Deutschen“

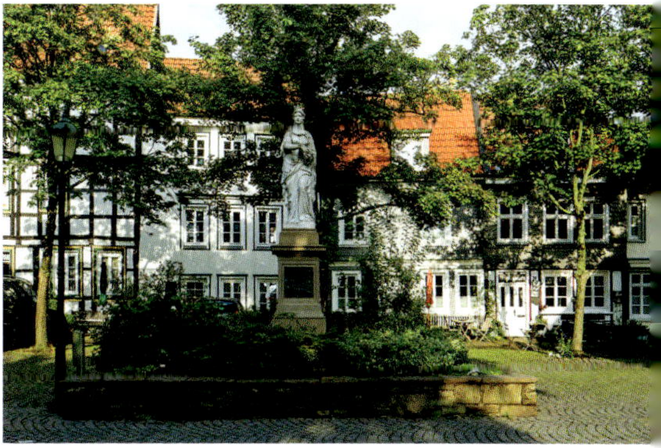

Der Kirchplatz bildet das Zentrum der Altstadt

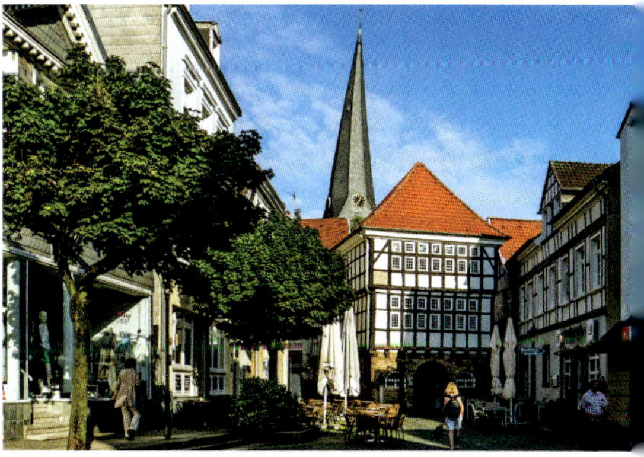

Altes Rathaus und St.-Georgs-Kirche in Hattingen

(Mo-Do ab 16.00 Uhr, Fr-So ab 11.00 Uhr) und ein Stück weiter an den privaten Campingplätzen der Imbiss „Leinpfad Oase“ (nur Sa/So).

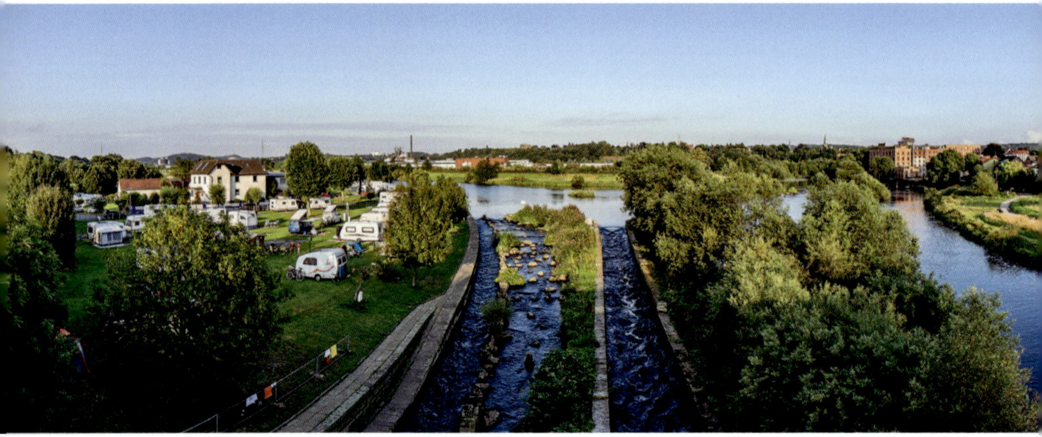

Treidel- und Bootsgasse am Wehr in Hattingen

Hinter der nächsten Kurve ist das Wehr Dahlhausen erreicht. Hinter der Brücke (Zum Stade) halten wir uns rechts (ein Abstecher nach links in den Schleusenkanal lohnt sich aufgrund des schönen Biergartens am Restaurant „Zum Ponton") und fahren oberhalb des Wehrs weiter bis zur Bootsgasse.

Direkt nebenan liegt die große Zeltwiese des Linden-Dalhauser Kanu-Clubs und die Ruhr-Bodega La Posta (Di bis Fr ab 15.00 Uhr, Sa./So. ab 12.00 Uhr).

Anschließend gibt sich die Ruhr breit und flach, und an der alten Eisenbahnbrücke macht ein Schild auf das nahegelegene Eisenbahnmuseum Bochum-Dahlhausen aufmerksam, wo Bahnnostalgiker leuchtende Augen bekommen. Zu sehen gibt es über 120 Schienenfahrzeuge von der Pionierzeit der Eisenbahn in der Mitte des 19. Jahrhunderts bis in die Gegenwart. An Sonntagen pendelt das „Schweineschnäuzchen", ein Wismarer Schienenbus von 1936, zwischen Eisenbahnmuseum und S-Bahnhof Dahlhausen. Darüber hinaus werden zahlreiche Sonderfahrten mit dem Museumszug angeboten.

Hinter der nächsten Straßenbrücke folgt das Wehr in Horst-Steele. Die Bootsgasse ist am linken Ufer zu finden, und sobald der Ziehschalter betätigt wurde und die Ampel Grün zeigt, können wir problemlos passieren.

Kurz darauf ist mit dem Ruhrcamping der erste von zwei Campingplätzen in Essen-Horst erreicht, wo Bauwagen statt Wohnwagen und Zelten das Bild prägen. Der zweite, konventionelle Campingplatz ist knapp 400 m weiter vor der nächsten Brücke zu finden. Am Haus Großjung direkt nebenan steht deutsche Küche mit mediterranem Einfluss auf der Speisekarte. Anschließend gibt sich die Ruhr breit und ruhig, und an der Straßenbrücke im Scheitelpunkt der nächsten Kurve bieten sich an beiden Ufern die nächsten Einkehrmöglichkeiten mit Terrassen direkt am Ufer (Bootshaus Ruhreck links, Restaurant Ruhrstop rechts). Knapp 500 m weiter kann man vor dem Freibad bei der Kanuabteilung des Schwimmvereins Steele das Zelt aufbauen.

Anschließend paddeln wir oberhalb des Steeler Wehres nach rechts, um dann vor der Brücke nach links in die Bootsgasse (Ampel & Ziehschalter) einzufahren. Hinter dem Wehr wird die Ruhr zur Schifffahrtsstraße und das Fahrwasser ist ausgetonnt. Schnell wird deutlich, dass nun Essen naht. Mit 28 Großzechen einst größte Bergbaustadt Europas, repräsentiert Essen in eindrucksvoller Weise den Strukturwandel und hat sich zum „Schreibtisch des Ruhrgebiets" entwickelt, von dem aus viele deutsche Großkonzerne gelenkt werden. Von den modernen Bürokomplexen ist vom Wasser aus aber nichts zu sehen, dafür tummeln sich zahlreiche Kanu Vereine und Restaurants an den Ufern.

Vorbei an den Polo-Toren des Kanupolodinosauriers und Deutscher Meister Titel-Hattrick Gewinners der Jahre 2013, 2014 und 2016 Rothe Mühle passieren wir den S-Bahnhof Essen-Holthausen unter Aufsicht des Förderturms der ehemaligen Zeche Heinrich in Überruhr.

In der Biegung vor der Autobahnbrücke der A44 umfließt die Ruhr eine kleine Insel. Im linken Arm liegt der Biergarten am Fährhaus Rothe Mühle, im breiten rechten Arm das Bootshaus des Kanuklubs Industrie Essen.

Es folgt die Autobahnbrücke und etwa 800 m weiter die Kampmannbrücke. Am linken Ufer dahinter sind der Kanuverleiher Kanutour Ruhr sowie Dachträgerspezialist Zölzer zu finden, schräg gegenüber liegt am rechten Ufer das Bootshaus des Kanu Klubs Zugvogel.

Vor der bald folgenden Fußgängerbrücke lockt am rechten Ufer die See-Bar mit einer großen Uferterrasse. Wer es günstiger und einfacher haben will, kann direkt hinter der Brücke am linken Ufer beim Vereinslokal Gleis 2 (Di, Fr. ab 16 Uhr, So ab 11 Uhr) des Eisenbahner Sportverein anlegen.

Langsam verbreitert sich die Ruhr zum Baldeneysee, der 1931 als Wasserspeicher und zur Klärung des Ruhrwassers aufgestaut wurde. Heute ist er weit über die Stadtgrenzen hinaus ein beliebtes Ziel von Ausflüglern und Wassersportlern jeglicher Couleur. Bei gutem Wetter ist das Sonnendeck auf dem Ausflugsschiff Stadt Essen oder den anderen Dampfern der Weißen Flotte bis auf den letzten Platz gefüllt, und auf der etwa 9 km langen Wasserfläche zwischen waldbedeckten Hügeln kreuzen Segler, Kanuten und viele Ruderboote. Natürlich ist auch das eine oder andere Motorboot unterwegs. Um diesen nicht in die Quere zu kommen, sollten Kanus und andere Kleinfahrzeuge möglichst nicht im ausgetonnten Fahrwasser fahren und es bei Bedarf auf dem kürzesten Weg queren.

Der Baldeneysee wird zusehends breiter, und an beiden Uferseiten des Sees entdeckt das Auge zahlreiche Yachthäfen sowie diverse Gaststätten, Cafés und Biergärten. Gelbe Bojen markieren den gebührenden Abstand zum rechten Ufer, das als Laich- und Vogelschutzgebiet nicht befahren werden darf. Bevor der Baldeneysee nach Westen abbiegt, liegt an der Mündung des Hesperbachs in die Ruhr das Haus Scheppen. Das ehemalige Lehnsgut der Abtei Werden ist heute ein beliebter Treffpunkt von Motorradfahrern und Segelclub mit Restaurant. Direkt im Anschluss befindet sich ein Campingplatz.

Bei der Weiterfahrt fällt am Nordufer der hell leuchtende Sand des ehemaligen Strandbads ins Auge. Der bis zu 35m breite Traumstrand des Seaside Beach und echte Palmen lassen bei gutem Wetter echtes Karibikfeeling aufkommen – nur das Baden ist verboten!

Auf der Uferpromenade schließt sich die Tribüne an der Regattastrecke an, und hoch über den Hügeln am Ufer dahinter thront die Villa Hügel, die um 1870 für Alfred Krupp errichtet wurde und bis 1945 Wohnsitz der Familie war. Seit 1953 präsentiert die Villa ihre Kunstschätze, Konzerte und Ausstellungen der Öffentlichkeit, und eine historische Sammlung erzählt die Firmen- und Familiengeschichte.

Für die Portage am Stauwehr in Essen-Werden peilen wir das rechte Flussdrittel an und können am Metallsteg anlanden, um die Boote durch den Tunnel im Pfeiler zu umtragen.

Hinter dem Wehr verjüngt sich die Ruhr wieder auf Flussbreite, und am linken Ufer ziehen einige schön anzuschauende Villen vorüber. Hinter der Brücke der B224 warten links und rechts die nächsten Campingplätze, und kurz darauf lockt

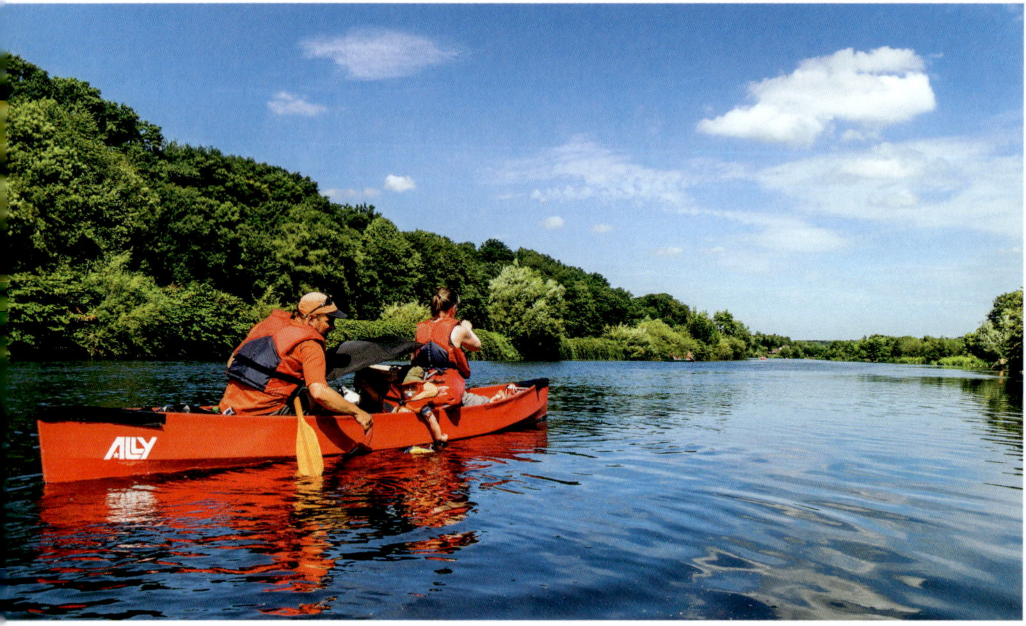

Ruhr hinter Hattingen

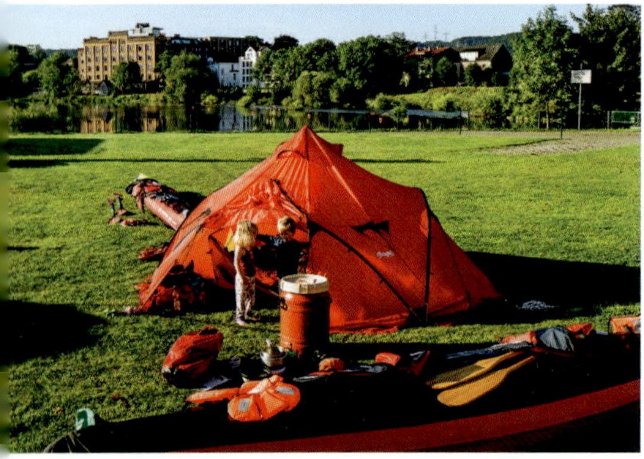

Campingplatz Ruhrbrücke in Hattingen

das Ausflugslokal 12. Apostel (täglich ab 11:00 Uhr) am rechten Ufer mit Liegestühlen direkt auf dem Deich. Die Ufer werden vorübergehend wieder etwas grüner und ländlicher, aber dann ist Essen-Kettwig erreicht. Gegenüber der Neubausiedlung an der Uferpromenade bietet der Campingplatz Cammerzell eine Möglichkeit, die Tour auf der Ruhr mit einer Zeltübernachtung ausklingen zu lassen. Wer direkt aussetzen will, erreicht unter der S-Bahnbrücke hindurch (links liegt der Bahnhof Kettwig-Stausee) das Wehr, wo man oberhalb gut am linken Ufer in der Nähe des Bootshauses der Kanuabteilung des TV Heiligenhaus anlegen kann, um die Boote auf die Autos zu verladen (fürs Navi: Zur Alten Fähre, 45219 Essen).

Etappen

Wetter – Witten-Herbede	ca. 15 km
Witten-Herbede – Hattingen	ca. 11 km
Hattingen – Horst	ca. 11 km
Horst – Baldeneysee	ca. 13,5 km
Baldeneysee – Essen-Kettwig	ca. 10 km
Gesamtstrecke:	**ca. 61 km**

Befahrungsregelung:
Auf dem Kemnader Stausee besteht ein ganzjähriges Befahrungsverbot außerhalb des ausgetonnten Bereichs. Zu Beginn des Baldeneysees besteht ein ganzjähriges Uferbetretungsverbot auf der rechten Uferseite (ebenfalls ausgetonnt).
Befahrbarkeit/Pegel:
ganzjährig; bei extremem Hochwasser (Pegel Hattingen > 358 cm) ist die Befahrung der Ruhr verboten. Aktuelle Informationen zur Befahrungssituation unter *www.talsperrenleitzentrale-ruhr.de/befahrungssituation.html*

Hindernisse:
- Kraftwerkswehr am Ende Harkortsees, Wehr bei Witten, Wehr Herbede (Bootsgasse außer Betrieb)
- Bootsgasse am Wehr Kemnader Stausee, Wasserkraftwerk Blankenstein
- Bootsgasse am Wehr in Hattingen
- Bootsgasse am Wehr in Bochum-Dahlhausen, Bootsgasse Wehr Stehle-Horst
- Bootsgasse Wehr Steele
- Wehr Baldeneysee

Unterkunft:
Zahlreiche Campingplätze und Kanu-Vereine,
- u.a. KC Wetter (Zeltplatz am gegenuberliegenden Ufer des Harkortsees in Hagen-Vorhalle), *www.kcwetter.de*
- Kanu-Klub Neptun Witten, Tel.: 02302/65770, *www.kknwitten.jimdo.com*
- Kanu-Ski-Club Witten, *www.ksc-witten.ruhr*
- Kanu-Club Witten, Tel.: 02302/23169 *www.kcwitten.de*
- Kanu Club Wiking Bochum (DKV Kanustation), Tel.: 0234/793054 (Bootshaus) *www.kc-wiking.de*
- Wassersportverein Bochum *www.wassersportvereinbochum.de*
- Bochumer KC (DKV Kanustation) Tel.: 02324/61247 *www.bochumer-kanu-club.de*
- Camping Ruhrbrücke Hattingen Tel.: 02324/80038 *www.camping-hattingen.de*
- Linden-Dahlhauser Kanu-Club Tel. 0234/490603, *www.ldkc.de*
- Ruhrcamping (Übernachtung im Bauwagen), Tel.: 0178/156 3910 *www.ruhrcamping.de*
- Campingplatz Horster Brücke Tel.: 0179/7942179 *www.horster-ruhrbruecke.de*
- Schwimmverein Steele (DKV Kanustation), *www.steele11.de*
- Kanuklub Industrie Essen (DKV Kanustation, um Anmeldung wird gebeten) *www.kki-essen.de*
- Kanu Klub Zugvogel Essen (DKV Kanustation), *www.kkz-essen.de*
- Campingpark Baldeneysee Tel.: 0201/402007 *www.campingpark-baldeneysee.de*

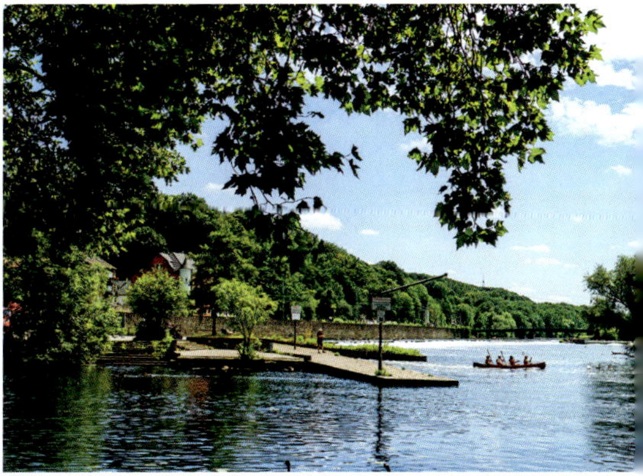

Bootsgasse am Wehr in Bochum-Dahlhausen

- Knaus Campingpark Essen-Werden Tel.: 0201/492978, *www.knauscamp.de*
- Campingplatz Deichklause Essen-Werden Tel.: 0201/492304 *www.camping-deichklause.de*
- Campingplatz Cammerzell Essen Kettwig

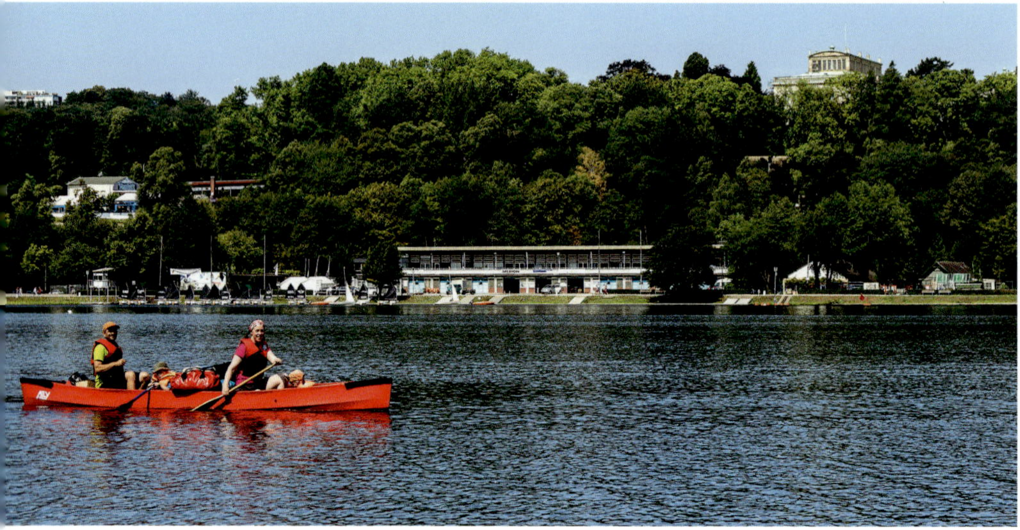

Baldeneysee

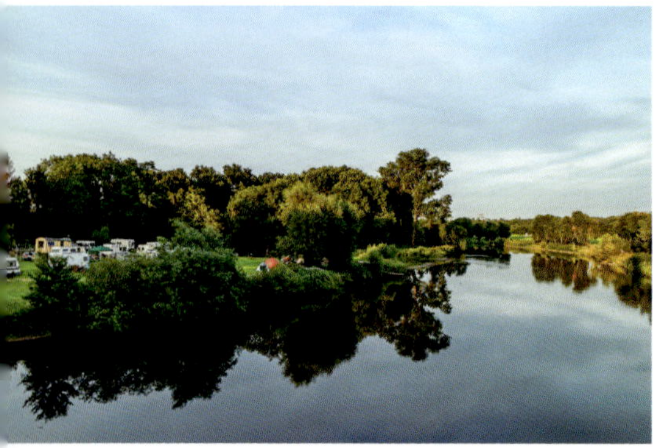

Ruhrcamping in Essen-Horst

Tel.: 02054-4798
www.campingplatz-cammerzell.de

- Kanu-Sport Club Kettwig (DKV Kanustation), Tel.: 02054/80444

Transfer zurück zum Einstieg:

mit der S-Bahn von Kettwig-Staussee nach Essen-Hbf. und weiter mit dem Zug nach Hagen-Vorhalle (bei Start am Harkortsee, Fahrtzeit gesamt ca 1 Std. 15 Min.) bzw. Wetter(Ruhr).

Bootsverleih:

- Lenne-Ruhr-Kanu-Tour (Stationen in Herdecke und Hattingen), Tel.: 02304/61699 *www.ruhr-kanu.de*
- Ruhr-Piraten (Bochum), Tel.: 0176/24031590 *www.ruhr-piraten.com*
- BAKO-Special-Tours (Hattingen, Bochum-Dahlhausen, Essen-Werden, Essen-Kettwig) Tel.: 02162/350416, *www.kanuteam-ruhr.de*
- Kanu Tour Ruhr (Essen-Kupferdreh) Tel. 0201/95973323, *www.kanu-tour-ruhr.de*
- Kanugarage Wetter, Tel.: 02335/801780 *www.natur-aktiv.com*
- Ruhr-Abenteuer (Bochum-Dahlhausen, Hattingen, Essen-Steele), Baldeneysee Tel.: 02051/8087788, *www.ruhr-abenteuer.de*
- Querfeldeins (Hattingen – Bochum-Dahlhausen), Tel.: 0201/8579500 *www.querfeldeins.org*

Gastronomie:

Umfangreiches gastrononomisches Angebot von Imbiss über den Biergarten bis zur gehobenen Küche direkt am Ufer.

Sehenswertes:

- Burgruine Alt-Wetter, Davidis-Museum, Haus Hove (Kunstakademie Wetter) in Wetter
- Industriemuseum Zeche Nachtigall in Witten
- Industriemuseum Henrichshütte und historische Innenstadt in Hattingen
- Eisenbahnmuseum in Bochum-Dahlhausen
- UNESCO Welterbe Zollverein in Essen

Alternativen:

- Fahrradfahren auf dem Ruhrtalradweg *www.ruhrtalradweg.de* oder der Route der Industriekultur
- Bergbaurundwanderweg Muttental bei Witten-Bommern mit 30 Info-Stationen zur Geschichte des Ruhrbergbaus
- Ausflugsfahrten auf Harkortsee, Kemnader Stausee oder Baldeneysee
- Freibäder (das Baden ist offiziell in der gesamten Ruhr verboten!) in Wetter, Hattingen und Essen-Steele
- Klettern im Kletterwald Wetter *www.kletterwald-wetter.de,* Steinbruch Isenberg bei Hattingen (nur DAV-Mitglieder), *www. dav-essen.de,* Naturseilgarten am Seaside Beach Baldeney
- Beachsportcenter blue:beach in Witten.

Auskunft:

- Ruhr Tourismus, Tel.: 01806/181620 *www.ruhr-tourismus.de*
- Stadtmarketing Wetter, Tel.: 02335/840188 *www.stadtmarketing-wetter.de*
- Stadtmarketing Witten, Tel.: 02302/5811303 *www.stadtmarketing-witten.de*
- Bochum Marketing, Tel.: 0234/963020 *www.bochum-tourismus.de*
- Hattingen Marketing, Tel. 02324/951395 *www.hattingen-marketing.de*
- Touristikzentrale Essen, Tel.: 0201/19433 *www.essen-tourismus.de*

Buchtipps/Karten

- Wassersport-Wanderkarte WW2, Deutschland West mit Karte der Ruhr 1:75.000, Jübermann Verlag
- Bikeline Radtourenbuch RuhrtalRadweg. Vom Sauerland an den Rhein, Karten 1:50.000, Esterbauer
- 219,3 kilometer im fluss – Das Ruhr-Buch,Hellblau-Verlag

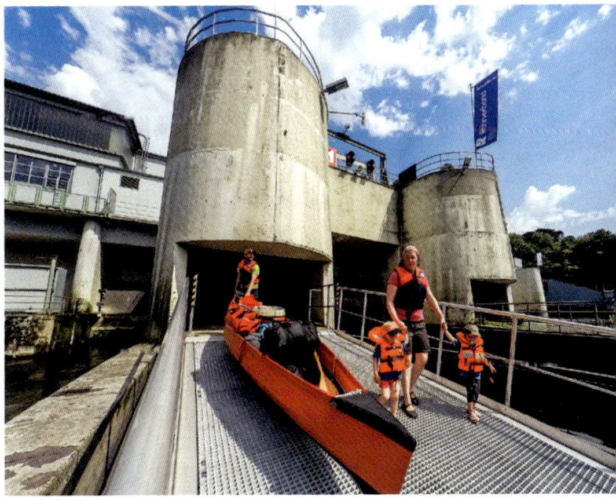

Wehr Baldeneysee

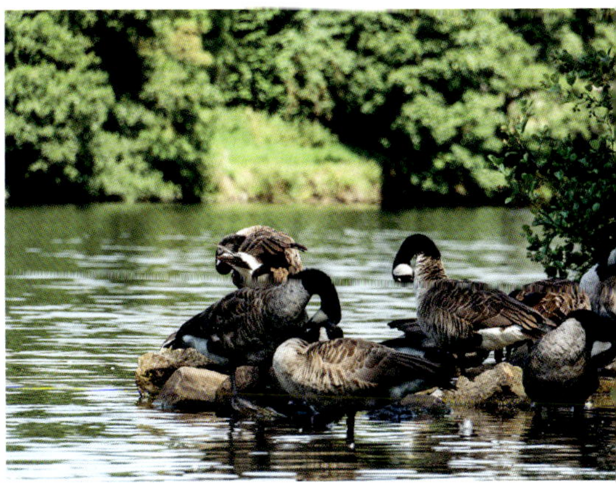

Nonnengänse am Ruhrufer

Tour 16: Wupper (Bergisches Land)

Als einer der großen rechtsseitigen Rheinzuflüsse schlängelt sich die Wupper mit zahlreichen kleinen Schwällen in sanften Bögen durch das Rheinische Schiefergebirge. In der ersten Tourenhälfte windet sich die Wupper einsam durch eine schöne Berglandschaft mit bewaldeten Hängen. Es sind vier Wehre zu überwinden, zum Ende hin wird das Tal dann offener und die Strecke ist einfacher zu paddeln. Die grüne Idylle, das rauschende Wasser und vielstimmiges Vogelzwitschern: Die Wupper muss man einfach lieben. Die Tour bietet neben den landschaftlichen Reizen auch urige Einkehrmöglichkeiten in mehrere Ausflugslokale und Biergärten, und verschiedene Museen liefern einen Einblick in die Vergangenheit der Region und der hier lebenden Menschen.

Wenn der Pegel gecheckt ist und der Wasserstand ausreicht, finden wir am Parkplatz an der L74 (fürs Navi: Grunenburg 1,42659 Solingen) oberhalb der Müngstener Brücke eine gute Einstiegsstelle für unsere flotte Tagestour auf der Wupper. Nach dem Ablegen geht es unter der B229 und einer Fußgängerbrücke hindurch. Anschließend blitzt in der Kurve hoch oben auf einer Felsklippe am linken Ufer der Diederichstempel, ein siebeneckeckiger Aussichtspavillon im neugotischen Stil, zwischen den Baumkronen auf, und schon ist das erste Wehr am Schaltkotten im Müngstener Brückenpark erreicht.

Wir legen rechts davor am Ufer an und tragen die Boote durch die Pforte und auf der Straße nach links in Richtung Müngstener Brücke. Der ursprüngliche Schaltkotten datiert auf 1574, das heutige Ziegelgebäude wurde nach einem Brand um 1900 errichtet und beherbergte bis 1967 eine der zahlreichen Solinger Schleiferei-

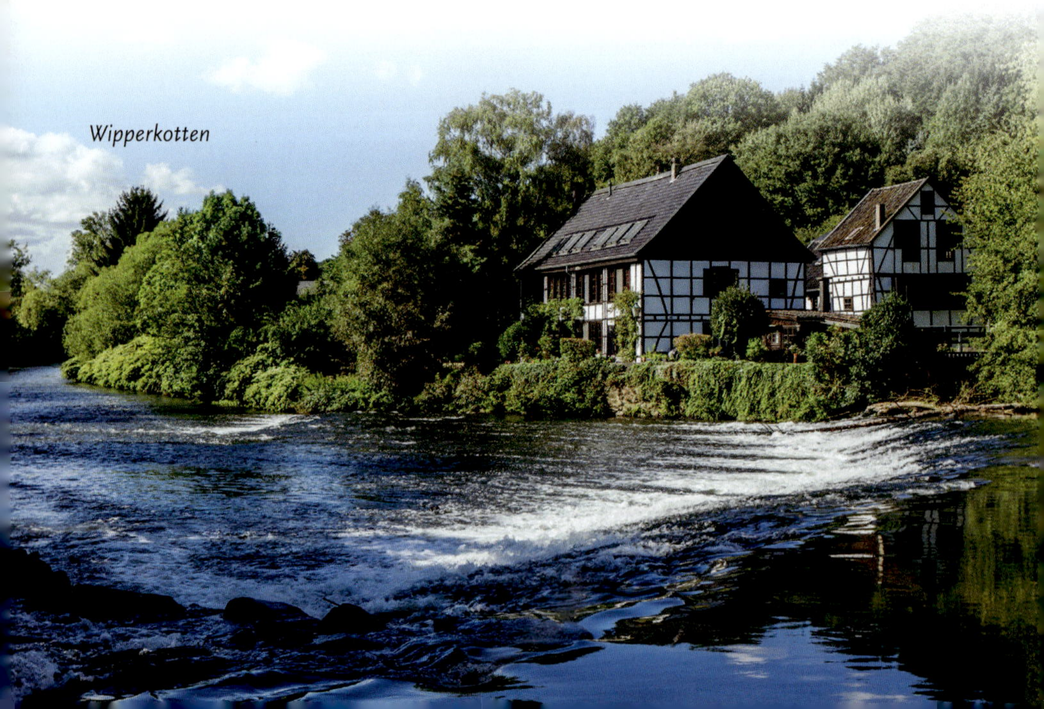

Wipperkotten

en, in der Sägeblätter aus Remscheider Produktion geschärft wurden. 1986 ließ der Eigentümer ein neues Stauwehr an historischer Stelle errichten, und seitdem treibt wieder eine Turbine den Generator an, um Strom aus Wasserkraft zu gewinnen.

Vor dem Haus Müngsten (Restaurant und Biergarten) kann man dann gut am Geländer vor der Uferpromenade einsetzten. Anschließend paddeln wir unter der beeindruckenden Stahlkonstruktion hindurch, die seit über 100 Jahren die Wupper zwischen Solingen und Remscheid in luftiger Höhe überspannt. Deutschlands höchste Eisenbahnbrücke verkürzt den einstigen Schienenweg von 44 km auf die Luftlinienentfernung von 8 km. Am 26.2.1894 wurde mit dem Bau dieses 107 m hohen technischen Wunderwerks begonnen. Nachdem 5000 t Eisen und fast 1 Million Nieten verbaut worden waren, wurde die Brücke 1897 fertiggestellt. Direkt hinter der Brücke verbindet eine flache Schwebeseilfähre für Radfahrer und Fußgänger die beiden Ufer. Achtung bei Hochwasser: Die beiden Stahlseile liegen dann nur knapp über der Wasseroberfläche. Der Wald schließt sich über der Wupper zu einem grünen Tunnel und das Wasser rauscht hin und wieder über kleine, harmlose Schnellen. An der nächsten Straßenbrücke (Wiesenkottener Weg) liegt am rechten Ufer die Waldschänke Wiesenkotten (Anfang März bis Ende Oktober, Di.-Fr. ab 12:00 Uhr, Sa./So. ab 11:00 Uhr, Mo. Ruhetag), etwa 1,5 km weiter ist die Straßenbrücke in Solingen-Burg erreicht. 100 m flussabwärts bringt der Sessellift jährlich bis zu 200.000 Touristen aus dem Ortsteil Unterburg am rechten Ufer über die Wupper den Burghang hinauf in die unterirdische Bergstation in der Nähe von Schloss Burg hoch oben am linken Ufer. Die Seilbahn in Burg wurde 1952 eröffnet und war die erste Personenseilbahn in NRW. Das Stammschloss der Grafen und Herzöge von Berg, die dem Bergischen Land seinen Namen gaben und die im 15. Jahrhundert über weite Teile des jetzigen NRW herrschten, gilt als eine der größten rekonstruierten Burganlagen in Westdeutschland. Heute beherbergt es das Bergische Museum, wo man u.a. Rittersaal, Kemenate und Bergfried besichtigen kann, und der mittelalterliche Alltag der Burgbewohner wird mit alten Ritterrüstungen, Möbeln und Porzellan veranschaulicht.

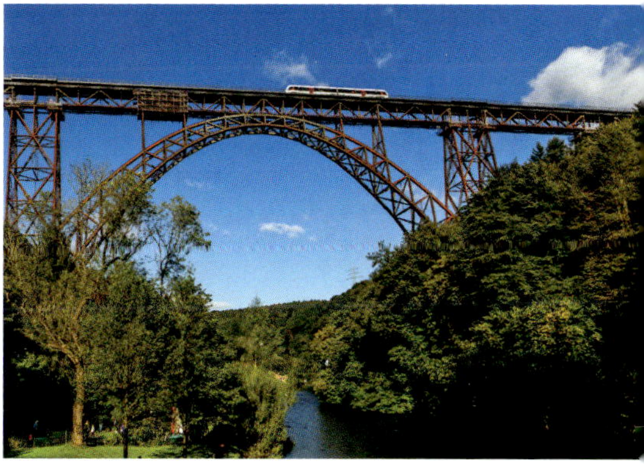

Müngstener Brücke

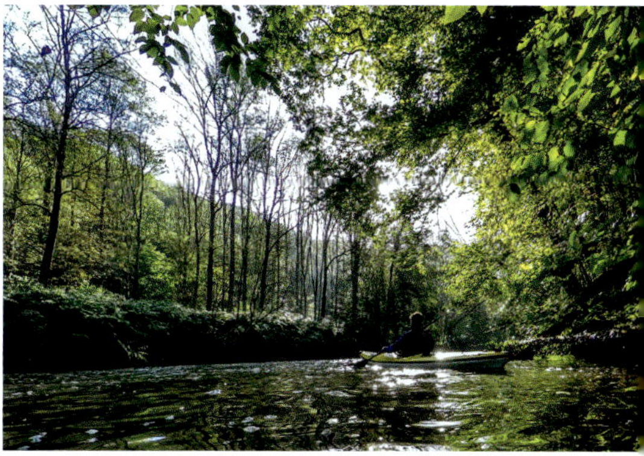

Wupper vor Schloss Burg

Es gäbe in Burg sicherlich das eine oder andere gemütliche Café und urige Wirtshäuser, eine geeignete Anlegestelle für Paddler ist aber Fehlanzeige, und so müssen wir zunächst in den Booten bleiben.

Auf der Wupper beginnt nun der Rückstau, und

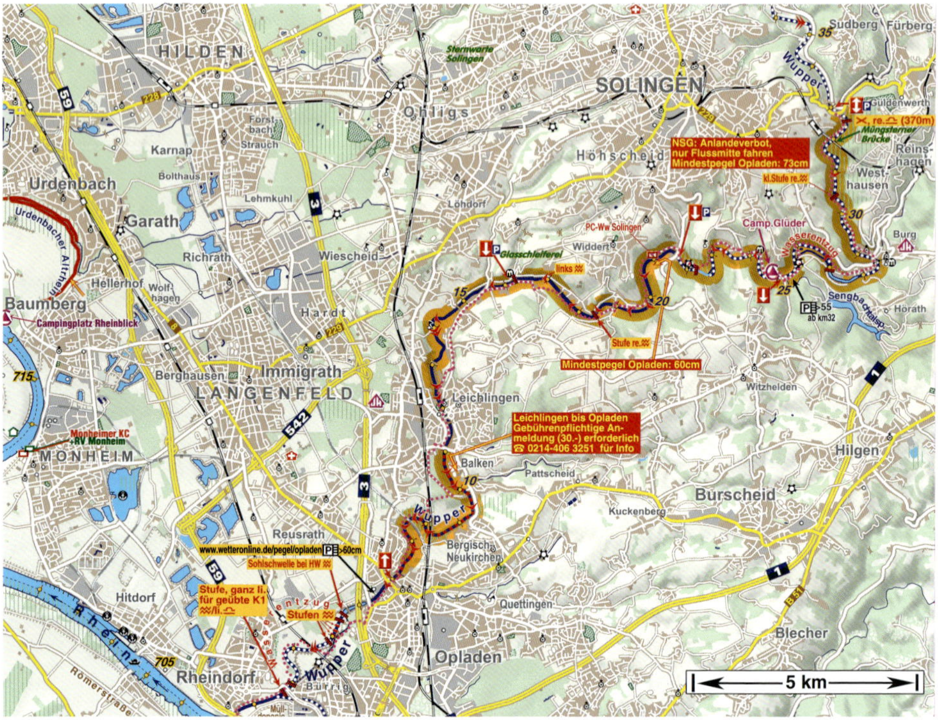

ein Warnschild macht rechtzeitig auf das Wehr am Klärwerk aufmerksam. Dort können wir rechts am schmalen Steg oberhalb der u-förmigen Wehrkrone anlanden und müssen kurz durch den Wald umtragen.

Zwischen den beiden folgenden Straßenbrücken zieht der Pegel Glüder vorüber, und gleich hinter der zweiten Brücke (Balkhauser Weg) steht die erste Reihe der Dauercamper am idyllischen, ruhigen Waldcampingplatz Glüder direkt am Ufer. Ein leckerer Tipp für Naschkatzen: unbedingt die Bergischen Waffeln am kleinen Campingplatz-Biergarten probieren!

Die Strömung bleibt flott und trägt uns in vielen Schleifen durch eine mit schönem Mischwald bestande Berglandschaft. An einigen Stellen rauscht die Wupper in kleinen Schwällen über flache Abschnitte, und zur Rechten saust der Balkhauser Kotten vorbei. In dem historischen Fachwerkhaus ist ein Schleifermuseum untergebracht (Di.-So. 10.00–17.00 Uhr). Im regenreichen Bergischen Land entstanden ab dem 15. Jahrhundert entlang der Wupper und anderer Flusstäler Manufakturen, sogenannte „Kotten", in denen mit Hilfe der Wasserkraft Eisen bearbeitet wurde. Eisenschmiede, Messerschleifer und Werkzeugmacher stauten das Wasser in Teichen auf, um dann mit der Wasserkraft zu arbeiten. Das Tal der Wupper war damals ein dichtbesiedeltes Industriegebiet mit über 100 Schleiferkotten, dessen Ära mit dem wirtschaftlichen Abbau der Kohle ab Anfang des 19. Jahrhunderts entlang der Ruhr und dem Aufstieg des Ruhrgebiets zu Ende ging. Den Besuch müssen wir aber auf einen Abstecher mit dem Auto nach der Tour verschieben, denn an Land gehen dürfen wir hier nicht.

Hinter der nächsten Flussbiegung thront Burg

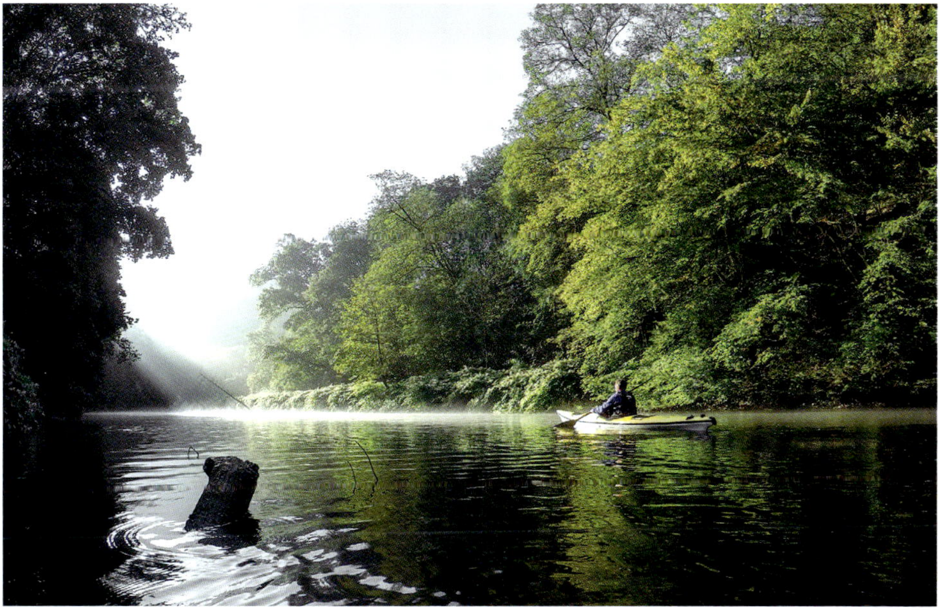

Morgenstimmung am Einstieg oberhalb der Müngstener Brücke

Hohenscheid hoch am linken Ufer, und nachdem wir eine Insel (hier am besten auf der linken Seite am Außenufer fahren) hinter uns gelassen haben, beschreibt die Wupper eine enge Rechtskurve und bringt uns ans das Wehr Auerkotten. Hier wird ein Teil des Wupperwasser nach rechts in den Kanal abgeleitet. Davor müssen wir das rechte Ufer ansteuern und auf dem Wanderweg für gut 500m bis zum Einstieg am Wanderparkplatz vor der Straßenbrücke in Wupperhof umtragen, da der flache Abschnitt hinter dem Wehr nicht befahren werden darf.

Nach etwa 3 km Fahrt ist hinter der Fußgängerbrücke in Rüden die Gaststätte Rüdenstein (Mi.-Sa. Ab 11.00 Uhr, So ab 10:00 Uhr) über die Ausstiegstreppen am rechten Ufer gut zu erreichen. Neben internationalen Gerichten finden sich auf der Speisekarte auch echte Bergische Spezialitäten.

Auf dem nächsten Abschnitt gibt es einige Stellen, an denen das Wasser zwar lauter rauscht,

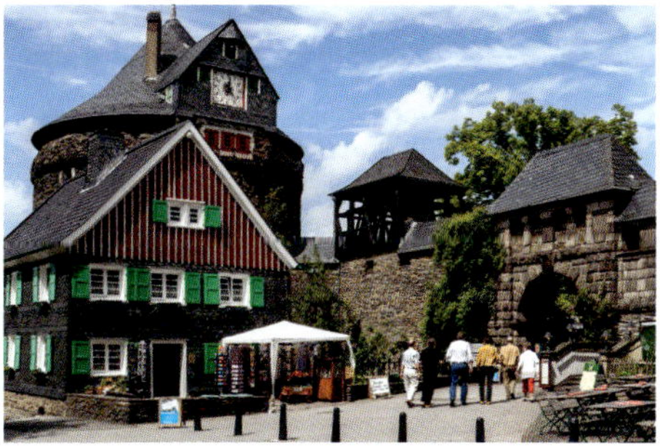

Schloss Burg

die aber für Paddler mit ein bisschen Erfahrung kein Problem darstellen. Die Wupper sucht sich ihren Weg durch eine tiefe Waldschlucht, und an den Ufern sind Jogger, Spaziergänger und Mountainbike-Fahrer unterwegs. Nachdem wir die Fußgängerbrücke in Friedrichsaue gut 1 km hinter uns gelassen haben, ist voraus ist das laute Rauschen des Wehrs am Wipperkotten zu vernehmen. Es kann kurz und problemlos am

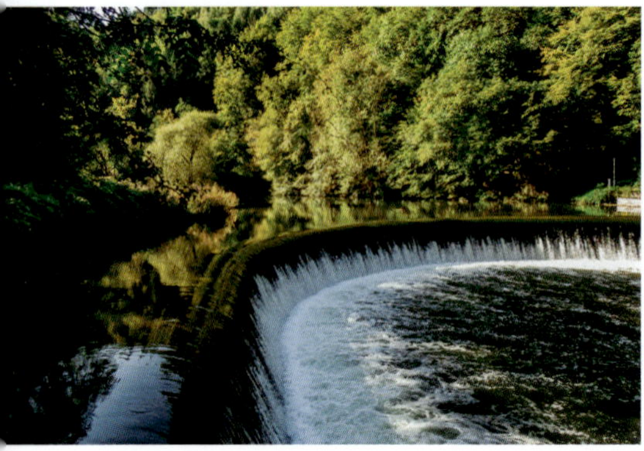

Wehr am Klärwerk Burg

linken Ufer umtragen werden. Um den Kotten zu besichtigen (oder sich im Restaurant Wipperaue zu stärken), legt man zunächst besser oberhalb des Wehres am rechten Ufer an.

Der Wipperkotten ist ein uralter Doppelkotten, der erstmals um 1600 erwähnt wurde und heute zwei sehr unterschiedliche Handwerke präsentiert. Im Innenkotten finden sich die Galerie und das Atelier Wipperkotten. Untergebracht im Außenkotten ist die Schleiferei, die Solinger Industriegeschichte lebendig werden lässt. Eindrucksvoll wird vermittelt, wie vor der Erfindung des Elektromotors gearbeitet wurde. Das gewaltige Wasserrad setzte eine beeindruckende Mechanik in Gang, bei der aus 20 Umdrehungen etwa 1400 werden. Die gewonnene Energie wird über Keilriemen auf drei Geschosse verteilt, in denen bis zu acht Mann unter widrigen Umständen auf engem Raum einem schweißtreibenden Knochenjob nachgingen, um ihren Lebensunterhalt zu verdienen.

Nach dem Einstieg am Wehr trägt uns die Wupper unter einer Straßenbrücke (Leichlinger Straße) hindurch und das Tal wird flacher. Am Ufer ziehen Wiesen vorüber, und von den Weiden blicken uns neugierige Kühe hinterher.

Vorbei an der Juckelbrücke, der ungewöhnliche Name der Fußgänger- und Radfahrerbrücke erinnert an die ursprüngliche Holzbrücke aus dem 19. Jahrhundert, die an schwankenden Seilen aufgehängt war, erreichen wir die Stadt Leichlingen. Eine gute Möglichkeit für eine Pause und einen Imbiss bietet die Ufertreppe neben der hölzernen Henley-Brücke an der Postwiese in der Ortsmitte von Leichlingen.

4 km nach der Stadtdurchfahrt wartet unter der imposanten Doppeldecker-Eisenbahn-Fußgängerbrücke noch einmal ein kräftiger Schwall, und die Wupper holt Schwung für den letzten großen Mäanderbogen der Tour. Nachdem eine weitere Eisenbahnbrücke hinter uns liegt, beenden wir unsere Tour in Opladen, einem Stadtteil von Leverkusen, hinter der Fußgängerbrücke im Ludwig Rehbock-Park am rechten Ufer. Ein paar Meter weiter bietet oberhalb der Straßenbrücke ein kleiner Parkplatz die Möglichkeit zum Verladen der Boote (fürs Navi: Düsseldorfer Straße 139, 51379 Leverkusen).

Etappen

Parkplatz L74 / Müngsten – Wupperhof .... ca. 12 km
Wupperhof – Leverkusen Opladen .... ca. 16 km
Gesamtstrecke .... ca. 28 km

Befahrungsregelung:

Große Teile der Wupper sind FFH-Schutzgebiet. Es gelten eine Reihe von Einschränkungen. Es sind nur Boote mit maximal vier Personen zulässig, die Befahrung ist nur bei ausreichendem Wasserstand (s.u.) gestattet und es besteht ein Uferbetretungsverbot. Das Ein- und Ausbooten ist zwischen Müngsten und Leverkusen nur an den folgenden Stellen erlaubt: Parkplatz L74 vor der Müngstener Brücke, Glüder, Wupperhof, an der Fußgängerbrücke im Zentrum von Leichlingen sowie am Ludwig-Rehbock-Park in Opladen.

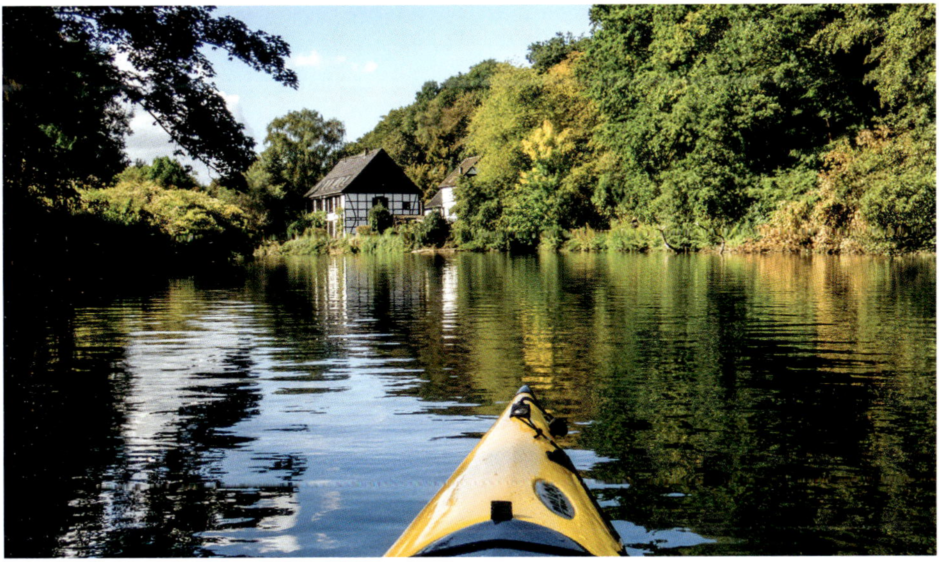

Wipperkotten

Seit Dezember 2014 ist für die Wupper im Bereich des Rheinisch-Bergischen Kreises (bei Leichlingen, etwa Flusskilometer 23,5 bis 11,4) außerdem ein „Wupperführerschein" erforderlich. Ein ärgerlicher, aber wohl notwendiger Kompromiss, um die Vollsperrung zu verhindern. Er kann in einem eintägigen Lehrgang mit Theorie- und Praxisteil zum naturbewussten Paddeln an besonders sensiblen Flussabschnitten erworben werden. Die Kurse kosten 20€ und werden angeboten von der biologischen Station Mittlere Wupper (*www.bsmw.de*). Wer die Teilnahme an einem DKV-Ökokurs nachweisen kann, kann den Wupperführerschein wie folgt anfordern: Es müssen als Nachweis der speziellen Ortskenntnisse Merkblätter mitgeführt werden, die postalisch bei der Biologischen Station Mittlere Wupper (Vogelsang 2, 42653 Solingen) anzufordern sind. Dem Schreiben ist eine Kopie des DKV-Ökoscheins und ein mit 1,45 Euro frankierter, an sich selbst adressierter DIN-A4-Rückumschlag beizulegen. Zusätzlich müssen 5,– Euro Gebühr auf das Konto des Trägervereins Biologische Station Mittlere Wupper e.V. überwiesen werden. (IBAN-Nr. DE49 3425 0000 0005 0687 54, Verwendungszweck „Bootsführer Wupper" und IHR NAME). Anschließend erhält man die fünf Merkblätter sowie ein Bestätigungsschreiben, die gemeinsam mit dem DKV-Ökoschein im Boot mitzuführen sind.

Schließlich ist für die Befahrung der Wupper im Stadtgebiet Leverkusen (Brücke Leichlingen bis Opladen) eine gebührenpflichte Anmeldung (30,– €, gilt ganzjährig) erforderlich (*www.leverkusen.de* dort unter Anmeldung Kanutour) erforderlich."

Befahrbarkeit/Pegel:

Für den Start an der Müngstener Brücke ist ein Mindestpegel von 73 cm erforderlich (24-Stunden-Mittelwert des Pegels Opladen vom Vortag), für den zweiten Teil ab Wupperhof reichen 60 cm. Infos zum aktuellen Wasserstand beim Pegeldienst des Kanu Verbandes NRW *pegel.kanu-nrw.de*

Weitere Informationen sind auch auf der Seite des Wupperverbandes unter *www.fluggs.de* zu finden. Hier kann auch der aktuell gültige Pegelstand abgerufen werden.

Hindernisse:

Insgesamt müssen vier Wehre umtragen werden. Am längsten ist die Portage hinter dem Wehr Auerkotten (ca. 500 m auf einem Wanderweg), bei der ein Bootswagen gute Dienste leistet.

Unterkunft:

- sehr schöner und ruhiger Campingplatz in Glüder, Balkhauser Weg 240, 42659 Solingen Tel.: 0212/242120, www.camping-solingen.de
- kostenloser Wohnmobilstellplatz am Brückenpark Müngsten (Parkplatz an der B229, 42857 Remscheid)

Transfer zurück zum Einstieg:

Mit Bus und Bahn in knapp einer Stunde möglich: Zug von Leverkusen-Opladen mit Umstieg in Solingen nach Remscheid-Güldenwerth und weiter mit dem Bus 658 zum Müngstener Brückenpark.

Bootsverleih:

- WupperKanuTouren Thomas Becker Tel.: 0212/2642705, *www.wupperkanutouren.de*
- Kanuverleih TeamKraft, Tel.: 0202/51583388 *www.wupper-kanuverleih.de*

Gastronomie:

- Haus Müngsten
- Waldschänke Wiesenkotten
- Biergarten am Camping Glüder
- Gaststätte Rüdenstein
- Hotel Wipperaue

Sehenswertes:

- Deutsches Klingenmuseum in Solingen *www.klingenmuseum.de*
- Brückenpark Müngsten
- Bergisches Museum und Schloss Burg in Solingen-Burg *www.schlossburg.de*
- Schleifermuseum im Balkhauser Kotten Atelier und Schleiferei im Wipperkotten *www.wipperkotten.de* bzw. *www.schleiferei-wipperkotten.de*

Alternativen:

- markiertes Wanderwegenetz von über 355 km Länge rund um Solingen, z.B. 23 km auf dem Erlebnisweg Wupper vom Manuelskotten bei Solingen über den Müngstener Brückenpark bis zum Wipperkotten
- Weitwandern auf dem Bergischen Weg (über 260 km) vom Baldeneysee in Essen bis zum Drachenfels im Siebengebirge
- gemütliches Radeln mit nur moderaten Steigungen auf alten Bahntrassen zwischen Bergischem Land, südlichem Ruhrgebiet und Sauerland *www.panorama-radwege.de*
- Schwebebahn und Zoo in Wuppertal *www.zoo-wuppertal.de*

Auskunft:

Bergisches Land Tourismus Marketing
Tel.: 0212/88160665, *www.die-bergischen-drei.de*

Buchtipps/Karten

- Radwanderkarte Radwandern im Rheinisch-Bergischen und Oberbergischen Kreis, 1:50.000, BVA Bielefelder Verlag
- Sabine Keller: Rother Wanderführer Bergisches Land, Bergverlag Rother
- Peter Squentz: Das Oberbergische Land: Die 21 schönsten Wanderungen zwischen Wupper und Agger, J.P. Bachem Verlag
- Oliver Buslau: Wupper Wut, emons-Verlag
- TourenAtlas TA3 (Rhein-Mosel), 1:75.000 Jübermann Verlag

Tour 17: Sieg (Rhein-Sieg)

Die Sieg entspringt im Rothaargebirge und trägt ihr klares Wasser am Rand des Bergischen Landes mit flotter Fließgeschwindigkeit über etwa 130 km bis zur Mündung in den Rhein nahe Bonn. Das urwüchsige Auental inmitten bewaldeter Hügel bietet den idyllischen Rahmen für eine ausgedehnte Wochenendtour, und zahlreiche Schwälle, Stufen sowie Bootsrutschen an den Wehren lassen unterwegs keine Langeweile aufkommen. Die Sieg zählt zwar nicht zu den Kanuwanderklassikern, hat aber durchaus ihre Liebhaber unter den Kanuten. Und das zu Recht, ist sie doch ein herrlicher Mittelgebirgsfluss mit idealen Bedingungen für Paddler, die es etwas spritziger mögen. In vielen Windungen, aber ohne enge Kurven und lästige Baumhindernisse sucht sie sich mit munterer Strömung ihren Weg durch dichte Wälder, natürliche Auen oder enge re Talabschnitte, und nirgendwo schmälert eine große Stadt das Naturerlebnis.

Ein guter Startpunkt für die Zweitagestour auf der Sieg findet sich hinter der Straßenbrücke in Au (Anleger Nr. 0, Opsener Straße, 51570 Windeck). Vom P+R-Parkplatz unterhalb des Bahnhofs sind es nur etwa 200 m bis zum Ufer, und das Boot ist schnell startklar gemacht. Kurz nach dem Ablegen zieht links von der Straßenbrücke der B256 das Hotel Auermühle vorüber. Sofort macht die Sieg deutlich, was sie zu bieten hat. Hinter praktisch jeder Straßen- oder Eisenbahnbrücke bilden sich, je nach Wasserstand, mehr oder weniger ausgeprägte Stromschnellen. Die Wellen der Schwälle funkeln in der Sonne, und auch der erste Eisvogel lässt nicht lange auf sich warten.

Knapp 4 km nach dem Start zieht in Imhausen am linken Ufer das Gasthaus Siegbrücke vorbei, einen offiziellen Anleger kann ich aber nirgendwo entdecken. Der ist 3,5 km weiter in Windeck-Rosbach zwischen der Straßen- und Eisenbahnbrücke am linken Ufer zu finden (Anleger Nr.1). Gegenüber lädt der Landgasthof „Zur Post" zu deftiger Hausmannskost auf der schönen Siegterrasse direkt am Ufer.

Die Sieg beschreibt eine enge Linkskurve, und

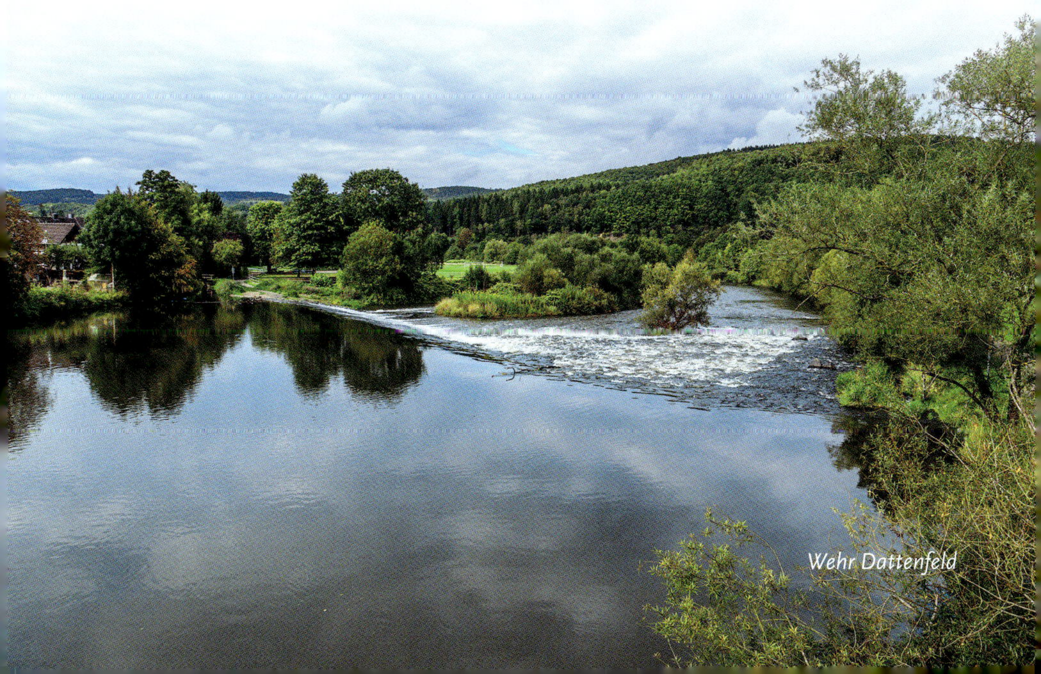

Wehr Dattenfeld

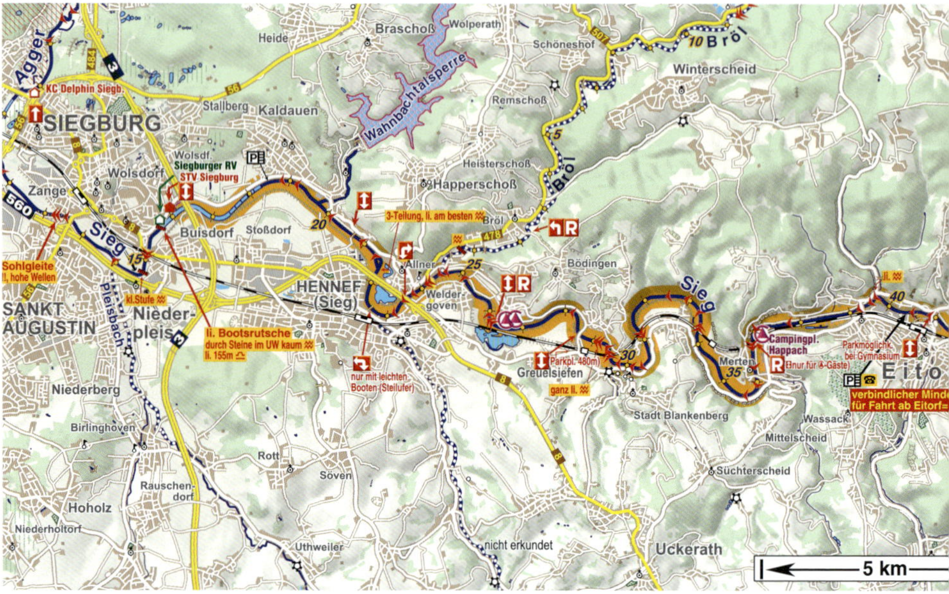

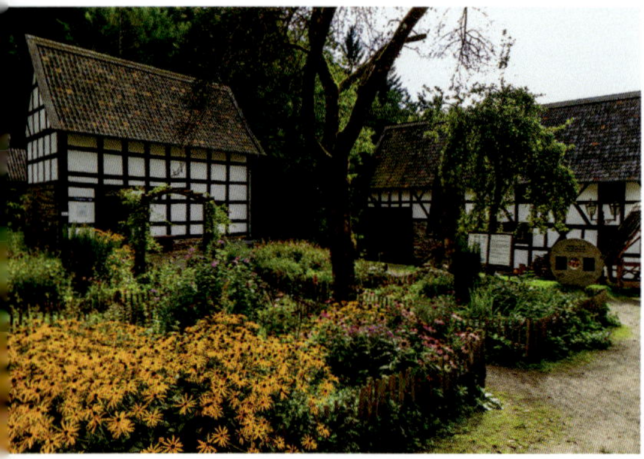

Freilichtmuseum Windeck

hinter der nächsten Eisenbahnbrücke kündigen die beiden Schilder „Vorsicht Wehr!“ und „Vorsicht in 100m links Turbineneinlauf Abstand halten“ unmissverständlich den Wasserfall in Schladern an. Ich steuere den Rastplatz am rechten Ufer an, um das Kajak aus dem Wasser zu ziehen (Anleger Nr. 2, Elmorestraße, Windeck-Schladern) und auf dem Bootswagen zu verzurren, denn die folgende Portage ist über 1 km lang. Da sie durchgehend asphaltiert ist, ist die Strecke mit einem Bootswagen aber gut zu bewältigen. Vom Ausstieg an der Brücke geht es auf dem Radweg am Ufer weiter und dann vor dem Teich über die Holzbrücke zum Aussichtspunkt am Schladener Wasserfall. Er ist nicht auf natürliche Weise entstanden, sondern Folge einer Sparmaßnahme aus der Mitte des 19. Jahrhunderts. Um beim Bau der Eisenbahn mit Brücken geizen zu können, verlegte man das Flussbett. Es entstand eine 84 m breite, 4 m hohe Felsstufe über die Sieg, die als kleines Rinnsal oder imposanter Wasserfall plätschert bzw. rauscht, je nachdem, wie der Wasserstand gerade ist.

Im Biergarten Elmores auf dem Gelände der ehemaligen Kupferwerke lässt sich stillvoll von der anstrengenden Portage verschnaufen, und nebenan informiert die Ausstellung im Besucherzentrum der Naturregion Sieg über die Natur am Fluss und die Geschichte des Siegtals. Hier kann man sich umfangreich mit Infomaterial eindecken und aus dem großen Angebot

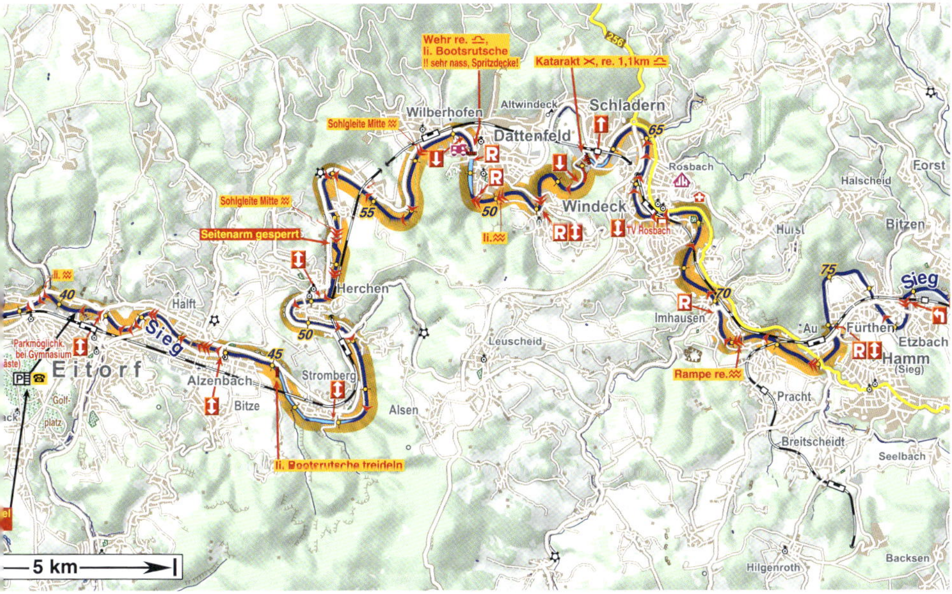

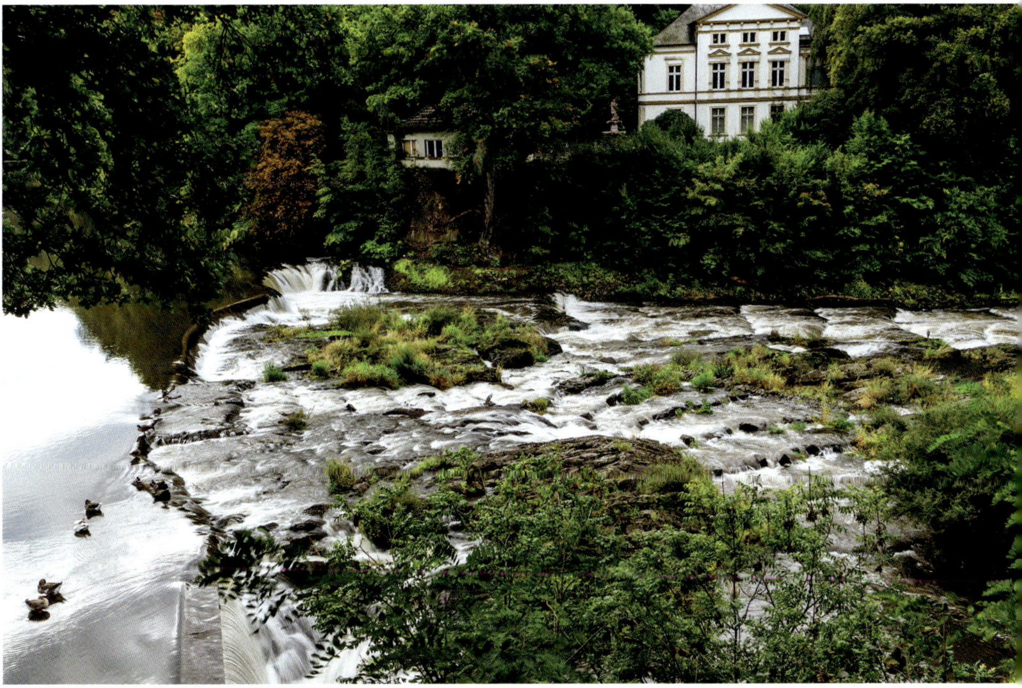

Portage an den Wasserfällen in Schladern

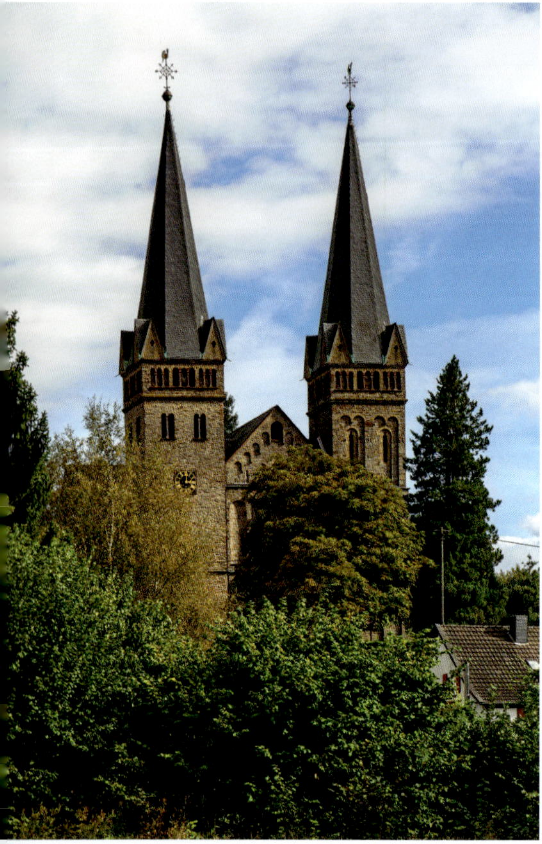

Kirche Dattenfeld

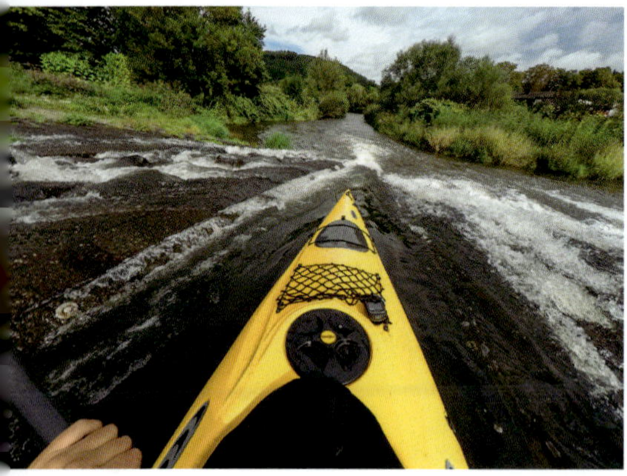

Wehr Dattenfeld

regionaler Produkte ein Mitbringsel auswählen. Direkt dahinter schiebe ich den Bootswagen auf der Straße (Schönecker Weg) nach links hinab und dann immer am Zaun des Kraftwerksgeländes entlang bis zum kleinen Parkplatz vor dem Seniorenheim St. Antonius, wo in einer kleinen Bucht das Boot wieder zu Wasser gelassen werden kann (Anleger Nr. 3, Altenpflegeheim Schöneck).

Der nächste kräftige Schwall wartet 1,5 km weiter an der Brücke in Dreisel und am Prallhang der engen Kurve dahinter bietet sich die nächste Möglichkeit zum Landgang an der Gaststätte Siegperle (Anleger Nr. 4 Windeck-Dreisel). Das Tal ist enger geworden und die Straße entfernt sich etwas vom Ufer. Auf der längeren geraden Strecke nach der nächsten Kurve dümpeln am rechten Ufer die Tretboote des hiesigen Bootsverleihs (Anleger Nr. 5, Im Ünken, Windeck-Dattenfeld).

Für die Weiterfahrt steuert man hinter der Brücke das linke Ufer an und sollte es nicht versäumen, rechtzeitig die Spritzdecke zu schließen, denn das Wehr in Dattenfeld kann ganz links über die Bootsrutsche befahren werden. Ein kurzes, aber spritziges Vergnügen!

Anschließend geht es vorbei an Windeck-Hoppengarten (Anleger Nr.6 am rechten Ufer) nach Herchen. Vor der Brücke liegt am rechten Ufer der Tretbootverleih an der Siegpromenade, dahinter der schöne Biergarten des Kurparkcafés (Anleger Nr. 7, Im Bungert, Windeck-Herchen). Etwa 1,5 km weiter folgt der Anleger Herchen-Bahnhof (Anleger Nr. 8, ca. 10 Minuten Fußweg zum Bahnhof), und nach weiteren knapp 3 km kann man am Ende einer weitgezogenen Flussbiegung an den Steinstufen hinter der Brücke in Stromberg anlegen (Anleger Nr. 9, An den Eichen, Windeck-Stromberg).

Nach einer einsamen, knapp 2 km langen Strecke ist hinter einer mächtigen Hochspannungsleitung das Wehr an der Unkelmühle erreicht. Es ist mit einer Bootsrutsche ausge-

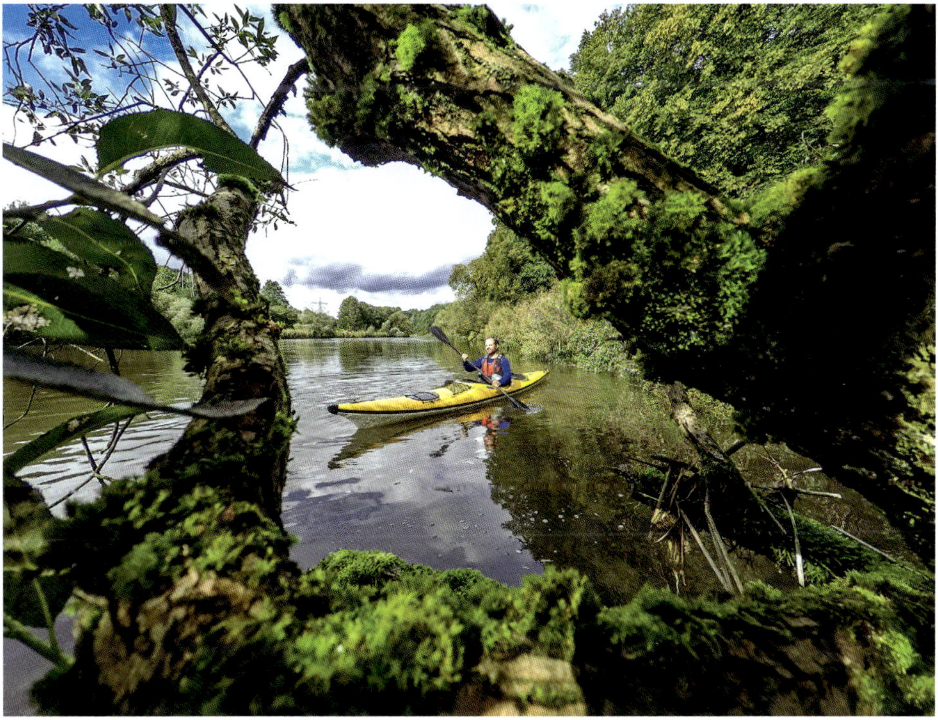

Sieg bei Stromberg

stattet, die in Form einer flachen, s-förmigen Betonrinne ganz links zu finden ist. Bei niedrigerem Wasserstand lassen sich die Boote auch bequem treideln. Anschließend geht es auf einem längeren, geraden Stück rasch Richtung Eitorf, und hinter der Straßenbrücke in Alzenbach rauscht ein kräftiger Schwall.
Knapp 3 km grüßt vom linken Ufer der schöne Turm der ehemaligen „Villa Gauhe". In unmittelbarer Nähe des Siegtal-Gymnasium ist an der Siegbrücke der Kanuanleger (Nr. 10) von Eitorf zu finden und wenige Schritte entfernt lädt der gemütliche Biergarten am Freizeitbad zu einer Einkehr ein. Wenige Meter weiter flussabwärts geht es durch ein Industriegebiet, wo die Fassadenreklame „Schoeller Wolle seit 1849" an die frühere Kammgarnspinnerei in Eitorf erinnert und wieder aus der Stadt hinaus.
Das Siegtal hat sich mittlerweile etwas geöffnet, und nachdem das Pegelhäuschen passiert ist, liegt in einer weiten Linkskurve am linken Ufer der Campingplatz Happach (Anleger Nr. 11), der mit seinem sehr schönen Uferstreifen wie gemacht ist für Paddler. Auf der Kiesbank am Ufer darf sogar ein Feuer entfacht werden, und der lange, aber spannende Paddeltag kann zünftig ausklingen. Nicht einmal die nahegelegene Bahnstrecke kann die Idylle merklich stören.
Am nächsten Morgen geht es unter der Eisenbahnbrücke hindurch. Die Sieg bleibt auch am zweiten Tag grün, windungsreich und spritzig – das gilt insbesondere für die beiden folgenden Brücken der Eisenbahnstrecke, die die Mäanderbögen der Sieg auf gerader Linie abkürzen. Anschließend thront hoch über dem linken Ufer die alte Stadt Blankenberg mit einer imposan-

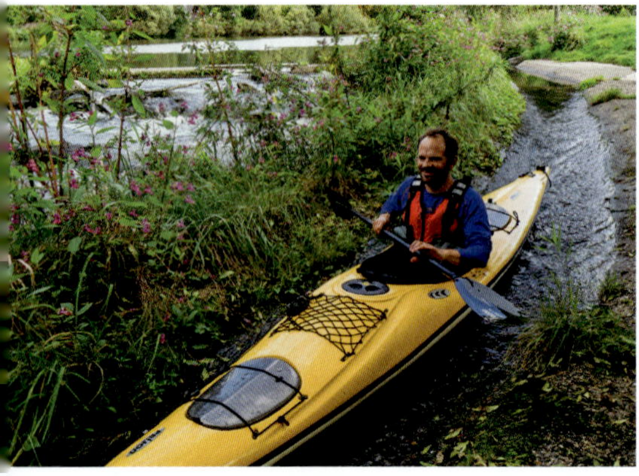

Wehr Unkelmühle

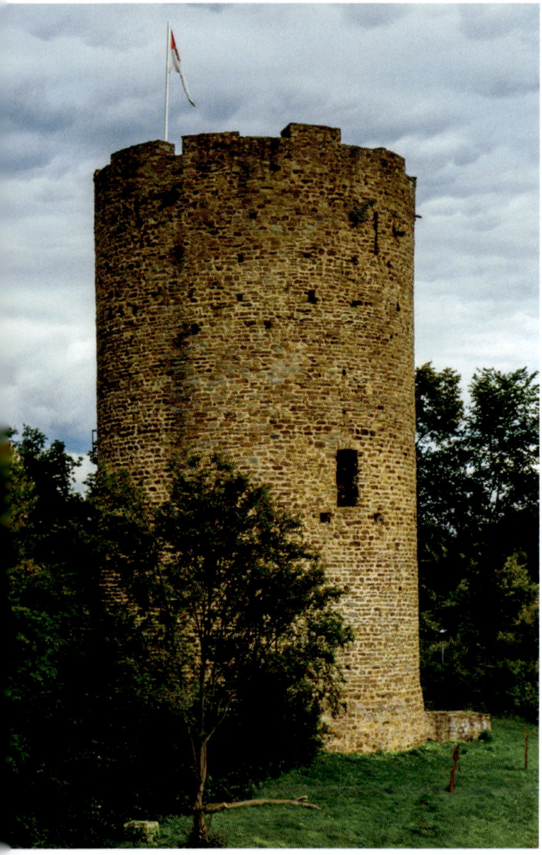

Burg Blankenberg

ten Burganlage, die im Mittelalter den Zugang zum Siegtal kontrollierte. Die Eisenbahntrasse kreuzt einmal mehr unseren Weg, und an der folgenden Straßenbrücke der Kreisstraße zwischen Oberauel und Blankenberg ist am linken Ufer der nächste Ausstieg erreicht (Anleger Nr. 12). Hinter der nächsten Flussbiegung lädt am rechten Ufer das Gasthaus Siegstrand am ersten von mehreren Zeltplätzen zur Einkehr. Der offizielle Ein/Ausstieg ist ein Stück weiter am nächsten Campingplatz zu finden (Anleger Nr. 13/ Lauthausen).

An den Ausläufern des Siebengebirges entlang strömt die Sieg unter der verschalten Brücke der Autobahn 560 (rechts Anleger Nr. 13, Hennef-Allner) hindurch an den Ortsrand von Hennef. Am linken Ufer führen Ufertreppen hinauf zur Siegpromenade mit den modernen Wohnhäusern im Quartier Chronos.

Anschließend geht es erneut unter der Autobahn hindurch, und in der nächsten Kurve umspült die Sieg eine kleine Insel, dahinter hängt eine Fußgängerbrücke an Stahltrossen über die Sieg, und rechts dahinter führt der Anleger Weingartsgasse (Anleger Nr. 14) direkt zum Biergarten Sieglinde, wo man sich für die letzten 4 km bis Siegburg stärken kann.

Die Sieg fließt nun weiter gen Nordwesten, und hinter der nächsten Autobahnbrücke liegt am rechten Ufer das Boothaus des STV Siegburg (Anleger Nr. 15, Wahnbachtalstr. 19, 53721 Siegburg), wo wir die Tour auf der Sieg gut beenden können, bevor sie etwa 300 m weiter über das nächste Wehr rauscht.

Etappen

Au – Eitorf	ca. 39,5 km
Eitorf – Siegburg	ca. 20,5 km
Gesamtstrecke:	**ca. 60 km**

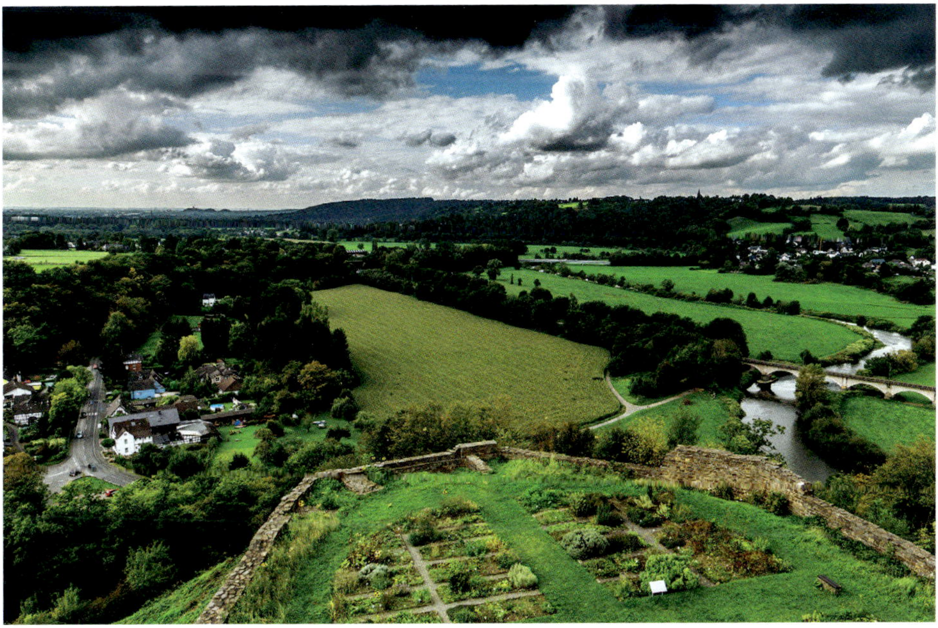

Ausblick über das Siegtal von Burg Blankenberg

Befahrungsregelung:

Entlang der vorgestellten Strecke ganzjähriges Uferbetretungsverbot mit Ausnahme der durch Schilder gekennzeichneten Anleger.
Mindestpegel Betzdorf: 55 cm für den ersten Streckenabschnitt bis Eitorf, maximal 50 Boote/Tag zwischen zwei aufeinander folgenden Anlegern.
Mindestpegel Eitorf: 30 cm für die Befahrung von Eitorf bis Wehr Siegburg (Fluss-km 41 – km 16), maximal 100 Boote/Tag. Detaillierte Hinweise unter
www.rhein-sieg-kreis.de/badenundpaddeln

Befahrbarkeit/Pegel:

Frühling bis Frühsommer und nach länger anhaltenden Regenperioden im Sommer. Die Befahrung ist nur bei ausreichendem Mindestpegel erlaubt, besser ist ein höherer Wasserstand, ansonsten drohen Grundberührungen in vielen Schwällen und Stufen.

Hindernisse:

Diverse Schwälle und kleinere Gefällsstrecken geben der Tour eine sportliche Note. Insgesamt drei Wehre, zwei davon mit Bootsrutschen. Das Wehr in Schladern allerdings erzwingt eine längere Portage von 1.000 m, ein Bootswagen ist sehr zu empfehlen.

Unterkunft:

- Campingplatz in Eitorf, Tel.: 02243/3533 *www.campingplatz-happach.de*
- mehrere Campingplätze in Hennef-Lauthausen *www.siegtal-camping.de* *www.camping-janssen.de* *www.siegpark-hennef.de*
- Zeltplatz am Bootshaus des STV Siegburg, Tel.: 02241/63220, *www.stv-kanu.de*
- Hotel Auermühle unweit des Einstiegs in Au, Tel.: 02682/251, *www.hotel-auermuehle.de*

Transfer zurück zum Einstieg:
regelmäßige Bahnverbindung mit der S12 aus Köln von Siegburg nach Au, Fahrtzeit 30-40 Minuten; Fußweg vom STV Siegburg zum Bahnhof ca. 2,5 km/30 Minuten, alternativ alle 30 Minuten Bus 502 zum Hauptbahnhof.
www.rsvg.de

Bootsverleih:

- Siegtours Kanuverleih Eitorf
  Tel. 02243/9497944
  www.siegtours-kanuverleih-eitorf.de
- WupperKanuTouren Thomas Becker (geführte Touren), Tel.: 0212/2642705
  www.wupperkanutouren.de
- Kanu-Sport Schulte, Tel.: 02644/3588
  www.kanu-sport-schulte.de
- Outdoorstation Markus Wimmer
  Tel. 02293/939779, *www.outdoorstation.de*
- Aktiv Events Bredthauer, Tel. 0228/9084973
  www.kanu-sieg.de

Gastronomie:

- zahlreiche Gasthöfe direkt am Ufer, u.a. Landgasthof Zur Post in Windeck-Rosbach, Biergarten Elmores am Wasserfall Schladern
- Gaststätte Siegperle in Dreisel
- Imbiss am Bootsverleih und Restaurant Da Nino am Wehr in Dattenfeld
- Biergarten im Kurpark Herchen
- Biergarten am Freizeitbad in Eitor
- Landgasthaus Siegstrand in Hennef-Lauthausen
- Gasthaus Sieglinde bei Hennef
- The Laredo und Wirthaus zur Sieg am Bootshaus des STV Siegburg.

Sehenswertes:

- Gedenkstätte „Landjuden an der Sieg" in Rosbach
- Besucherzentrum Naturregion Sieg am Wasserfall in Schladern; Burgruine Windeck
- Museumsdorf Altwindeck
  www.heimatmuseum-windeck.de
- Siegtaldom in Dattenfeld
- Schloss Merten und Klosterkirche St. Agnes in Eitorf-Merten
- Burganlage Stadt Blankenberg
- ehemalige Abtei Michaelsberg und Stadt museum in Siegburg

Alternativen:

- Fernwanderung auf den Natursteig Sieg (200 km/14 Etappen)
- Tageswanderungen auf den Sieg Erlebnis wegen (17 Routen zwisch. 6 km und 23 km)
- Radweg Sieg (60 km von Windeck-Dreisel nach Niederkassel-Mondorf am Rhein)
- Kleinflusstour für geübte Paddler auf der großen Nister im Westerwald (Mindestpegel Betzdorf/Sieg 90 cm für die Fahrt ab Langenbach bzw. 80 cm bei einem Start in Heimborn).

Auskunft:

- Naturregion Sieg, *www.naturregion-sieg.de*
- Touristik-Service Eitorf, Tel.: 02243/19 433
  www.eitorf-erleben.de
- Tourist-Info Hennef, Tel.: 02242/19433
  www.tourismus-hennef.de

Buchtipps/Karten

- Rhein-Sieg-Kreis Radwanderkarte, 1:50.000, BVA Bielefelder Verlag
- Wanderkarte Natursteig Sieg, 1:25.000, public press-Verlag
- Wanderkarte Erlebniswege Sieg, 1 :25.000, publicpress-Verlag
- Idhuna und Wolfgang Barelds: Wanderführer Natursteig Sieg, Conrad Stein Verlag
- Michaela Küpper: Entlang der Sieg. 66 Lieblingsplätze und 11 Ausflugslokale, Gmeiner Verlag
- TourenAtlas TA3 (Rhein-Mosel), 1:75.000 Jübermann Verlag

Tour 18: Rhein (Rheinland)

„Vater Rhein" hat dem erfahrenen Kanuten so einiges zu bieten. Die kräftige Strömung trägt die Boote fast von alleine, und so geht es ohne große Anstrengung rasant entlang von Weinhängen, die nicht selten von imposanten Burgen bewacht werden und immer wieder laden sehenswerte Städte zur Entdeckungstour an Land ein. Zu den schönsten Flussabschnitten zählt sicherlich die knapp 70 km lange Strecke durch das obere Mittelrheintal zwischen Bingen und Koblenz in Rheinland-Pfalz mit der weltberühmten Loreley. Die vorgestellte Tour startet am Ende des landschaftlich reizvollen Mittelrheintals in Koblenz, von wo sich der Rhein seinen Weg über Neuwied nach Andernach mit dem höchsten Kaltwasser-Geysir der Welt sucht. Am Rolandsbogen und dem gegenüberliegenden Siebengebirge ist dann Nordrhein-Westfalen erreicht. Hinter Bonn treten die Berge vom Ufer zurück, und der Rhein schlängelt sich durch die niederrheinische Bucht nach Köln, der einzigen Millionenstadt, die der Rhein auf seiner über 1200 km langen Reise von den Alpen einmal quer durch Europa bis zur Mündung in die Nordsee durchfließt. Große Container- und Frachtschiffe, die zum Teil meterhohe Wellen aufbauen, erfordern aufmerksames Paddeln und eine gute Bootsbeherrschung. Auf der beschriebenen Strecke von Koblenz nach Köln ist der Rhein ein breiter Strom mit bis zu 8 km/h schneller Strömung. Die Tour ist nichts für absolute Anfänger, aber auch erfahrene Kanuten sollten aufgrund der starken Strömung in Verbindung mit den hohen Wellen durch die Großschifffahrt unbedingt eine Schwimmweste tragen und auf keinen Fall die Begegnungen mit den „dicken Pötten" unterschätzen.

Koblenz ist eine der ältesten Städte Deutschlands. Bereits die Römer kannten eine Siedlung am Zusammenfluss von Mosel und Rhein, die sie „Confluentes", d.h. „bei den Zusammenfließenden" nannten, woraus sich im Laufe der Zeit der heutige Stadtname entwickelte. Ein absolutes Muss für jeden Besucher ist das Deutsche Eck, eine künstlich aufgeschüttete Landzunge an der Mündung der Mosel in den Rhein, die der Erzbischof dem Deutschen Orden im

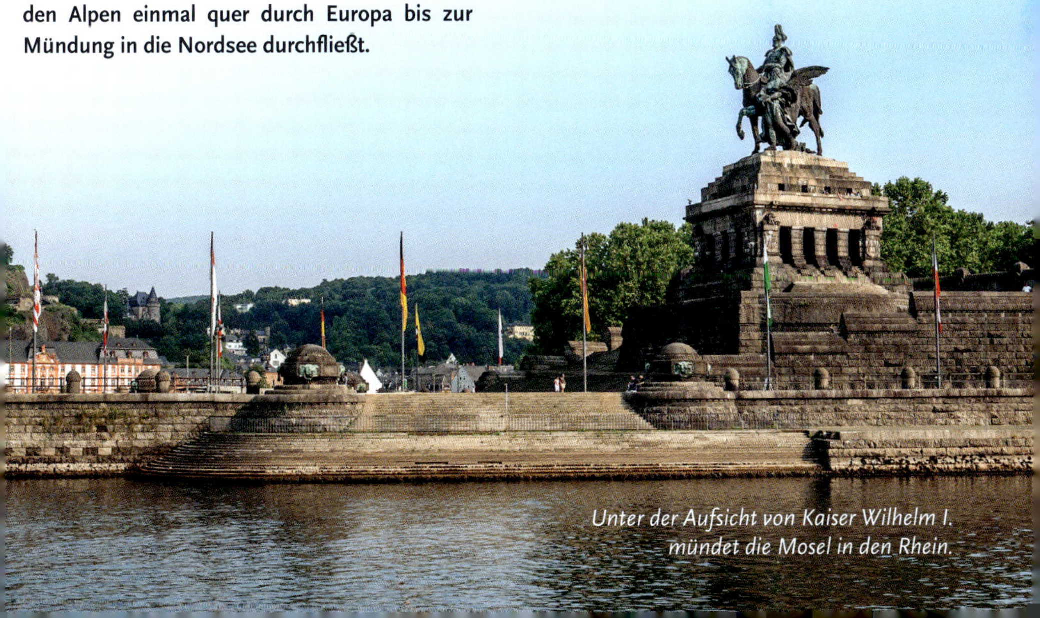

Unter der Aufsicht von Kaiser Wilhelm I. mündet die Mosel in den Rhein.

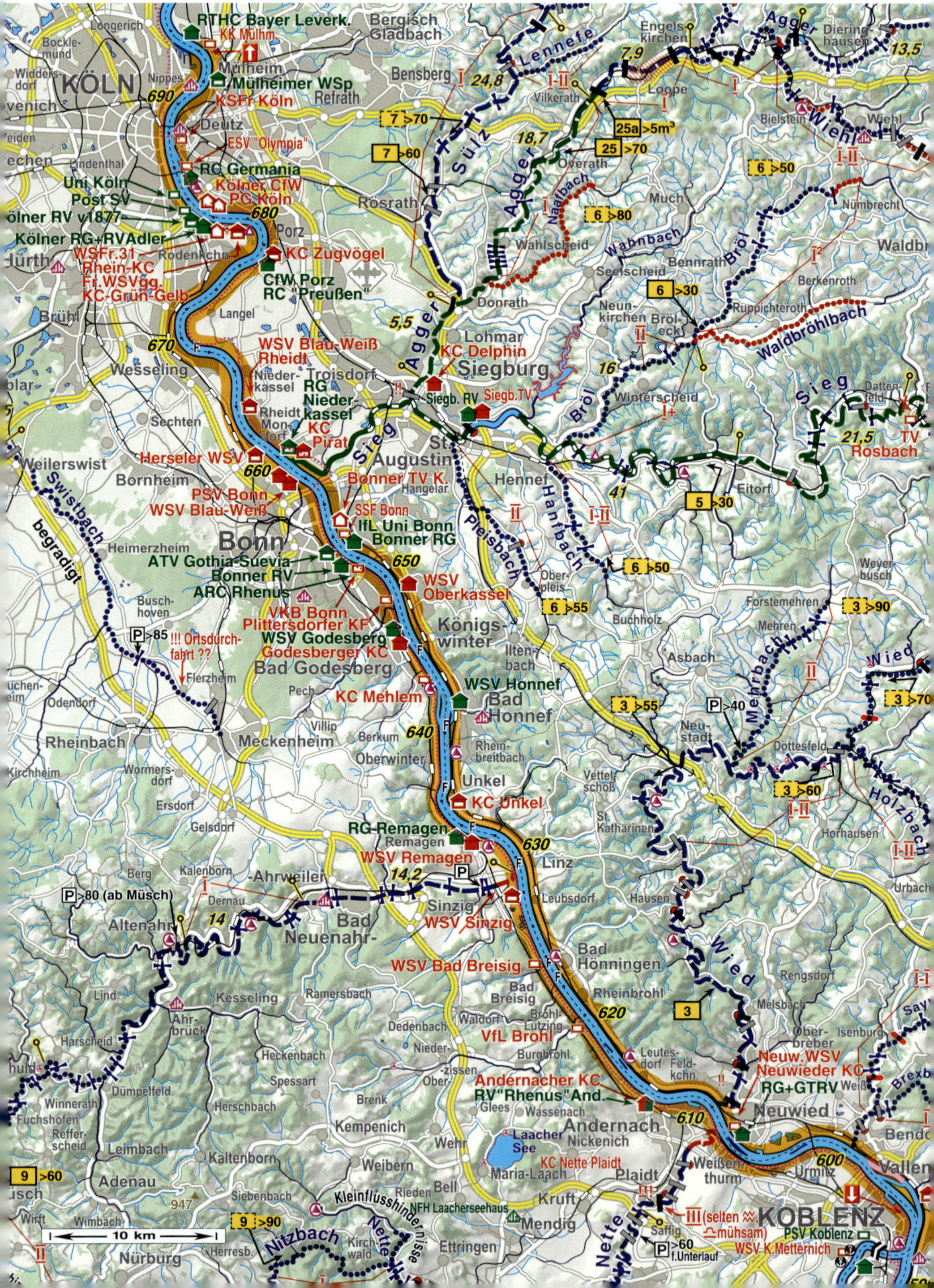

RTHC Bayer Leverk.
KK Mülhm.
Mülheimer WSp
KSFr Köln
KÖLN
Deutz
ESV "Olympia"
RC Germania
Kölner CfW
PG Köln
Uni Köln
Post SV
Kölner RV v1877
Kölner RG+RVAdler
WSFr.31
Rhein-KC
Fr.WSVgg.
KC-Grün-Gelb
KC Zugvögel
CfW Porz
RC "Preußen"
Bergisch Gladbach
Bensberg
Refrath
Rösrath
Porz
Langel
Brühl
Wesseling
WSV Blau-Weiß Rheidt
RG Nieder-kassel
KC Pirat
Troisdorf
Lohmar
KC Delphin
Siegburg
Siegb. RV
Siegb. TV
Sankt Augustin
Bonner TV K.
Hangelar
Hennef
SSF Bonn
IfL Uni Bonn
Bonner RG
Herseler WSV
PSV Bonn
WSV Blau-Weiß
Bonn
ATV Gothia-Suevia
Bonner RV
ARC Rhenus
VKB Bonn
Plittersdorfer KF
WSV Godesberg
Godesberger KC
Bad Godesberg
WSV Oberkassel
Königswinter
KC Mehlem
WSV Honnef
Bad Honnef
Unkel
KC Unkel
RG-Remagen
Remagen
WSV Remagen
Linz
Sinzig
WSV Sinzig
Bad Neuenahr-Ahrweiler
WSV Bad Breisig
Bad Hönningen
Bad Breisig
Rheinbrohl
VfL Brohl
Andernacher KC
RV "Rhenus" And.
Andernach
Neuw.WSV
Neuwieder KC
RG+GTRV
Neuwied
Laacher See
Maria-Laach
KC Nette Plaidt
Plaidt
Mendig
KOBLENZ
PSV Koblenz
WSV K.Metternich
Sieg
Agger
Sülz
Bröl
Wahnbach
Waldbröhlbach
Pleisbach
Hanfbach
Mehrbach
Wied
Ahr
Nette
Swistbach begradigt
!!! Ortsdurchfahrt ??
Rheinbach
Meckenheim
Adenau
Altenahr
Weilerswist
10 km

Jahre 1216 schenkte. Im 19. Jahrhundert wurde das Areal zu einem Nothafen umgebaut, der zum Ende des Jahrhunderts aufgeschüttet wurde. Gleichzeitig erhielt das Deutsche Eck seine heutige Gestalt in Form eines Schiffbugs, um Platz zu schaffen für ein Reiterstandbild von Kaiser Wilhelm I. Das monumentale, bereits zur Entstehungszeit ob seiner Deutschtümelei kritisierte Denkmal wurde im Krieg zerstört und der übrig gebliebene Sockel am 18. Mai 1953 von Bundespräsident Theodor Heuss zum Mahnmal der deutschen Einheit umgewidmet. In der Nachkriegsgeschichte der Bundesrepublik wurde viel und oft über die Neu- und Umgestaltung des Denkmals nachgedacht, und viele Pläne wurden geschmiedet. Fast alle landeten aus Geldmangel in dunklen Schreibtischschubladen, ohne realisiert zu werden. 1993 wurde nach kontroversen Diskussionen die ursprüngliche Reiterstatue durch eine private Initiative wiederaufgebaut. Auch wenn viele Koblenzer ein monumentales Standbild von Kaiser Wilhelm I. als nicht mehr zeitgemäß empfanden – die zahlreichen Touristen aus Nah und Fern scheint es nicht zu stören. In endlosen Strömen wälzen sie sich über den großen Platz und machen Selfies vor dem überdimensionalen Bronzereiter und der Festung Ehrenbreitenstein am gegenüberliegenden Ufer.

Wer vor der Wanderfahrt auf dem Rhein noch eine Nacht im Zelt oder Wohnmobil übernachten möchte, kann den Campingplatz Rhein-Mosel in Koblenz-Neuendorf (Schartwiesenweg 6, 56070 Koblenz) direkt gegenüber vom Deutschen Eck ansteuern. Er wird nur durch einen Wanderweg vom Mosel- und Rheinufer getrennt, und am Morgen können wir unter den stur geradeaus gerichteten Augen von Wilhelm I. unsere Boote in einer kleinen Bucht an der Mosel ins Wasser lassen. Wer ohne vorherige Übernachtung direkt starten möchte, findet ein paar hundert Meter rheinabwärts hinter dem Sportplatz in Koblenz-Neuendorf eine Rampe, um die Boote ins Wasser zu lassen, und einen kleinen Parkplatz für die Autos.

Sofort nach dem Ablegen erfasst uns die flotte Strömung, und der etwa 300 m breite Rhein trägt uns rasch die ersten zwei Kilometer gen Norden. An der Rheininsel Niederwerth, der einzigen bewohnten Flussinsel Deutschlands, folgen wir der Schifffahrtsbetonnung in den

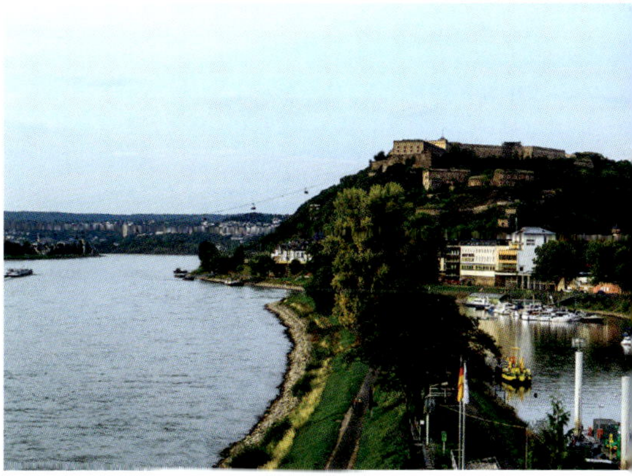

Festung Ehrenbreitenstein in Koblenz

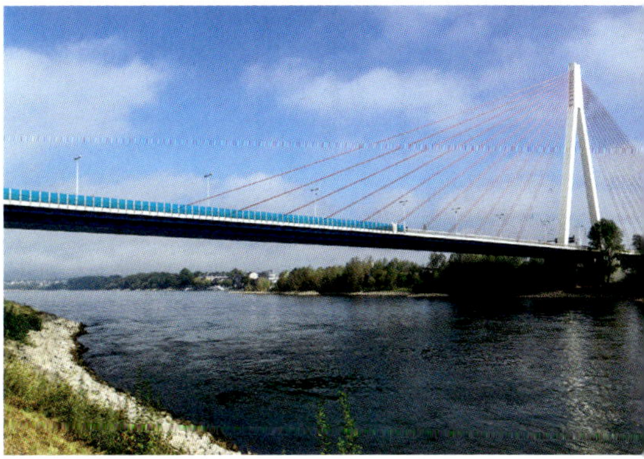

Neuwied

breiten linken Arm. Man könnte auch rechts an der Insel vorbeipaddeln, muss dann aber den linken Stromarm (Rothe Nahrung) zwischen der Insel Niederwerth und Graswerder nehmen, da die Durchfahrt zwischen Vallendarer

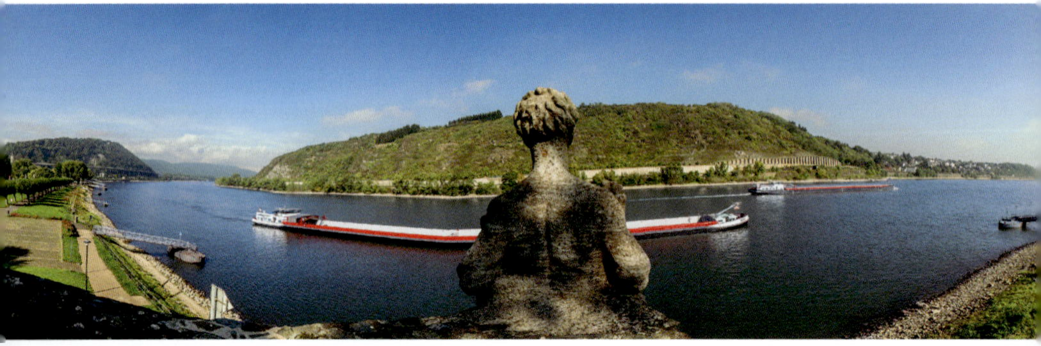

Andernach

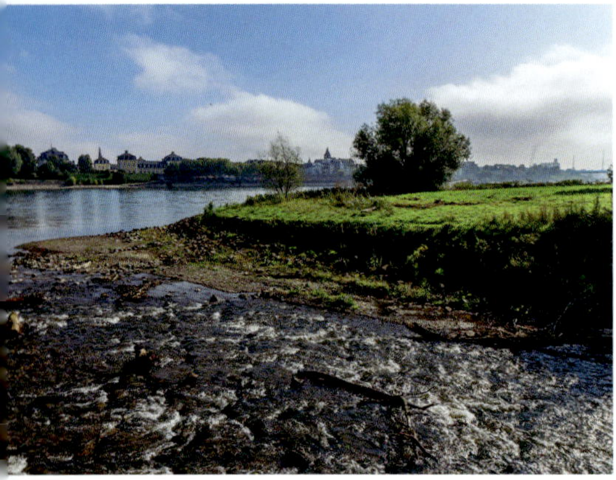

Nette-Mündung

Ufer und der Insel Graswerth aus Naturschutzgründen gesperrt ist.
Am Ende der Insel ziehen am linken Ufer die Hafeneinfahrt und die Fachwerkhäuser in Kesselheim vorbei. Voraus überspannt die Bendorfer Brücke der A48 den Rhein, und am rechten Ufer dahinter ragen an der Kaimauer in Bendorf einige Tanks in den Himmel und große Kieshaufen warten auf ihre Verladung.
Vom gegenüberliegenden Ufer grüßt die kleine Kirche in St. Sebastian, und bald beeindruckt am rechten Ufer die spätbarocke Fassade von Schloss Engers. Hinter der darauffolgenden Eisenbahnbrücke schauen die Insassen der Wohnmobile am Stellplatz in Urmitz gebannt auf die über den Rhein stampfenden Frachtkähne und winken uns Paddlern zu.
Etwa 1 km weiter passieren wir die kleine Insel Urmitzer Werth, und nach weiteren 2 km erreichen wir in der Kurve hinter der Hochspannungsleitung den Weißenthurmer Werth.
Am Ende der Insel, kurz vor Rhein-Kilometer 608, verbindet die markante Raiffeisenbrücke der B256 Weißenthurm am linken mit Neuwied am rechten Rheinufer, wo oben auf der Promenade der DKV-Wimpel der hiesigen Kanu-Vereine im Wind flattert. Die Treppe vor der Rotunde führt zum Neuwieder WSV. Eine gute Gelegenheit zur Pause bietet etwa 800m weiter der kleine Strand hinter dem „Biergarten am Deich" auf Höhe von Schloss Neuwied.
Von der Wiedmündung am rechten Rheinufer sind es etwa 2 km bis Andernach. Hinter dem Hafen beginnt bei Flusskilometer 612 die Uferpromenade mit einem riesigen Wohnmobilstellplatz, und bald darauf flattern die bunten Sonnenschirme des Biergartens direkt am Ufer im lauen Sommerwind. Aussteigen für den Landgang lässt sich am besten an dem kleinen Sandstrand dahinter.
Das Tal wird jetzt enger, und die Hänge zur Rechten werden von den Weinstöcken rund um Leutesdorf eingenommen, dem größten Weinort am Mittelrhein. Gegenüber auf der Halbinsel Namedyer Werth liegt der Geysir Andernach,

der mit einer Höhe von 50 bis 60 m als größter Kaltwassergeysir der Welt gilt. Vor Rheinbrohl umfließt der Rhein die Insel Hammersteiner Werth, und auf einer Anhöhe am rechten Ufer erinnert eine Ruine an die ehemalige Burg Hammerstein aus dem 10. Jahrhundert.

Vorbei an Brohl-Lützing (Biergarten im Hafen) kommen wir nach Bad Hönnigen. Etwa 300 m vom Anleger der Autofähre zu Ortsbeginn erinnert ein rekonstruierter Limes-Wachturm an die römische Vergangenheit, denn in Rheinbrohl beginnt das Weltkulturerbe Limes.

In Bad Hönningen am rechten Ufer erwarten uns zahlreiche Einkehrmöglichkeiten und der Campingplatz Rheinpark. Dahinter verkehrt die Personenfähre ans gegenüberliegende Ufer nach Bad Breisig mit dem Rheinhotel Vierjahreszeiten, wo ebenfalls ein reichhaltiges gastronomisches Angebot zu finden ist. Der flache Uferstrand bietet gute Möglichkeiten zum Anlanden, und auch Supermärkte zum Aufstocken des Proviants finden sich direkt hinter der autofreien Rheinpromenade von Bad Breisig.

4 km rheinabwärts bietet der Wassersportverein Sinzig (DKV Kanustation) bei Rhein-Kilometer 627,9 am linken Ufer eine Möglichkeit zur Übernachtung. Dahinter beginnt ein schönes Naturschutzgebiet, und von links mündet die Ahr in den Rhein. Einen Kilometer weiter kreuzt die Fähre zwischen Kripp am linken (Imbiss am Fähranleger) und Linz am rechten Rheinufer. Das kleine Städtchen lädt zu einem kurzen Bummel durch die engen Gassen zwischen den bunten Fassaden der Fachwerk- und Bürgerhäuser. In der Burg gibt es eine römische Glashütte und die Folterkammer zu sehen.

Auf dem folgenden Rheinabschnitt von Linz über Remagen, Bad Honnef, Königswinter bis Bonn wird Jahr für Jahr am 1. Samstag im Mai die Saison mit dem Feuerwerksspektakel „Rhein in Flammen“ eröffnet, und zahlreiche rotleuchtende Bengalfeuer tauchen dann die Uferpromenaden und Sehenswürdigkeiten im Siebengebirge in ein stimmungsvolles Licht. Abgerundet wird das Spektakel durch ein attraktives Rahmenprogramm mit Musik, Tanz und viel rheinischer Fröhlichkeit. Den krönenden Abschluss bildet das große Höhenfeuerwerk in der Rheinaue bei Bonn.

Unsere nächste Station auf dem Weg nach Bonn ist Remagen, bekannt für die Brücke von Remagen. Davor liegt am linken Ufer der Campingplatz Goldene Meile. Sein Name geht zurück auf die vor hundert Jahren gebräuchliche Bezeichnung des fruchtbaren Rheinvorlandes zwischen Bad Breisig und Remagen, dessen gute Böden einen hohen Ertrag lieferten.

Hinter den Brückenpfeilern der historischen Eisenbahnbrücke an beiden Ufern bieten die Treppen beim Bootshaus der Wassersport Verein Remagen eine gute Möglichkeit zum Ausstieg, um in einem der zahlreichen Restaurants entlang der sich anschließenden Uferpromenade einzukehren.

Auf der Innenseite der nächsten Rheinkurve bietet die Campingwiese am Bootshaus des KC Unkel (DKV-Kanustation) eine Möglichkeit, das Zelt aufzubauen. Wahrzeichen der Stadt an den südlichen Ausläufern des Siebengebirges ist der Gefängnisturm. Der wehrhafte Rundturm wurde als Teil der Unkeler Befestigungsanlage Mitte des 16. Jahrhunderts errichtet, und um 1700 wurde das ursprünglich kegelförmige Dach durch die heutige barocke Haube ersetzt. An das Leben und Wirken von Willy Brandt, der von 1979 bis zu seinem Tod im Jahre 1992 hier lebte, erinnert die Dauerausstellung des Willy-Brandt-Forums. Vorbei am Campingplatz Auf dem Salmenfang am rechten Ufer gegenüber den Häusern von Oberwinter erreichen wir das rechtsrheinische Bad Honnef am Fuße des Siebengebirges. Einen herrlichen Blick auf Rhein und Siebengebirge mit dem Drachenfels bietet sich von der Insel Grafenwerth, die gleich über zwei Brücken mit dem Festland verbunden ist. Im Stadtteil Rhöndorf am nördlichen Ende von

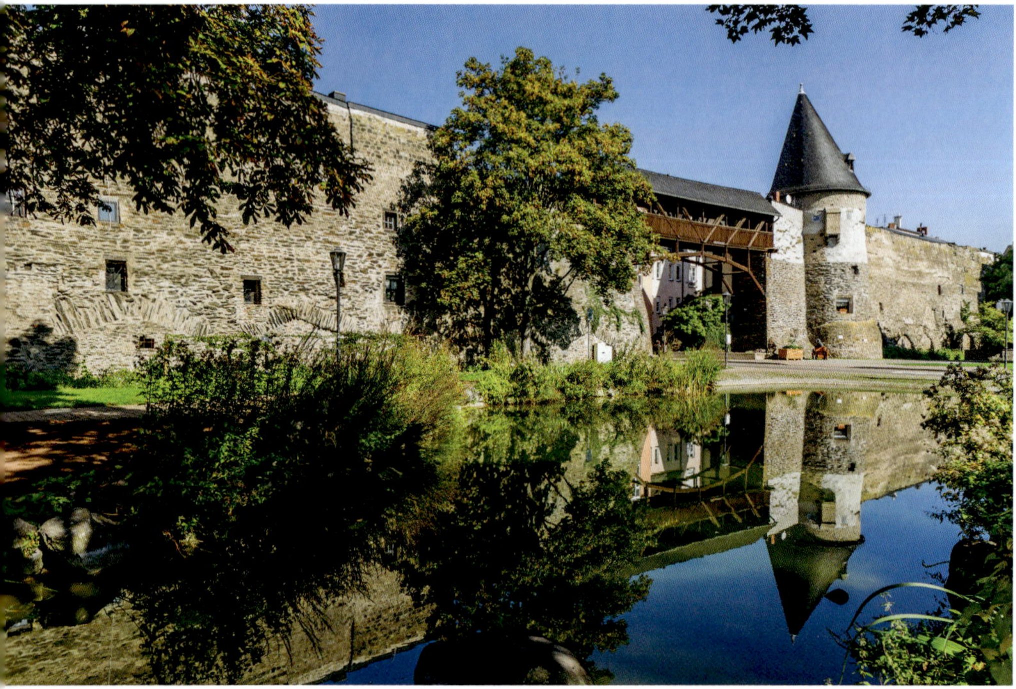

Helmwartsturm am Stadtgraben Andernach

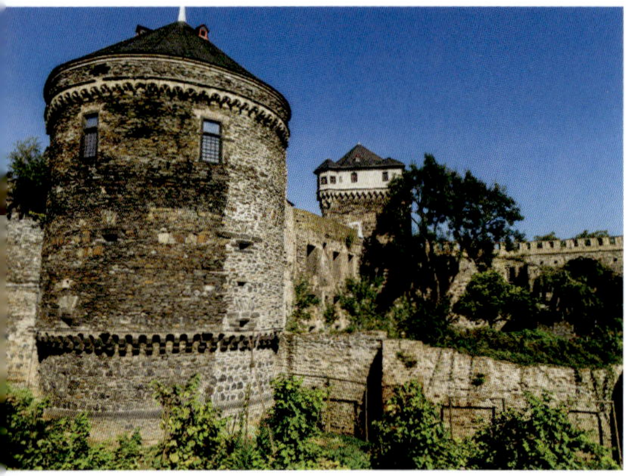

Burgruine mit Schlossgarten

Bad Honnef lebte Konrad Adenauer, der erste Bundeskanzler, der die Bundesrepublik für 14 Jahre regierte. Voraus ist schon der sagenumwobene Drachenfels zu sehen, ein 321 m hoher Vulkankegel, auf dem die gleichnamige Burgruine empor ragt. Wie die Legende zu berichten weiß, tobten sieben Riesen durch das Flussbett des Rheins, warfen dabei den Dreck über die Schulter und häuften so das Siebengebirge vor den Toren Bonns auf. Einen bequemen Aufstieg bietet die Bergbahn, die in Königswinter startet. Seit 1883 klettert Deutschlands älteste Zahnradbahn den steilen Berg hinauf.

Hinter Königswinter thront das beeindruckende Grandhotel wie ein Schloss auf dem Petersberg hoch oben am rechten Rheinufer. Einst das Gästehaus der Bundesregierung, kann man sich hier in die Reihe hochrangiger Politiker und Staatsmänner wie Michail Gorbatschow, Nelson Mandela oder dem japanischen Kaiser Akihito einreihen. Ein ausreichend gefüllter Geldbeutel ist dabei Voraussetzung: Die Staatsgästesuite kostet ab 2400 €, ein Standard-Dop-

pelzimmer immerhin noch stolze 250 €!
Aber nicht nur auf dem Petersberg, auch am Rheinufer geht es nobel zu. Vor den in der Abendsonne erstrahlenden Villen liegen große Kreuzfahrtschiffe vor Anker. Eine günstige und standesgemäße Übernachtungsmöglichkeit finden wir bei Fluss-km 646,2 am linken Ufer beim Godesberger Kanu Club (DKV-Kanustation).
Möglichkeiten zur Einkehr direkt am Ufer bieten im weiteren Verlauf der Biergarten am Schaumburger Hof am linken Ufer bei Rhein-Kilometer 648,5 und einen Kilometer weiter am rechten Ufer das Café-Restaurant Bundeshäuschen.
Die Uferpromenade von Bonn-Oberkassel wird dominiert von der futuristischen Spiegelglasfassade des Kameha Grand Hotels. Es bildet das Zentrum des Bonner Bogens, einem neu entwickelten Stadtteil mit Büros, Restaurants und Hotels auf dem Areal einer ehemaligen Zementfabrik.
Voraus rückt hinter der Autobahnbrücke die Stadtsilhouette von Bonn ins Blickfeld.
Am linken Ufer ragt der markante Post Tower, das höchste Bürogebäude in NRW und Sitz der Konzernzentrale der Deutschen Post DHL, in den Himmel. Schräg gegenüber liegt die Innenstadt von Bonn-Beuel mit diversen Biergärten und Restaurants. Chinesische Küche direkt auf dem Wasser bietet das unter der Kennedybrücke vertäute Restaurantschiff „Ocean Paradise“. Eine gute Möglichkeit zum Anlanden bietet der kleine Strand am rechten Ufer hinter der Brücke beim Restaurant und Biergarten „Bahnhöfchen“.
Entgegen vieler Unkenrufe ist Bonn nach der Abstimmung über die Hauptstadtfrage der Bundesrepublik am 20. Juni 1991, bei der eine knappe Mehrheit für Berlin stimmte, nicht in der Provinzialität versuchen. Zwar ist die Hauptstadtära mit dem 1999 beendeten Umzug des Politiktrosses an die Spree abgeschlossen, geblieben sind aber zahlreiche Museen, und so zieht es heute mehr Museumsbesucher

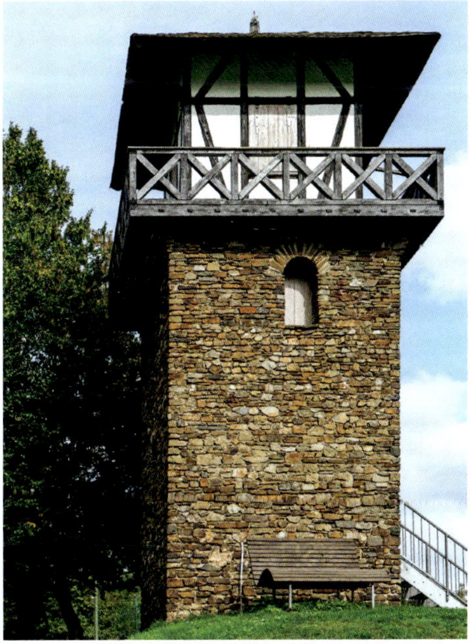

In Rheinbrohl erinnert ein rekonstruierter Wachturm an den Ausgangspunkt des Limes.

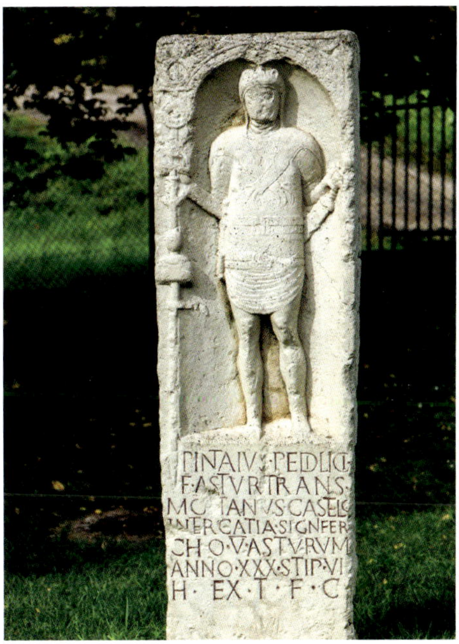

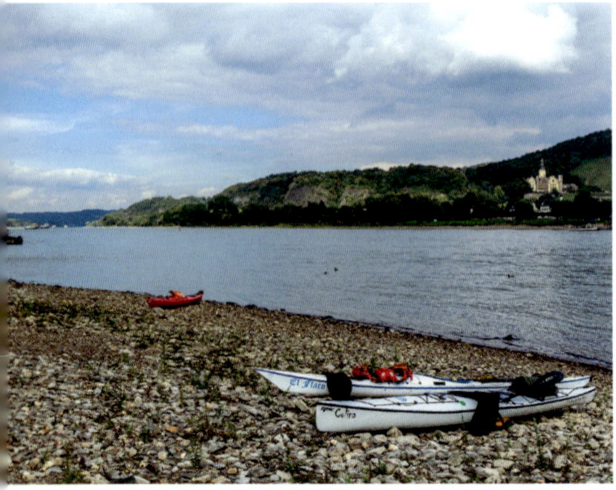

Bad Breisig

nach Bonn als nach Köln.

Publikumsmagnet ist die Museumsmeile mit gleich fünf hochkarätigen Museen. Sie befindet sich in direkter Nachbarschaft zum Bundesviertel und erstreckt sich entlang der Adenauerallee und ihrer Verlängerung der Friedrich-Ebert-Allee. Das Forschungsmuseum König zählt zu den bedeutendsten zoologischen Museen in Deutschland und zeigt 30.000 präparierte Säugetiere, 80.000 Vögel und über 1 Million Reptilien, Amphibien und Fische. Das 1994 eröffnete Haus der Geschichte bringt uns die Geschichte der Bundesrepublik auf fünf chronologisch gegliederten Ausstellungsebenen näher. Neben zahlreichen Originalobjekten gibt es nachgebaute Kulissen, Filme, Fotos und Dokumente. Ob Schwarzmarktzigarette, Nierentische oder Turnschuhe von Joschka Fischer - lebendiger kann Geschichte nicht werden.

In den beiden Museen an der Friedrich-Ebert-Allee kommen Kunstfreunde voll auf ihre Kosten. Im Kunstmuseum Bonn finden sie Werke deutscher Künstler des 20. Jahrhunderts, die Bundeskunsthalle bietet ein Forum für Ausstellungen, die weit über NRW hinaus bekannt sind. Den südlichsten Punkt der Museumsmeile bildet das Deutsche Museum Bonn, eine Zweigstelle des Deutschen Museums in München, die sich der zeitgenössischen Naturwissenschaft und Technik verschrieben hat und rund „100 Meisterwerke" der letzten sieben Jahrzehnte präsentiert, z.B. die Entwicklung des MP3-Players oder des weltbekannten „fischerdübels".

Bonn ist die letzte Stadt, die von Höhenzügen des Siebengebirges gesäumt wird. Bis zur Mündung in den Niederlanden wird die Landschaft nun zunehmend flacher. Hinter der Autobahnbrücke der B565 passieren wir den Containerterminal am Bonner Hafen. Aufgrund der Schwerindustrie und dem damit verbundenen Massenguttransport war die wirtschaftliche Entwicklung des Ruhrgebiets und NRWs immer mit der Binnenschifffahrt verbunden.

Trotz des Wandels in der Montanindustrie hat dieser Transportklassiker eine Renaissance erlebt und ist heute sowohl ökologisch als auch ökonomisch ein interessantes Glied der Transportkette. Wichtigste Verkehrswege in Deutschland sind der Großschifffahrtsweg Rhein und die Kanäle. Transportiert werden heute vor allem Aluminium, Fahrzeuge, Maschinen, Maschinenteile und Stückgüter in Containern.

Knapp 500 m weiter passieren wir das Boots-

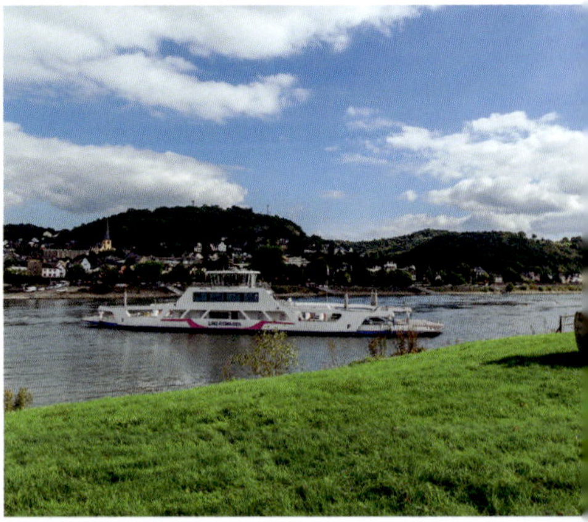

Fähre Remagen

haus des WSV Blau Weiß Bonn und das spanische Restaurant Kajüte Iberica. Noch ein Stück weiter mündet vor der Fähre Mondorf von rechts die Sieg in den Rhein. Gegenüber liegt das Bootshaus der Kanuabteilung des Post SV Bonn (DKV-Kanustation), und entlang der Fähranleger auf beiden Uferseiten machen die zahlreichen Sonnenschirme unmissverständlich auf die Einkehrgelegenheiten aufmerksam. Abzulesen ist die Bedeutung der Schifffahrt auf dem Rhein an den großen Transportkähnen, die uns auf der gesamten Tour begleiten. Ein ausgewachsenes Rheinschiff misst 11,40 m in der Breite und 105 m in der Länge, im Schubverband wächst die Länge sogar auf 185 m. Nicht ganz so groß, aber dennoch imposant ist der Ausflugskatamaran MS Rheinenergie, von dem schon Papst Benedikt XVI. während des Weltjugendtags tausenden Pilgern am Rheinufer konziliant zuwinkte, der uns nach dem Passieren des Herseler Werths auf Höhe der Rheinterassen, einem Hotel und Restaurant am linken Rheinufer in Bornheim-Widdig, begegnet.

Am rechten Ufer ziehen die Häuser von Niederkassel vorüber. Es ist deutlich zum merken, dass wir uns dem Großraum Köln nähern. Der Betrieb auf dem Wasser nimmt zu, und neben den Frachtern wühlen auch Jetski- und Wasserskifahrer das Wasser auf. In Köln-Wesseling, einem bedeutenden Industriestandort am linken Rheinufer, reckt das EVONIK Degussa-Werk seine Türme und Anlagen zur Veredelung von Rohstoffen und Metallen in den Himmel, und die Schlote qualmen Wolken in die Luft, die nicht unbedingt das Prädikat „frische Frühlingsbrise“ verdienen.

Der Rhein beschreibt eine verhältnismäßig enge Kurve, in der die Frachtschiffkapitäne auch gerne mal im Linksverkehr fahren. Zu erkennen ist das an den ausgestellten blauen Tafeln mit weißem Rand und Blinklicht in der Mitte. Im weiteren Verlauf folgen gleich zwei schöne Einkehrmöglichkeiten im kurzen Abstand, und zwar zunächst etwa bei Fluss-Kilometer 673,5 die Rheinterrassen des Restaurants „Zur Tant“ am rechten Ufer in Langel oder etwa 1,5 km weiter am linken Ufer die Sonnenterasse am Sürther Bootshaus. Nach zwei Kilometer freier Fahrt kreuzt eine Personenfähre unseren Weg, kurz darauf liegen am rechten Ufer der Hafen und das Campinggelände des Clubs für Wassersport Porz.

Anschließend setzt der Rhein zu einer scharfen Linkskurve an, und im weiteren Verlauf nutzen viele Kölner die zahlreiche Buhnen, Buchten und Sandstrände am Ufer zur Naherholung. Am linken Ufer der „Kölschen Riviera“ in Köln-Rodenkirchen folgt ein Kanu-Verein auf den nächsten. Gute Übernachtungsmöglichkeiten bieten u.a. die großen Zeltwiesen der Vereine KC Grün-Gelb Köln, Rhein-Kanu-Club und Freie Wassersport Vereinigung Köln (DKV-Kanustation) sowie der ebenfalls direkt am Rhein gelegene Campingplatz Berger. Auch an zahlreichen einladenden Gasthäusern direkt am Ufer (z.B. das Fischlokal Fährhaus am Yachtclub) oder sogar auf dem Wasser (z.B. Restaurantschiff „Alte Liebe“) besteht kein Mangel. Hinter Rheinkilometer 683 spannt sich die an Stahltrossen aufgehängte Brücke der A4 über den Rhein. Dahinter liegt am rechten Ufer der Campingplatz Stadt Köln und das Café Wiesenhaus.

Nun sind es etwa vier kurzweilige Paddelkilometer bis zur Severinsbrücke, an der sich vor uns das wasserseitige Stadtpanorama von Köln mit Rheinbrücken, Bürohäusern und natürlich dem Dom öffnet. Dahinter erinnert am linken Ufer an der Einfahrt zum Kölner Rheinauhafen eine Glasfassade an den Bug eines Schiffes. Das Gebäude mit der leicht wirkenden Glasfassade widmet sich einem kalorienreichen Thema. Es beherbergt das Schokoladenmuseum,

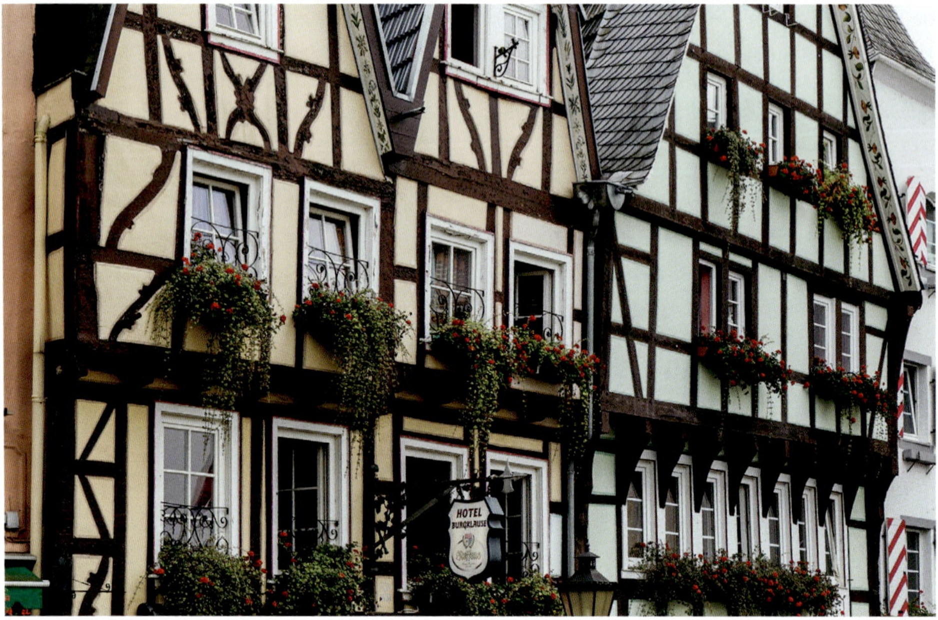

Viel historisches Fachwerk säumt den Burgplatz von Linz

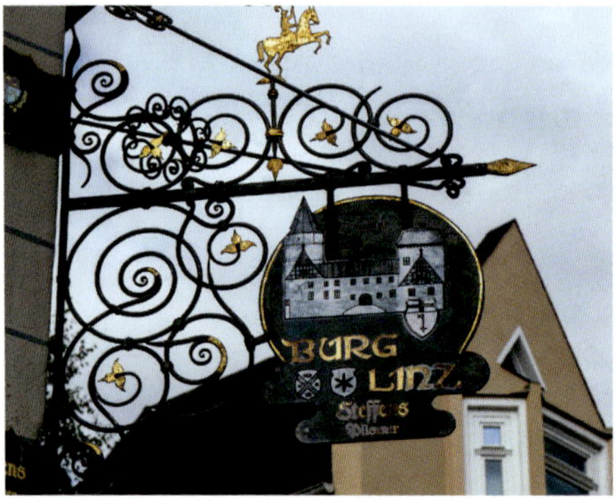

Burg Linz wurde 1365 als Zoll- und Zwingburg der Kölner Erzbischöfe erbaut.

das seine Besucher mitnimmt auf eine Reise durch die 3. 000 jährige Kulturgeschichte der Schokolade und die Heimat des Kakaos, seinen Anbau und die Ernte in Fotos dokumentiert.
Hinter der Deutzer Brücke taucht voraus die Hohenzollernbrücke auf, die die Züge zum Hauptbahnhof auf der linken Rheinseite führt. Entlang des linken Ufers entfaltet sich nun das Altstadtpanorama von Köln, vor dem diverse Ausflugsschiffe vor Anker liegen. Köln ist mit gut einer Million Einwohnern nicht nur die mit Abstand größte Stadt NRWs, sondern auch eine der ältesten. Über einige Jahrhunderte war es sogar der einzige Ort der Region, der die Bezeichnung Stadt verdiente. Im Mittelalter war Köln eine der bedeutendsten Metropolen Europas und ist daher stärker vom Mittelalter als von der Antike geprägt.

Beherrscht wird das Panorama vom Kölner Dom, der meist mit mehr oder weniger Gerüsten und Planen verhangen ist. Begonnen wurde der Bau dieser kreuzförmigen Basilika, die mit kompletten Namen „Hohe Domkirche St. Peter und Maria zu Köln" heißt, im Jahre 1248, als der alte Dom zu klein geworden war und von den Kirchen ringsum überragt wurde. Geplant wur-

de eine Kathedrale nach französischem Vorbild, gebaut wurde im Endeffekt über sechs Jahrhunderte, da zwischendurch immer wieder die Geldquellen versiegten. Erst 1842 wurden die Baupläne ausgebuddelt, und der größte Kirchenbau der Gotik konnte 1880 eingeweiht werden.
Gegenüber der Altstadt erheben sich in Köln-Deutz zahlreiche moderne Bürohochbauten, die zu einiger Verstimmung zwischen der UNESCO und der Stadtverwaltung geführt haben, als die UN-Kulturorganisation den Dom auf die Rote Liste des Weltkulturerbes gesetzt hatte, weil sie das Erscheinungsbild der Kathedrale durch den geplanten Bau von weiteren Hochhäusern beeinträchtigt sah.

Hinter der Hohenzollernbrücke flankieren Hauptbahnhof zur linken und Messegelände zur rechten Rheinseite unsere Tour. Unterhalb des Messeturms gucken sich viele Kölner und Touristen das Geschehen auf dem Rhein vom großen Rheinterrassenrestaurant aus an, und vom Tanzbrunnen schallt uns laute Musik entgegen. Dieser 1928 entstandene Kultur- und Freizeitpark bietet heute auf 30.000 m^2 genug Platz für Open-Air-Konzerte und diverse weitere Veranstaltungen.

Weitere Hochhäuser weisen uns den Weg, und an der grünen Zoobrücke schwebt die Rheinseilbahn über unsere Köpfe. Zur Bundesgartenschau 1957 errichtet, war sie bis zur Fertigstellung der Koblenzer Seilbahn im Rahmen der Bundesgartenschau 2011 die einzige Flussseilbahn Deutschlands.
Etwa zwei Kilometer hinter der nächsten Straßenbrücke bietet sich bei Rheinkilometer 694 eine Betonrampe zum Beenden der Tour an. Sie führt zum Bootshaus des Kanu-Vereins Kanusport Köln-Mühlheim am Stammheimer Ufer (fürs Navi: Am Rheinacker 45, 51061 Köln, *www.kkm-koeln.de*), wo Wanderfahrer nach der Tour auch die Schlafsäcke ausrollen dürfen.

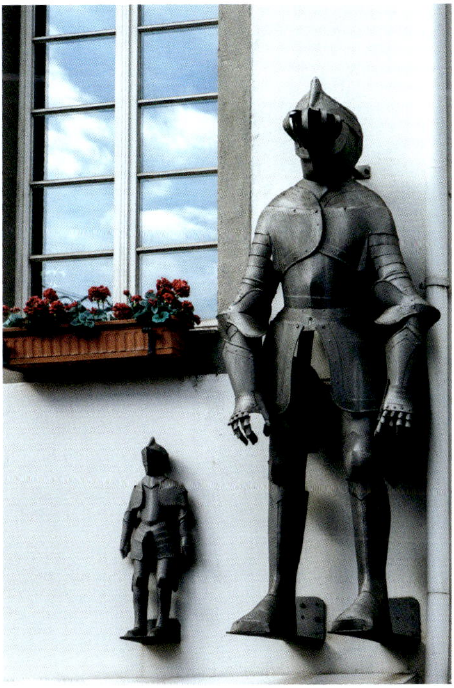

Im Burgverlies gibt es eine Folterkammer mit diversen Folterinstrumenten zu sehen.

Etappen

Koblenz – Bad Hönningen	ca. 31 km
Bad Hönningen – Bonn	ca. 32 km
Bonn – Köln-Mühlheim	ca. 39 km
Gesamtstrecke:	**ca. 102 km**

Befahrungsregelung:
Der Rhein ist Bundeswasserstraße und es gilt die Rheinschifffahrtspolizeiverordnung. Wichtigster Punkt dieses Wortmonsters für Paddler im Klartext: Kleinfahrzeuge müssen Großfahrzeugen ausweichen! Daher möglichst außerhalb der Fahrrinne fahren und diese bei Bedarf auf kürzestem Weg kreuzen. Außerdem besteht auch für Kanus eine Kennzeichnungspflicht mit mindestens 10 cm hohen Buchstaben.

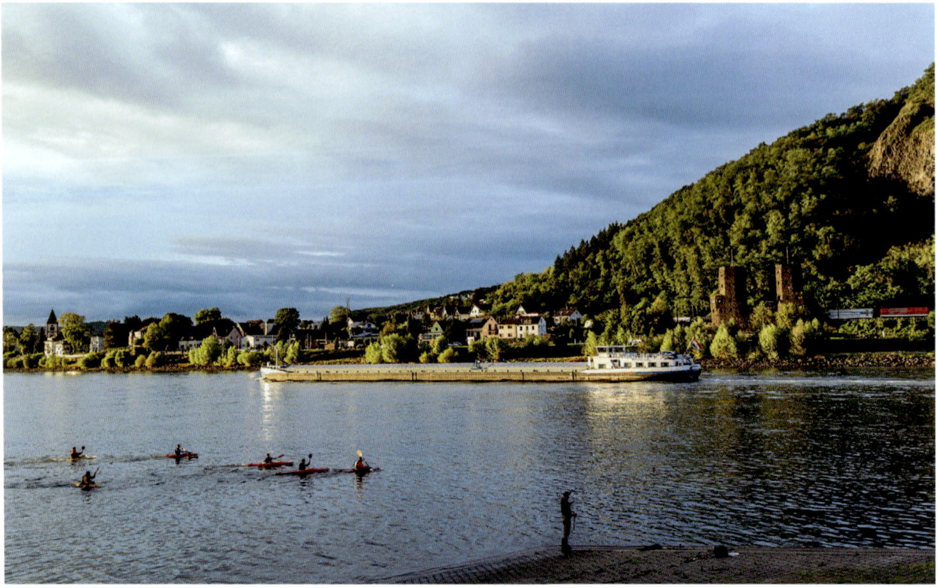

Remagen

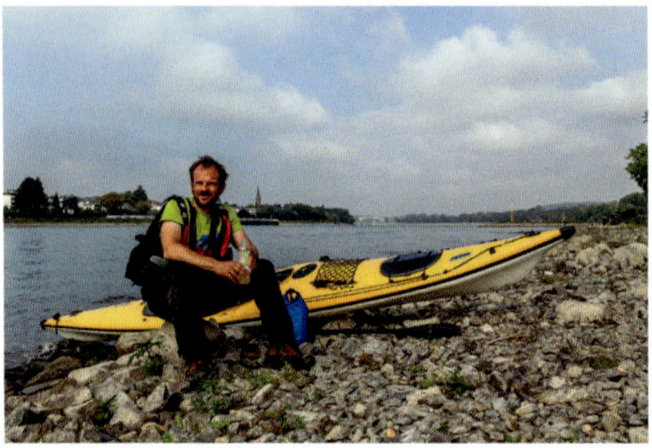

Niederdollendorf

Befahrbarkeit/Pegel:
ganzjährig, aktuelle Hochwassermeldungen für den Mittelrhein findet man u.a. unter
www.hochwasser-rlp.de

Hindernisse:
Auf dem Rhein versperren kein Wehr und keine Schleuse den Weg. Zu beachten sind aber die schnelle Strömung und die z. T. recht hohen Wellen durch Berufsschiffe und Ausflugsdampfer. Die genannten Schwierigkeiten sind für erfahrene Kanuten unproblematisch zu meistern, allerdings muss man stets aufmerksam sein und sollte ständig im Blick behalten, was vor und hinter einem passiert. Grundsätzlich fährt man am besten in den Innenkurven, die meistens zu flach für die Containerschiffe sind.

Unterkunft:
Es sind alle Unterkunftsvarianten, von der einfachen Zeltmöglichkeit an Kanu-Vereinen über Campingplätze bis hin zum Hotel, entlang der gesamten Strecke anzutreffen.
DKV-Kanustationen sind:

- Wassersportverein Sinzig (km 627,9 links)
  www.wassersportverein-sinzig.de
- Kanu-Club Unkel (km 635,7, rechts)
  www.kc-unkel.de
- Godesberger Kanu-Club (646,2, links)
  www.gkc-bonn.de
- Post-Sportverein Bonn (km 659,2, links)
  www.kanu-postsvbonn.de

- KC Zugvogel Blau-Gold Köln (677,3, rechts) *www.kczugvogel.de*
- Freie Wassersport Vereinigung Köln (km 680,8, links), *www.fwv-koeln.de*

Campingplätze in Ufernähe finden sich u.a. in

- Koblenz *www.camping-rhein-mosel.de*
- Bad Hönningen *www.wellness-rheinpark-camping.de*
- Remagen *www.camping-goldene-meile.de*
- Rheinbreitbach *www.salmenfang.de*
- Köln *www.camping-berger-koeln.de* und *www.camping-koeln.de*

Transfer zurück zum Einstieg:

Von Köln-Mühlheim mit dem Bus zum Wiener Platz und weiter mit der S-Bahn zum Hauptbahnhof. Von dort gute Zugverbindung nach Koblenz.

Gastronomie:

Restaurants und Cafés finden sich auf der gesamten Tour in regelmäßigen Abständen, naturgemäß in den Ortslagen. Sie hier alle aufzuführen, würde den Rahmen sprengen, daher nur eine Auswahl besonders empfehlenswerter Biergärten oder Gasthäusern (ohne Anspruch auf Vollständigkeit) direkt am Ufer: Biergarten am Deich am Schloss Neuwied, Biergarten an der Uferpromenade in Andernach, Biergarten am Hafen in Brohl-Lützig, Schaumburger Hof in Bonn, Restaurant Bundeshäuschen in Bonn-Oberkassel, Biergarten Bahnhöfchen in Bonn-Beuel, Rheinterrasse Zur Tant in Köln-Porz, Rheinterrassen am Tanzbrunnen in Köln.

Sehenswertes:

- Deutsches Eck, Festung Ehrenbreitenstein und Altstadt in Koblenz
- Runder Turm, Mariendom, Stadtmauer und Geysir *www.geysir-andernach.de* in Andernach
- Arp-Museum Remagen-Rolandseck
- Drachenfels bei Königswinter
- Museumsmeile in Bonn mit 5 hochkarätigen Museen *www.museumsmeilebonn.de*
- Altstadt mit Kölner Dom in Köln

Alternativen:

- Wandern auf dem Rheinsteig oder Rheinburgenweg, Fahrradtouren auf dem Rhein-Radweg
- Zoo in Neuwied *www.zoo-neuwied.de*
- Kristall Rheinpark-Therme in Bad Hönningen *www.kristall-rheinpark-therme.de* und Römer-Thermen in Bad Breisig *www.roemerthermen.de*

Auskunft:

- Koblenz-Touristik, Tel.: 0261/303880 *www.koblenz-touristik.de*
- Bonn Information, Tel.: 0228/775000 *www.bonn.de*
- Köln Tourismus, Tel.: 0221/346430 *www.koelntourismus.de*

Buchtipps/Karten

- Tourenatlas Nr.3 Rhein-Mosel und Nebenflüsse, 1:75.000 Jübermann-Verlag
- ADFC-Radreiseführer Rheinradweg Mitte (Köln – Karlsruhe), 1:75.000
- bikeline Radtourenbuch Rhein-Radweg Teil 3: Mittelrheintal von Mainz nach Duisburg, 1:75.000, Esterbauer
- Jürgen Plogmann: Rheinsteig, Rheinburgenweg und Rheinhöhenwege: 1000 km Wanderlust am romantischen Mittelrhein in 58 Etappen, Bergverlag Rother
- Andreas Haller: Köln MM-City Reiseführer, Michael Müller Verlag
- Rheinhard Rhon: Kölner Finale (Köln-Krimi), Emons Verlag

Tour 19: Ahr (Rheinland-Pfalz)

Die Ahr entspringt in Blankenheim im Kreis Euskirchen und mündet nach etwa 85 km an der Goldenen Meile zwischen Remagen und Sinzig als linker Nebenfluss in den Rhein. Strenggenommen liegen nur die ersten Kilometer des Oberlaufs auf nordrhein-westfälischem Territorium, aber trotz der administrativen Spitzfindigkeiten hat die Ahr es in diesen Kanuführer geschafft, denn spannender und abwechslungsreicher kann ein Kleinfluss kaum sein. Jedem nordrhein-westfälischen Paddler mit Faible für leichtes Wildwasser kann der Abstecher nach Rheinland-Pfalz nur empfohlen werden.

Die vorgestellte Strecke von Kreuzberg/Altenahr nach Walporzheim begeistert zu Beginn mit einem wildromantischen, fast schluchtartigen Felsental, später säumen leuchtend grüne, steil empor ragende Weinberge die Ufer. Die Tour ist aber nicht nur landschaftlich reizvoll, sondern kann auch unter kanusportlichen Aspekten punkten. Geboten werden eine gute Strömung, enge Kurven und zahlreiche, je nach Wasserstand mehr oder weniger spritzige Sohlschwellen. Das leichte Wildwasser in Kombination mit einigen Baumhindernissen, die in der Regel aber gut zu umfahren sind, prädestinieren die Ahr für alle Paddler mit etwas Erfahrung. Absolute Anfänger sollten sich für den Beginn aber ein anderes Ziel suchen.

Von hoch oben auf dem Berg schaut die altehrwürdige Kreuzburg auf uns herab, als wir an der Straßenbrücke in Kreuzberg die Boote vom Autodach heben und startklar machen

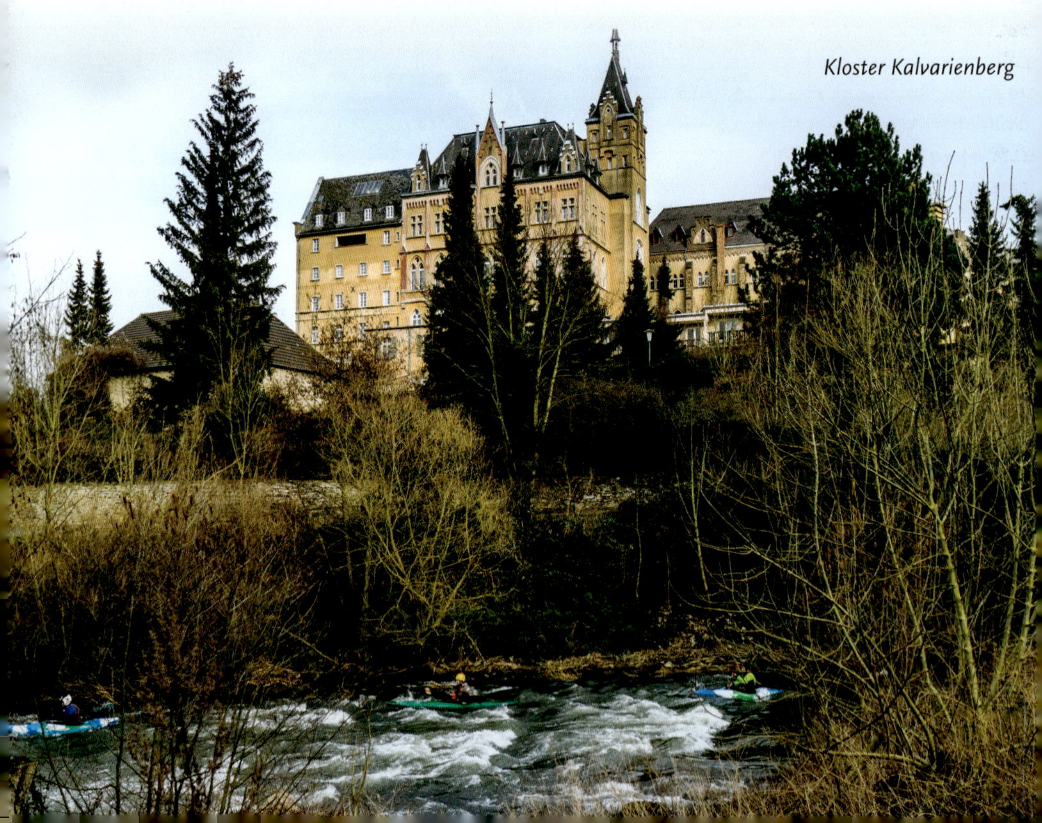

Kloster Kalvarienberg

(fürs Navi: Kreuzberger Auel, 53505 Altenahr). Die Einstiegsstelle bietet alles, was eine gute Einstiegsstelle auszeichnet: Auf dem Parkplatz an der Uferwiese können die Autos für die Dauer der Tour zurückbleiben, der Bahnhof ist nur etwa 500 m entfernt, und der oberhalb der benachbarten Eisenbahnbrücke gelegene Campingplatz Viktoriastation bietet eine Übernachtungsmöglichkeit direkt am Fluss. Sollten vor oder nach der Tour die Mägen knurren, ist das Gasthaus Wurstkessel an der Bahnhofstraße genau die richtige Adresse.

Kaum ist die Burg aus dem Sichtfeld verschwunden, mündet von links der Sahrbach. Die Ahr biegt scharf nach rechts ab. Anschließend schiebt uns die kräftige Strömung unter der Brücke der Bundesstraße durch, die in luftiger Höher das Tal quert. An der Insel hinter der nächsten Eisenbahnbrücke können wir sowohl links wie auch rechts vorbeifahren. Hinter der Brücke hinüber zum Campingplatz Altenahr grüßen von links erst die Kapelle Altenburg und hinter der Kurve dann die Wohnwagen. Am Ende des Campingplatzes passieren wir die Eisenbahnbrücke, vor der nächsten Straßenbrücke ist der Pegel Altenahr zu finden. Schon sind die ersten Hotels, Gasthäuser und Weinstuben in Altenahr erreicht.

Das 2000-Einwohner-Dorf blickt auf eine lange Geschichte zurück und ist einer der beliebtesten Ausflugsorte an der Ahr. Kein Wunder, wird doch für jeden Geschmack etwas geboten: Weinstuben, -feste und -proben locken Weinliebhaber an. Wanderer können eine Tour auf dem Rotweinwanderweg starten, und die Sommerrodelbahn oberhalb des Ortes bietet Spaß für die ganze Familie. Wer sich dagegen für „klassisches“ Sightseeing interessiert, kann der Burg Are einen Besuch abstatten, die seit dem 11. Jahrhundert hoch über den Dächern und Gassen der Gemeinde wacht.

Der große Touristenparkplatz an der Winzergenossenschaft Mayschoß-Altenahr am linken Ahrufer ist mit Booten auf dem Dach nur bedingt nutzbar, denn die maximale Durchfahrtshöhe ist auf 2,5 m beschränkt. Bevor die Straße nach links in den Berg verschwindet, zwingt der Fels die Ahr zu einer Rechtskurve. Es beginnt die sowohl landschaftlich wie auch kanusportlich interessante Ahrschleife von Altenahr.

Nachdem wir eine Straßen- sowie eine Eisenbahnbrücke hinter uns gelassen haben, warnt an der nächsten Brücke ein Schild vor der gefährlichen „Brücke“ in 400 m Entfernung. Gemeint ist die umgebaute und unfahrbare Wegefurt an der

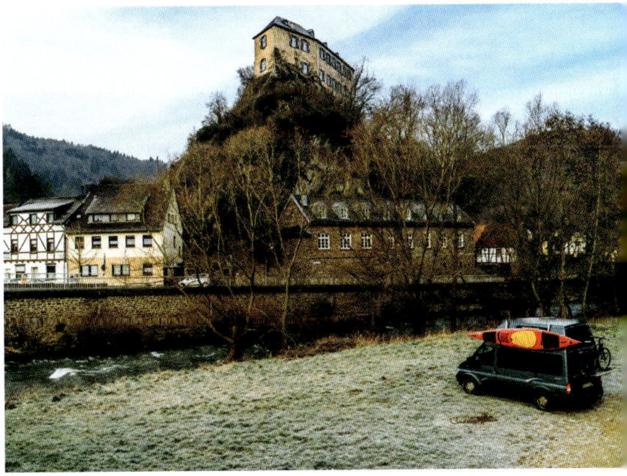

Start unterhalb der Kreuzburg in Kreuzberg

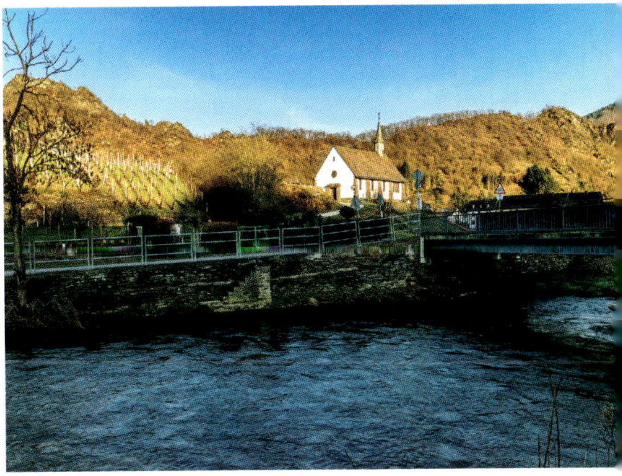

Kapelle Altenahr

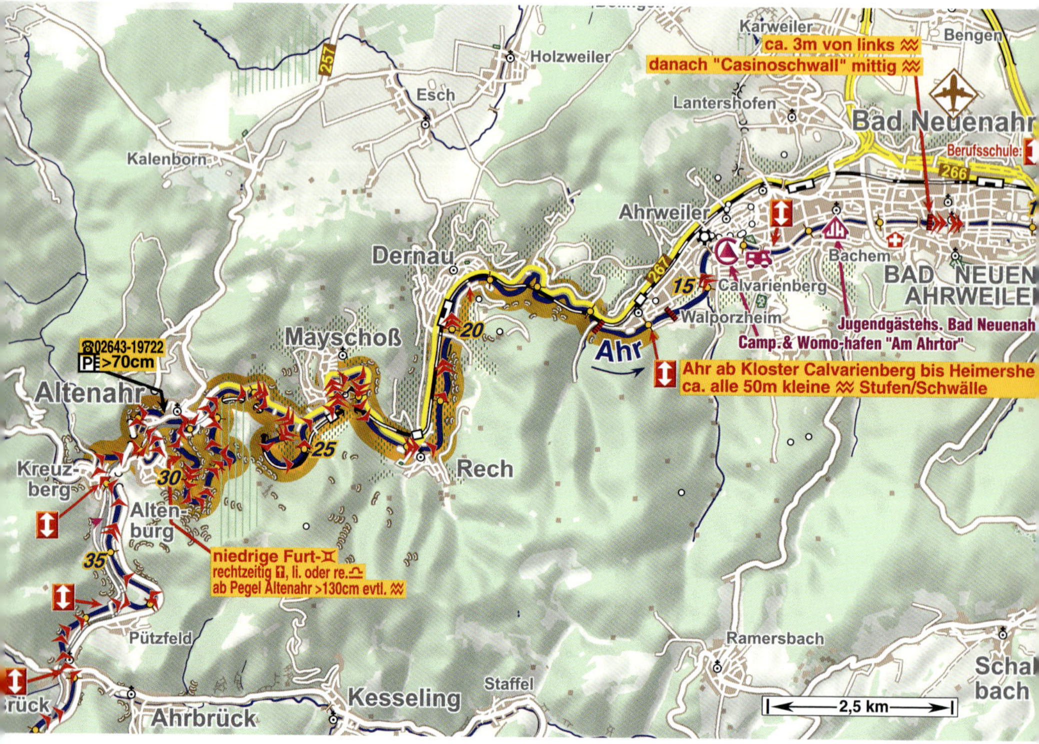

Jugendherberge Altenahr. Auch wenn die Fußgänger am Ufer schon erwartungsvoll schauen, ob die Kanufahrer gleich baden gehen, legen wir vor dem Hindernis am linken oder rechten Ufer an und umtragen das Hindernis kurz.

Gleich hinter der nächsten Kurve wartet das Schrägwehr an der Jugendherberge. Es ist bei ausreichend Wasser in der rechten Hälfte fahrbar, allerdings bildet sich im Unterwasser ein kräftiger Schwall. Alternativ kann man mit der Bootsspitze auch ganz nach rechts zielen, denn rechts von dem Mauerrest hat die Ahr das Wehr umspült und fließt in einer engen, s-förmigen Kurve mit ordentlich Wellen daran vorbei. Wer das Wehr lieber auf dem Landweg umgehen möchte, kann gut am flachen rechten Ufer umtragen. Nun geht es mit guter Strömung in einer weiten Schleife durch ein einsames, tief in den Felsen geschnittenes Tal. Immer wieder sorgen kleine Schwälle und Schnellen für etwas Abwechslung auf dem Wasser. Viel zu schnell kommt nach etwa 3,5 km zur Linken der Straßentunnel in Altenahr wieder aus dem Berg, und wir paddeln unter den beiden hohen Eisenbahnviadukten unterhalb der Burg Are vorbei.

Links zieht das Weindorf Reimerzhoven vorüber, und in Laach bringt eine schöne Brücke aus dicken Holzbohlen die Wanderer über die Ahr. Immer wieder werden die Boote von schönen, aber letztlich harmlosen Schwällen durchgeschaukelt. Zur Rechten erstrecken sich die ersten Weinhänge, und die zahlreichen Wanderer in ihren Outdoorklamotten hüpfen als bunte Punkte durch die grünen Weinstöcke. Die Steilhänge und Böden aus verwittertem Schiefer lassen im Kleinen ein mediterranes Klima ent-

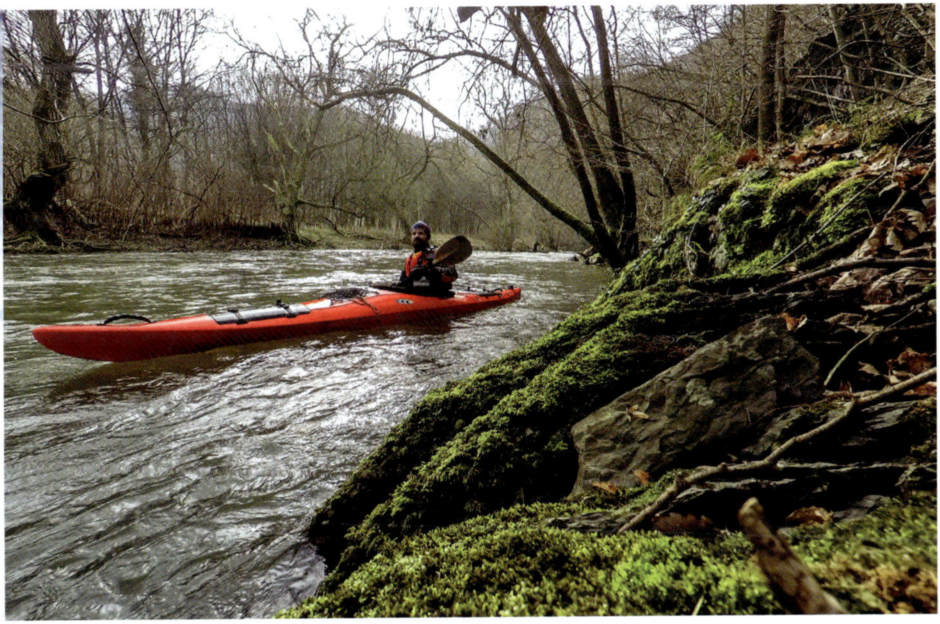

Ahrschleife bei Altenahr

stehen und machen das Ahrtal zum nördlichsten Rotweinanbaugebiet in Deutschland. Dokumentiert ist der Weinanbau an der Ahr seit dem 8. Jahrhundert.

Hinter der nächsten Flusskehre liegt unterhalb der Burgruine Saffenburg mit Mayschoss einer der bedeutendsten Weinorte im Ahrtal. Am Ufer sausen die ersten Weinstuben vorbei und vor der Brücke am rechten Ufer der große Wohnmobilstellplatz. Als die Ahrwinzer im Mittelalter Konkurrenz durch billigen Importwein aus dem Ausland bekamen und in wirtschaftliche Schwierigkeiten gerieten, machten sie aus der Not eine Tugend und gründeten bereits 1868 die Winzergenossenschaft Mayschoß-Altenahr. Im historischen Fasskeller informiert das Weinbaumuseum über den Weinanbau im Ahrtal, und natürlich laden unzählige Weingüter und Straußwirtschaften zur Verkostung der hiesigen Trauben ein.

Mit flotter Strömung, aber ohne nennenswerte Schwierigkeiten trägt uns die Ahr in einer Kurve um den Berg mit der Saffenburg-Ruine und vorbei an einem weiteren Campingplatz nach Rech, wo uns die eindrucksvolle Nepomuk-Brücke mit mehren Bögen und der Statue des Schutzheiligen St. Nepomuk empfängt. Die Bruchsteinbrücke wurde 1723 errichtet und ist damit der älteste bestehende Ahrübergang. Alle anderen historischen Brücken wurden durch das große Ahrhochwasser von 1910 zerstört. Rechts dahinter bietet sich eine gute Gelegenheit zum Anlanden und in einer der zahlreichen Wirtschaften einzukehren.

Hinter Rech biegt die Ahr in einer Linkskurve nach Norden ab und wir passieren das verfallene Wehr an der Steinbergsmühle, eine gut zu fahrende Blockstufe.

Nächste Station ist der Weinort Dernau, und auch hier gibt es hinter der Straßenbrücke an beiden Ufern eine gute Möglichkeit zum Anlegen. Vielleicht hat man ja Glück, während eines

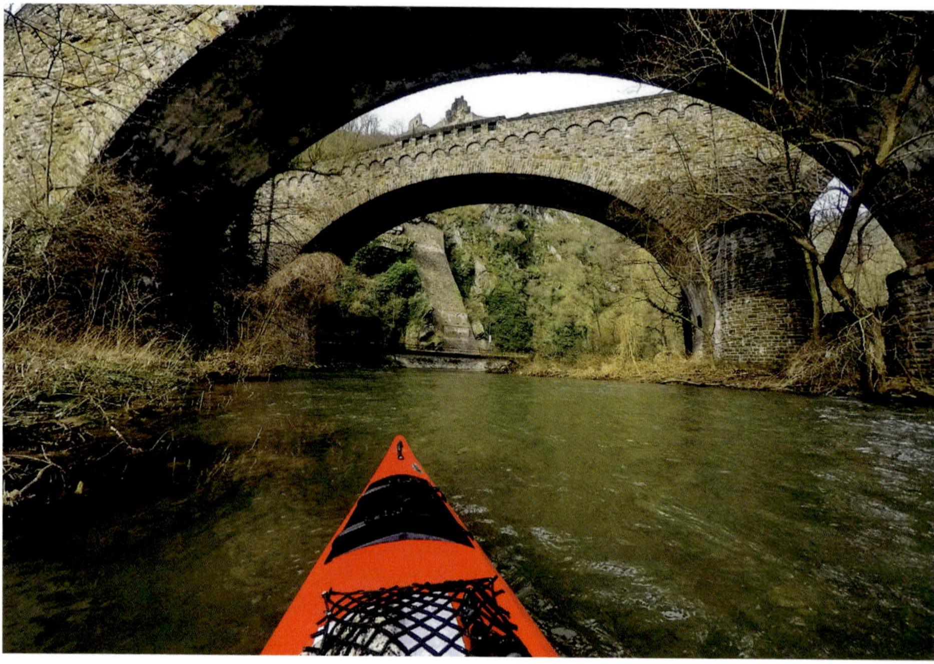

Viadukt und Burg Are in Altenahr

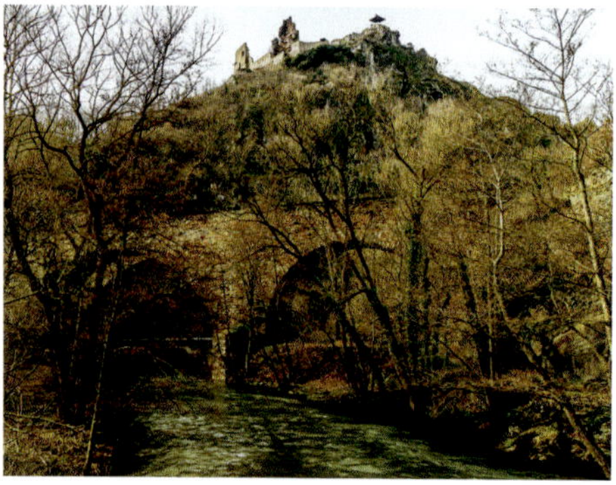

der zahlreichen, das ganze Jahr über stattfindenden Feste nach Dernau zu kommen, angefangen beim „Dernauer Weinfrühling“ im April, über das Weinfest am letzten Septemberwochenende bis zum Martinsmarkt im November. In der nächsten Flusskehre gibt ein Schriftzug über den Hausdächern am linken Ufer die Felsen als Marienthaler Trotzenberg zu erkennen.

In der zweiten Hälfte des 20. Jahrhunderts wurde im Berg oberhalb des kleinen Weinorts, der auf die Gründung eines Augustinerklosters im 12. Jahrhundert zurückgeht, mit dem Bau des atombombensicheren Regierungsbunkers begonnen, in dem im Notfall die Verfassungsorgane der nahen Bundeshauptstadt Bonn hätten unterkommen sollen. Mit dem Umzug nach Berlin wurde die Anlage stillgelegt, erhalten geblieben ist eine etwa 200 m langes Stück der Anlage, die als Dokumentationsstätte des Regierungsbunkers bei Walporzheim besichtigt werden kann.

Die Ahr zwängt sich in einer engen Kurve an der Steinmauer unterhalb der Straße vorbei. Im weiteren Verlauf kreuzen die Gleise der Ahrtalbahn dreimal unseren Weg und es warten auch ein paar größere Stufen auf uns. Hinter der letzten Eisenbahnbrücke rauscht die Ahr über ein verfallenes Wehr. Kurz darauf erreichen wir

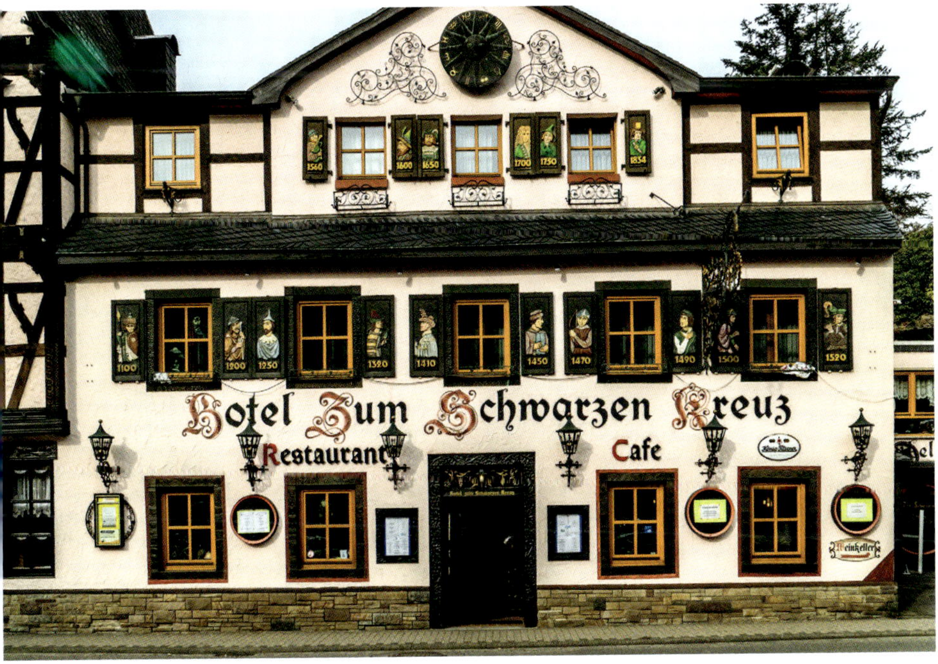

Im Ahrtal kommen Weinliebhaber voll auf ihre Kosten

die Straßenbrücke in Walporzheim, vor der wir beim Wanderparkplatz am rechten Ufer die Tour gut beenden können (fürs Navi: Josefstraße, 53474 Bad Neuenahr-Ahrweiler). Über die Brücke ist es nur ein kurzer Fußweg in den Ort und zum Bahnhof.

Wer noch Lust auf ein paar Surf- oder Kerzeinheiten hat, kann die Tour um etwa sechs Kilometer verlängern. Im weiteren Verlauf weitet sich das enge Tal etwas auf und die Ahr fließt zu Füßen des Klosters Calvarienbergs weiter nach Nordwesten und auf mehreren Kilometern durch die Stadt Bad Neuenahr-Ahrweiler mit diversen Sohlschwellen in kurzen Abständen und einigen Schrägwehren.

Etappen
Kreuzberg – Walporzheim ..... ca. 18,5 km

Befahrungsregelung:

Für den beschriebenen Abschnitt sind keine Einschränkungen bekannt.

Befahrbarkeit/Pegel:

Für die Befahrung der Ahr ab Müsch ist ein Wasserstand von mindestens 60 cm am Pegel Müsch (km 67,4) erforderlich oder Lattenpegel in Altenahr (km 31,8) mindestens 80 cm. Das ist in der Regel nur in den Wintermonaten oder nach ergiebigen Niederschlägen der Fall.

Hindernisse:

unfahrbare Wegefurt an der Jugendherberge Altenahr und Wehr Altenahr; im gesamten Verlauf leichtes Wildwasser mit engen Kurven und Stufen, Schnellen und Schwällen; bei höherem Wasserstand kann es recht spritzig werden, für Anfänger nicht zu empfehlen

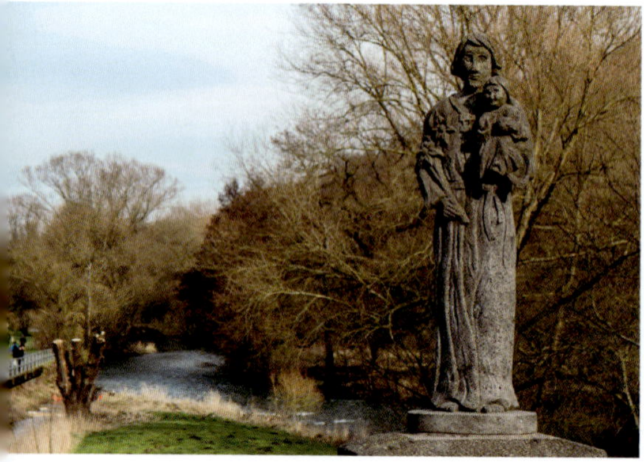

Brücke am Ausstieg in Walporzheim

Unterkunft:

- Campingplatz Viktoria Station in Kreuzberg Tel.: 02643/8338, *www.viktoria-station.de*
- Camping Altenahr, Tel.: 02643/8503 *www.camping-altenahr.de*
- Jugendherberge Altenahr, Tel.: 02643/1880
- Campingplatz Dernau, Tel.: 02643/8517 *www.camping-dernau.de*

Transfer zurück zum Einstieg:

problemlos mit der Ahrtalbahn in ca. 20 Minuten von Walporzheim nach Kreuzberg

Gastronomie:

Gasthaus Wurstkessel am Einstieg in Kreuzberg, unterwegs gute Anlege- und reichhaltige Einkehrmöglichkeiten in den Ortslagen von Altenahr, Mayschoß, Dernau und am Ende in Walporzheim

Sehenswertes:

- Burg Kreuzburg in Kreuzberg
- Burg Are in Altenahr
- Weinkeller der Winzergenossenschafft Mayschoß-Altenahr
- Dokumentatiosstätte Regierungsbunker bei Walporzheim *www.regbu.de*
- Kloster Calvarienberg in Bad Neuenahr

Alternativen:

- Wandern auf Ahrsteig, Rotweitwanderweg und zahlreichen, markierten Tagestouren *www.ahrtal-tourenplaner.de*
- Radtouren auf Ahr-Radweg (77 km) oder Drei-Flüsse-Tour (Rhein, Ahr und Erft)
- Sommerrodelbahn in Altenahr
- Ahrtermen und Spielcasino in Bad Neuenahr
- Weinproben, Straußenwirtschafen und zahlreiche Weinfeste *www.ahrwein.de*

Auskunft:

Mittelahr Touristik, Tel.: 02643/8448
www.altenahr.de

Buchtipps/Karten

- Radwanderkarte Ahr-Radweg, 1:50.000 publicpress
- Jürgen Plogmann: Ahrsteig. Mit Rotweinwanderweg und Ahr-Radweg. 35 Touren, Bergverlag Rother
- Karin Joachim: 50 Entdeckungen im Ahrtal: Eine Reise durch eine besondere Kulturlandschaft - von der Quelle bis zur Mündung, Achim Gaasterland Verlag
- Carsten Sebastian Henn und Alexander Kohnen: Henns Weinführer Ahr, Emons Verlag
- TourenAtlas TA3 (Rhein-Mosel), 1:75.000 Jübermann Verlag

Tour 20: Rur (Eifel)

Die Eifel-Rur entspringt im belgischen Hohen Venn bei Sourbrodt und mündet nach knapp 200 km in der Nähe der niederländischen Stadt Roermond als rechter Nebenfluss in die Maas. Dazwischen legt sie den weitesten Teil ihrer Reise durch die Nordeifel zurück und gilt als einer der schönsten und abwechslungsreichsten Kanuflüsse in Westdeutschland.

Der Oberlauf von Monschau bis kurz vor dem Stausee Schwammauel bietet anspruchsvolles Wildwasser bis zum Schwierigkeitsgrad WW III und lockt bei ausreichendem Wasserstand mit seiner Verblockung, den zahlreichen Kehrwässern und einigen interessanten Spielstellen passionierte Wildwasserfahrer weit über die Grenzen der Aachener Grenzregion und den Kölner Raum hinaus an.

Wanderpaddler kommen weiter unten auf der vorgestellten Strecke von Heimbach bis Obermaubach auf ihre Kosten. Hier fließt die Rur mit durchgehend flotter Strömung und zum Teil ausgeprägten Prallhängen durch ein landschaftlich reizvolles Tal. Diverse Kurven und eine ordentliche Strömung lassen unterwegs keine Langeweile aufkommen, dürfen aber nicht unterschätzt werden. Ungeübte Fahrer sollten sich daher nur in Begleitung erfahrener Paddler auf den Weg machen.

Wie in einem Ritterbilderbuch wacht Burg Hengebach, eine der ältesten Burgruinen der Eifel und heute Sitz der Internationalen Kunstakademie, über die Rur und die schmalen Gassen zwischen den hübsch anzuschauenden Fachwerkhäusern von Heimbach. Der Luftkurort zieht seit vielen Jahren die Erholungssuchenden an. Eines der beliebtesten Ausflugsziele ist das historische Wasserkraftwerk am oberhalb der Stadt gelegenen Staubecken. Das Industriedenkmal im Jugendstil mit seiner leuchtend weißen Fassade und den geschwungenen Dächern ist nicht auf den ersten Blick als Kraftwerk zu identifizieren. Dabei war das nach zweijähriger Bauzeit 1905 eröffnete Wasserkraftwerk seinerzeit mit zwölf Megawatt das größte in Europa. Durch die Verkürzung der etwa 28 km langen, gewundenen Flussläufe von Rur und Urft wird ein für Mittelgebirge außergewöhnlich großer Höhenunterschied von 110 m erzielt.

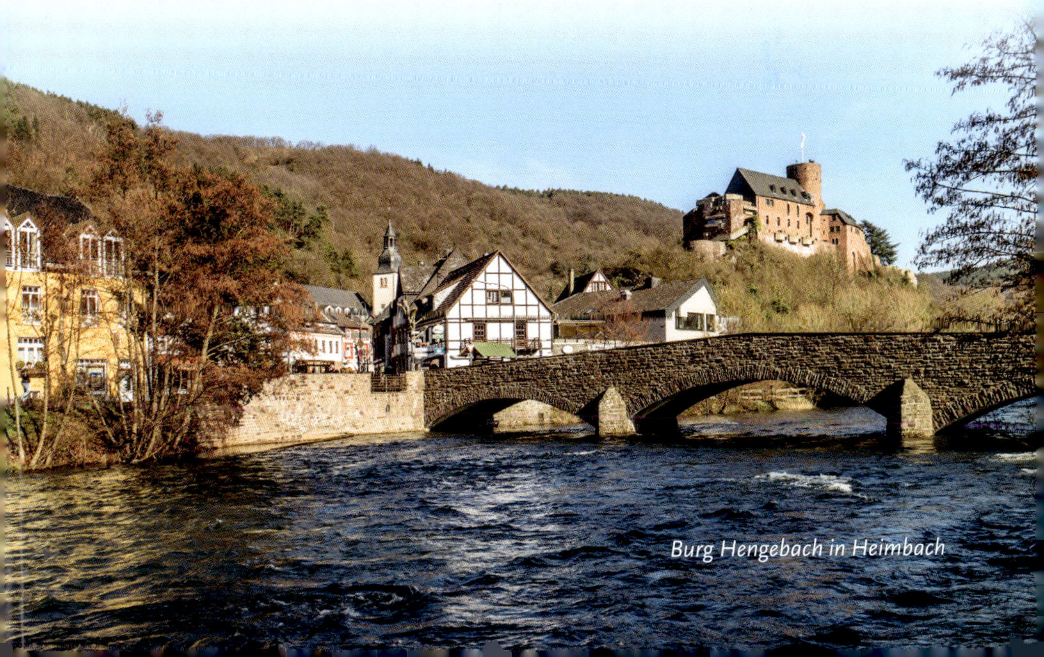

Burg Hengebach in Heimbach

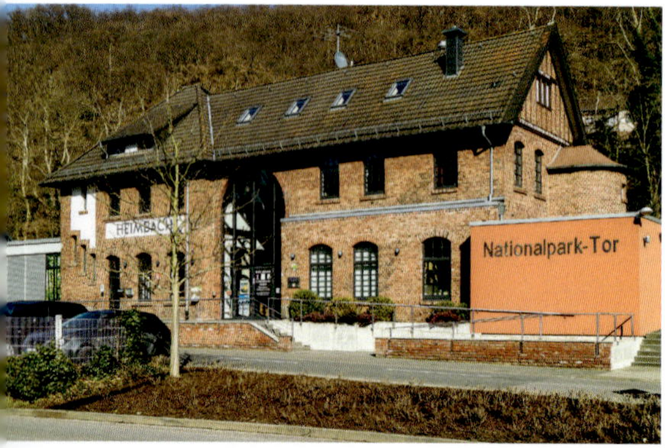

Bahnhof Heimbach

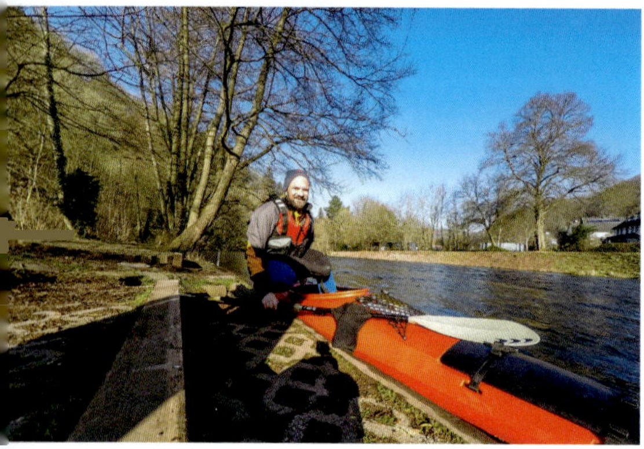

Einstieg Heimbach

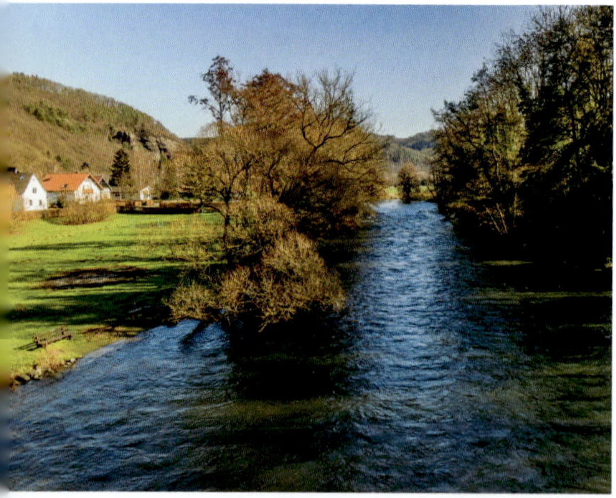

Blick auf die Rur von der Brücke in Blenz

Heute werden hier pro Jahr rund 25 Millionen Kilowattstunden elektrische Energie produziert, genug immerhin, um rund 7.800 Haushalte zu versorgen. Das Kraftwerk lässt sich von März bis Oktober im Rahmen kostenloser Führung besichtigen.

Nicht auf die Stromgewinnung durch Wasserkraft fokussiert zeigt sich das in der ehemaligen Schule von Heimbach untergebrachte Wasser-Info-Zentrum Eifel mit dem Leitmotiv „Wasser ist Leben". Beleuchtet werden praktisch alle Facetten des Elements Wasser und seiner Nutzung durch den Menschen seit den alten Römertagen.

Den Kanueinstieg in Heimbach finden wir, aus östlicher Richtung von der B265 kommend, wenn wir im Ort in der scharfen Rechtskurve vor dem Rurufer hinter Burg Hengebach nach links über die Steinbogenbrücke auf den Parkplatz fahren. Von dort leitet uns der Wegweiser „Kanuablegestelle" nach rechts bis zur Einstiegstreppe am Rurufer hinter der Fußgänger-Holzbrücke (fürs Navi: Über Rur, 52396 Heimbach).

Da der Parkplatz nebenan gebührenpflichtig ist und wir früh dran sind, fahren wir das Auto nach dem Abladen der Boote um. Als mögliche Endpunkte bieten sich Zerkall oder Obermaubach an. Beide Ausstiegsstellen liegen direkt neben Haltepunkten der Rurtalbahn, sodass man schnell und unkompliziert zurück nach Heimbach kommt. Vom Bahnhof ist der Einstieg dann mit einem kurzen Fußweg von etwa 5 Minuten erreicht.

Sofort nach dem Ablegen erfasst uns die kräftige Strömung und befördert uns als Expressfracht unter einer Straßenbrücke hindurch, vorbei am Freibad und den beiden Campingplätzen in Heimbach aus der Stadt hinaus und weiter durch eine schöne Waldlandschaft.

Vorsicht ist auf der gesamten Tour angebracht. Wehre oder andere Gefahren sind zwar nicht zu erwarten, aber die Augen sollten beim Paddeln immer ein paar Meter vor die Bootsspitze gerichtet sein, denn umgestürzte Bäume

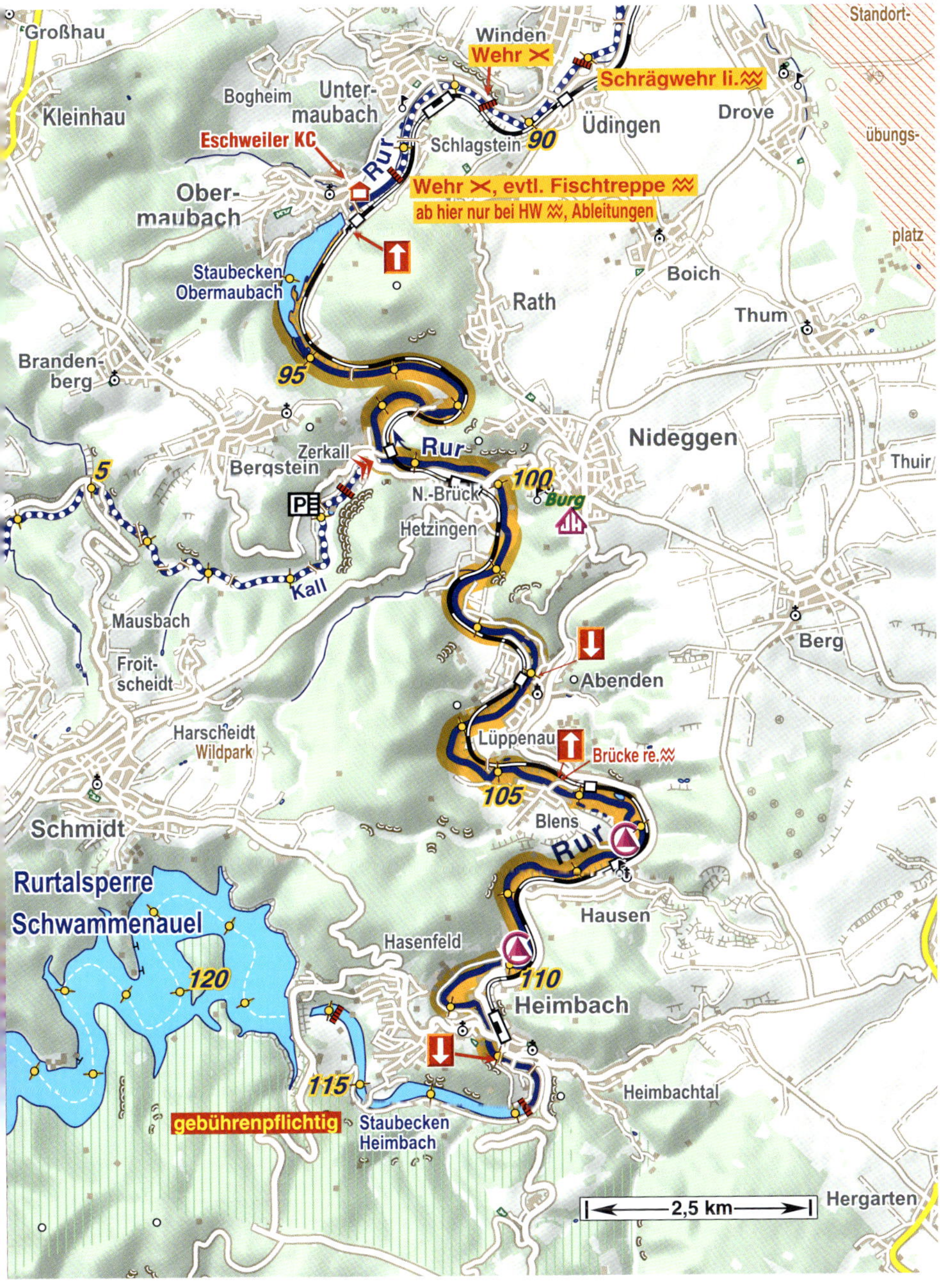
Großhau
Kleinhau
Bogheim
Unter-
maubach
Winden
Wehr ✕
Schrägweher li.
Üdingen
Drove
Standort-
übungs-
platz
Schlagstein
90
Rur
Eschweiler KC
Ober-
maubach
Wehr ✕, evtl. Fischtreppe
ab hier nur bei HW, Ableitungen
Staubecken
Obermaubach
Boich
Rath
Thum
Branden-
berg
95
Nideggen
Zerkall
Bergstein
Rur
Thuir
5
100
N.-Brück
Burg
Hetzingen
Kall
Mausbach
Froit-
scheidt
Berg
Abenden
Harscheidt
Wildpark
Lüppenau
Brücke re.
105
Schmidt
Blens
Rur
Rurtalsperre
Schwammenauel
Hausen
Hasenfeld
110
120
Heimbach
115
Heimbachtal
gebührenpflichtig
Staubecken
Heimbach
2,5 km
Hergarten

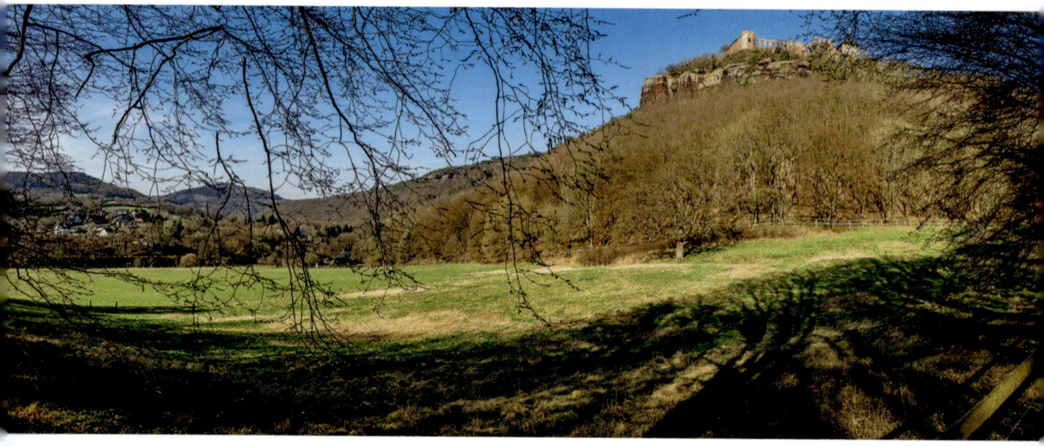

Burg Niddeggen

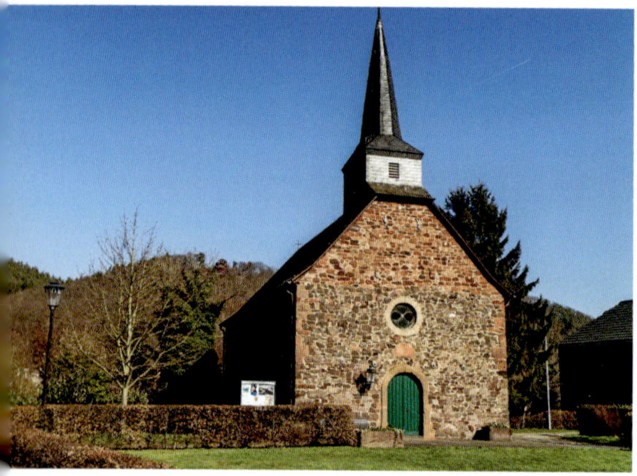

Kapelle Blens

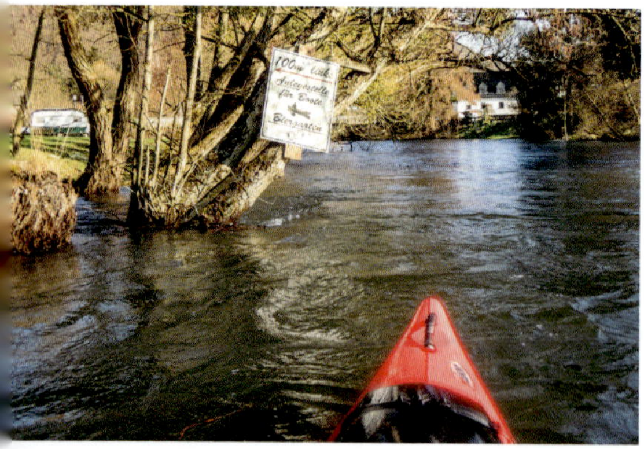

Abenden

oder Steine im Flussbett und die zum Teil sehr engen Kurven mit ihren ausgeprägten Prallhängen, an denen der Stromzug auf das Ufer drückt, erfordern das eine oder andere beherzte Manöver und einen sicheren Steuerschlag.

Von einer Anhöhe auf dem rechten Ufer begrüßt uns die weiße Fassade der St. Nikolaus-Kirche im Heimbacher Ortsteil Hausen. Links hinter der Straßenbrücke beginnt der Campingplatz mit dem treffenden Namen „Felsenblick“, denn die Rur beschreibt nun eine landschaftlich besonders reizvolle S-Kurve. Hoch über dem rechten Ufer türmen sich imposante, rote Bundsandsteinfelsen in den Himmel.

An der nächsten Straßenbrücke in Blens ist eine der wenigen Anlegestellen zu finden, und die große Uferwiese lockt mit schöne Bänken zur Brotzeit. Wer lieber in einem Biergarten einkehren möchte, paddelt noch 3 km weiter und legt an der Straßenbrücke in Abenden an, wo an beiden Ufern Gasthäuser zu finden sind.

Gut 2 km weiter beginnt am Ende einer weiten Rechtskurve der große Campingplatz Hetzingen, gegenüber thront hoch oben auf den steil aufragenden Buntsandsteinklippen die mächtige Burganlage der ehemaligen Herzogstadt Nideggen mit einem wehrhaften Bergfried. Bald

darauf ist die Eisenbahnbrücke der Rurtalbahn in Zerkall erreicht, unter der am linken Ufer die Aussatzstelle am Nationalpark-Infopunkt Zerkall wartet (fürs Navi: Auel 1,52393 Hürtgenwald).
Der am 1. Januar 2004 eingerichtete Nationalpark Eifel war der erste Nationalpark im Bundesland NRW und ist bis heute der einzige geblieben. Rund um den Rursee, zwischen Nideggen, Hürtgenwald und der deutsch–belgischen Grenze, darf sich die Landschaft, vom Korsett der Wirtschaftlichkeit befreit, nun wieder natürlich entwickeln. Im Mittelpunkt stehen vor allem Buchenwälder, die von atlantischem Klima mit großen Niederschlagsmengen und milden Wintern und nährstoffarmen, sauren Böden geprägt sind. Die ehemaligen Wirtschaftswälder, in denen heute noch oft standortfremde Fichten wachsen, sollen in den kommenden Jahren zum Naturwald umgewandelt werden. Zum typischen Landschaftsbild gehören Bäche, die tiefe, steile Kerbtäler in das Mittelgebirge genagt und so bewaldete, kühle Schluchten herausgearbeitet haben. Dort, wo die Bäche aus den Schluchten hervortreten, winden sie sich durch ein breites Tal mit idyllischen Wiesen. Seit 2014 ist der Nationalpark Eifel auch der erste Sternenpark in Deutschland - die Nationalparkregion ist einer der wenigen Orte in Deutschland, an denen man die Milchstraße am Nachthimmel sehen kann.
Direkt neben dem Infopunkt liegt das mit Umkleiden, Veranstaltungsraum, Küche, Toiletten und einem Grillplatz ausgestattete „Haus der Kanuten", das von Gruppen angemietet werden kann und einen stimmungsvollen Rahmen für den Abschluss einer Kanutour auf der Rur bietet. Eine Superidee, die gerne Schule machen kann!
Bis zur Staumauer am Stausee in Obermaubach sind nun noch etwa sechs Kilometer zu paddeln, wobei die letzten drei Kilometer praktisch kaum noch Strömung aufweisen.
An der nächsten hölzernen Fußgänger- und Radwegbrücke wacht eine Marienstatue im Felsen über dem linken Ufer. Der Biergarten am Gut Kallerbend gegenüber ist ein beliebtes Ausflugsziel, an dem wir mit dem Kanu aber nicht anlegen können. Anschließend schwingt sich die Rur durch eine enge Linkskehre um 180°. Wir passieren erst eine Holzbogenbrücke für Radler und Fußgänger, kurz darauf spannt sich ein grüner Stahlträger über den Fluss. Mit der Strömung ist es nun endgültig vorbei, und auf der folgenden Strecke zu Beginn des Stausees Obermaubach dürfen wir nur zwischen den grünen (links) und den roten Bojen (rechts) paddeln, um die Uferzonen zu schützen.
Nachdem die Bojen hinter uns liegen, peilen wir das rechte Ufer am Ende des Stausee an, wo wir vor dem Café-Restaurant Strepp am See (Di-Fr ab 11.30 Uhr, Sa/So ab 10, Mo Ruhetag) einen Steg finden, um die Boote aus dem Wasser zu heben (das Tor lässt sich nur von der Wasserseite aus öffnen). Nach dem Verladen der Boote auf dem Autodach können im Biergarten die Energiereserven wieder aufgefüllt werden.

Etappen

Heimbach – Zerkall	ca. 14 km
Zerkall – Obermaubach	ca. 6 km
Gesamtstrecke	**ca. 20 km**

Befahrungsregelung:
Eine Befahrung der Rur zwischen Heimbach und Obermaubach ist nur im Zeitraum vom 15.07. bis 28.02. erlaubt und nur, wenn am Staubecken Heimbach ausreichend Wasser abgelassen wird (mindestens 7 m³/sec). Die Befahrung muss im Voraus beim Kanu-Verband NRW angemeldet werden *www.kanu-nrw.de/Bootsres*. Vom 1.11. bis 28.2. ist die Befahrung kostenfrei, in der übrigen Zeit ist eine Gebühr fällig (z.B. 6 € für ein Kanu 1–2 Personen). An der Holzbrücke in Heimbach ist ein Mitarbeiter des KV NRW vor Ort, der die Gebühr kassiert

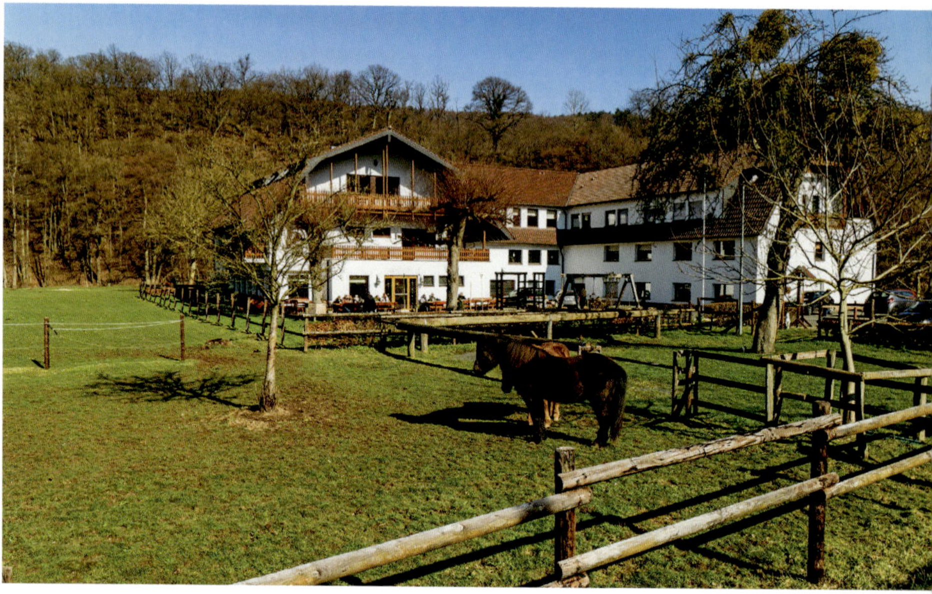

Gut Kallerbend ist ein vielbesuchtes Ausflugsziel im Rurtal

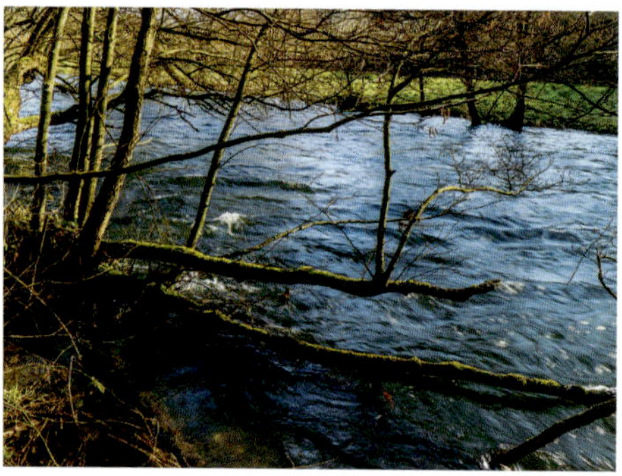

Ruridylle bei Zerkall

und die Kennzeichnungskarte ausgibt, die für die gesamte Fahrt gut sichtbar am Boot befestigt werden muss. Im Oktober ist der Wohnwagen am Einstieg nur am Wochenende besetzt, in der Woche bekommt man die Kennzeichnungskarten dann im Büro der Rureifel Tourismus am Bahnhof in Heimbach. Die Paddeltour auf der Rur sollte zügig und nur mit kurzen Zwischenstopps unternommen werden. Anlegen ist ausschließlich an den Kanuanlegern in Blens, Abenden und Zerkall gestattet.

Befahrbarkeit/Pegel:
Auch genehmigte Fahrten sind nur bei ausreichendem Wasserstand erlaubt (siehe oben). Den aktuellen Wasserablass erfährt man beim Pegeldienst des Kanu-Verbandes Nordrhein-Westfalen. *pegel.kanu-nrw.de*

Hindernisse:
Keine Zwangsportage schmälert den Paddelgenuss dieser Tour. Die durchgehend gute Strömung, weit in den Fluss ragende Äste und der eine oder andere aus dem Wasser ragende Stein erfordern aber aufmerksames Paddeln.

Unterkunft:
- Nationalpark Gästehaus in Heimbach-Herrgarten, *www.nationalpark-gaestehaus.de*
- Wohnmobilhafen am Bahnhof in Heimbach, *www.wohnmobilhafen-heimbach.de*

- Heimbacher Campingplatz, Tel.: 02446/437 *www.heimbacher-campingplatz.de*
- Campingplatz Felsenblick (Tel.: 02446/805677 *www.campingplatz-felsenblick.de*)
- Ruhrthal von Abercron (Tel.: 02446/3377 *www.campingplatz-rurthal.de*) in Hausen
- Campingplatz Haus Friedenstal in Abenden Tel.: 02427/1821, *www.camping-abenden.de*
- Campingplatz Hetzingen in Nideggen-Brück, Tel.: 02427/508 *www.campingplatz-hetzingen.de*
- Bootshaus des Eschweiler Kanu Club in Obermaubach (DKV-Kanustation) *www.ekc-home.de*

Transfer zurück zum Einstieg:

Schnell und einfach mit der Rurtalbahn (Fahrplan unter *www.rurtalbahn.de*). Da in Heimbach nur kostenpflichtige Parkplätze zur Verfügung stehen, empfiehlt es sich, das Auto bereits vor Tourenbeginn an den Endpunkt umzusetzen.

Bootsverleih:

- Kanuschule Wolfgang Petry, Tel.: 02443/6746 *www.kanu-petry.de*
- Kanu Total, Tel.: 02464/9089090 *www.kanutotal.de*

Gastronomie:

- Café Rur gegenüber vom Bahnhof in Heimbach und diverse Cafés und Restaurant im Ortszentrum
- Restaurant Friedenstal und Haus Mühlbach in Abenden (beide mit Biergärten), Strepp am See in Obermaubach

Sehenswertes:

Jugendstil-Wasserkraftwerk mit RWE-Museum, Wasser-Info-Zentrum, Burg Hengenbach mit Internationaler Kunstakademie in Heimbach; Burg-Nideggen.

Alternativen:

- 80 Qualitätswanderwege und ein markiertes Wegenetz mit über 740 km im Gebiet der Rureifel
- Rurufer-Radweg (160 km vom belgischen Hohen Venn bis zur Mündung in die Maas in den Niederlanden)
- 20 Mountainbike-Rundkurse mit insgesamt über 500 Streckenkilometern in der Nordeifel *www.freifahrt-eifel.de* und Mountainbike-Park Hürtgenwald bei Simonskall *www.mtb-park-huertgenwald.de*
- Rangertouren im Nationalpark Eifel
- Rursee-Schifffahrt, Klettern in den Felsen bei Nideggen
- Biologische Station Düren in Nideggen Fahrten im Heißluftballon *www.ac-carolus-ballonteam.de*

Auskunft:

Rureifel Tourismus, An der Laag 4
52396 Heimbach, Tel.: 02446/805790
www.rureifel-tourismus.de

Buchtipps/Karten

- Bikeline-Radtourenführer: RurUfer-Radweg. Von der Quelle im belgischen Venn durch die Eifel und Börde zur Mündung in die Maas in den Nieder landen, Esterbauer
- Ingrid Retterath: 24 Wanderungen Eifel Nord (Outdoor Regional), Conrad Stein Verlag
- Kompass-Wanderführer Eifel 3 – Naturpark Nordeifel mit Nationalpark Eifel, Kompass Verlag
- Ulrike Schwieren-Höger: Nationalpark Eifel: Der Erlebnisführer für die ganze Region, Achim Gaasterland Verlag
- Hans & Barbara Otzen: Erlebnis Nationalpark Eifel, Regionalia Verlag

Zeichenerklärung: Tour 6, 11, 12 und 18

unbefahrbare Gräben
nur bei sehr hohem Wasserstand befahrbar
bei gutem (frühjahrs-) Wasserstand fahrbar
ganzjährig außer nach längerer Trockenheit
ganzjährig befahrbar
für Ruderer eingeschränkt befahrbar
für Ruderer gut befahrbar
Gewässer mit Berufs-/Motorbootschifffahrt
Gewässer mit Befahrungsbeschränkungen oder Sperrungen, Text beachten

5 15
55 50
Entfernungsangaben der Etappen
amtliche km (alle 10 km)

Im Text beschriebene Strecke

Wehr unbefahrbar
Wehr eventuell befahrbar
Wehr/Stufe/Sohlrampe meist befahrbar
Wildwasserkatarakt
I-VI Wildwasser-Schwierigkeitsgrad

>55 Pegel mit Mindestwert
Mindestpegel rot-grün
Kanuverein / Ruderverein
Verein ohne Übernachtungsmöglichkeit
Campingplatz / Zeltmöglichkeit
Jugendherberge / Naturfreundehaus
Einstiegsstelle / Ausstieg
Ein-/Ausstieg mit Parkplatz

Eisenbahn / Bahnhof
Autobahn
Bundesstraße
Landesstraße
Kreisstraße
Landesgrenzen
Anschlussstellen

Ortschaften
Städte
Wald
567 Höhenpunkt (m)

ergänzende **Zeichenerklärung** der übrigen Touren (siehe auch oben)

eingeschränkt für Kanu fahrbar
5 10 Entfernungen: jeder km mit Punkt, ca. alle 5 km mit Zahl
Wehr, Stromschnelle, Schleuse
Eisenbahn / Bahnhof

Kartographie: Erhard Jübermann, Uelzen www.juebermann.de

Über den Autor

Michael Hennemann ist aus Leidenschaft draußen unterwegs. Daher ließ er sich weder durch seine Ausbildung zum fototechnischen Assistenten noch durch Praktika in den Redaktionen von GEO und Baedeker oder ein Geografiestudium an den Schreibtisch fesseln.
Er spezialisierte sich als Autor und Fotograf vor allem auf Reise- und Outdoorthemen und berichtet in zahlreichen Büchern und Zeitschriftenartikel über seine Touren.
Weitere Infos finden Sie unter:
www.michael-hennemann.de.

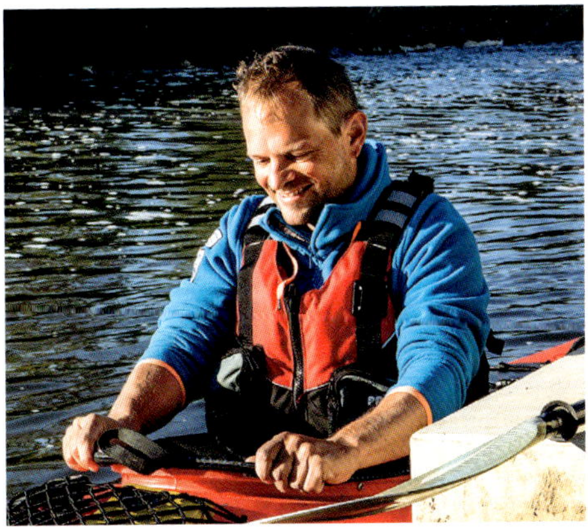

Adressen

Deutscher Kanu-Verband e.V.
Bertaallee 8
47055 Duisburg
Tel. 0203/99759-0, Fax -60
service@kanu.de
www.kanu.de

Kanu-Verband Nordrhein-Westfalen e. V.
Friedrich-Alfred-Strasse 25
47055 Duisburg
Tel. 0203/7381653, Fax 650
info@kanu-nrw.de
www.kanu-nrw.de

Pegeldienste

Pegeldienst des Kanu-Verbandes NRW
pegel.kanu-nrw.de

Pegelübersicht auf der DKV-Seite
www.kanu.de/go/dkv/home/freizeitsport/gewaesser/pegelliste

Neben den o.g. Pegeldiensten (DKV und NRW) gibt es auch Pegeldienste für Smartphone's wie **riverapp** und **Paddlers App**.

Kanu-Fachpresse

Kanu-Sport
Der Kanu-Sport bietet jeden Monat das ganze Spektrum des Kanusports: Kanuwandern, Küstenpaddeln, Wildwasser und Wettkampfsport. Außerdem informiert er in seinem Service-Teil über Termine und Nachrichten aus der Welt des Kanusports und gibt als offizielles Magazin des Deutschen Kanu-Verbandes Einblick in die Aktivitäten des DKV, seiner Landesverbände und Vereine.
Das farbige Magazin erscheint 12 x im Jahr, kostet im Jahresabo 36,– Euro im Inland. Kostenloses Probeheft auf Anfrage.
Kontakt: DKV Wirtschafts- und Verlags GmbH, Postfach 100315, 47003 Duisburg
Tel. 0203/997595-3, Fax -61
www.kanu-verlag.de

Kanu-Magazin
Ein üppiges und professionelles Magazin für Wildwasser- und Wanderpaddler mit großen Themenvielfalt, im Zeitschriftenhandel erhältlich. 8 Hefte im Jahr, im Abo 46,50 Euro im Inland.
Kontakt: Atlas Verlag
Flößergasse 4, 81369 München
Tel. 089/55241-0
www.kanumagazin.de

Kajak-Magazin – Kajaks, Canadier & Outdoor. Ebenfalls ein buntes Magazin mit vielen kanusportlichen und Outdoor-Themen, Kaufberatung, Technik etc., im Zeitschriftenhandel erhältlich. 6 Hefte im Jahr, im Abo 30,– im Inland.
Kontakt: Modellsport Verlag GmbH
Postfach 2109, 76491 Baden-Baden
Tel. 07221/9521-0
www.kajak-magazin.com

Weiterführende Literatur

Lehrbücher

Richtig Kanu fahren (Jürgen Gerlach) BLV Verlag, 2. Auflage 2006
Wildwasserfahren – Vom Einsteiger zum Profi (Dieter Singer) Thomas Kettler Verlag 2013
Stechpaddel Fahrschule (Franz Riegel/Dieter Raffler) Thomas Kettler Verlag 2014

Kanuführer

Deutsches Flusswanderbuch
26. Auflage, DKV 2011
Gewässerführer Nordrhein-Westfalen
8. Auflage 2017, in Vorbereitung

Kanukarten

Wassersport-Wanderkarte Nr. 2 Deutschland-West, 1:450 000 mit Gewässerkarte Ruhr 1: 75 000, Jübermann-Verlag, 6. Auflage 2015

TourenAtlas TA3 Rhein-Mosel und Nebenflüsse
Maßstab 1: 75 000, Jübermann-Verlag
1. Auflage 2016

TourenAtlas TA4 Oberweser-Leine
Maßstab 1: 75 000, Jübermann-Verlag
1. Auflage 2008

Gewässer-und Radkarte Lippe
Maßstab 1: 75 000, Jübermann-Verlag
3. Auflage 2015

Alle Titel sind über die DKV-GmbH lieferbar.
www.kanu-verlag.de